高等职业教育铁道运输类
高速铁路客运服务（乘务）专业校企合作系列教材

高速铁路客运组织
——基于电子客票

主　编　王　慧　杜　岩
副主编　王丽娇　李　瀛

扫描二维码，获取课程思政教学案例等数字资源

北京交通大学出版社
·北京·

内 容 简 介

“高速铁路客运组织”是高等职业学校铁道运输类高速铁路客运服务（乘务）专业教学标准中设置的一门专业核心课程。本书根据教学标准要求，围绕家国情怀、文化素养、道德修养等课程思政内容重点，主要介绍了高速铁路电子票务作业、高速铁路客运站务工作组织、高速铁路动车客运乘务工作组织、高速铁路客运站车交接工作、高速铁路客运营销工作和高速铁路客运服务信息系统等六个项目。

本书既可作为高等职业学校高速铁路客运服务（乘务）、铁道交通运营管理等相关专业的教材，又可作为铁路职工的培训教材及相关专业人员工作的参考资料。

图书在版编目（CIP）数据

高速铁路客运组织：基于电子客票/王慧，杜岩主编．--北京：北京交通大学出版社，2021.6

ISBN 978-7-5121-4473-6

Ⅰ.①高…　Ⅱ.①王…②杜…　Ⅲ.①高速铁路-客运组织-高等职业教育-教材　Ⅳ.①U293.3

中国版本图书馆CIP数据核字（2021）第102323号

高速铁路客运组织——基于电子客票

GAOSU TIELU KEYUN ZUZHI——JIYU DIANZI KEPIAO

责任编辑：解　坤

出版发行：北京交通大学出版社　　电话：010－51686414　　http：//www.bjtup.com.cn

地　　址：北京市海淀区高梁桥斜街44号　　邮编：100044

印 刷 者：北京时代华都印刷有限公司

经　　销：全国新华书店

开　　本：185 mm × 260 mm　　印张：14.25　　字数：311千字

版 印 次：2021年6月第1版　　2021年6月第1次印刷

印　　数：1～2000册　　定价：45.00元

本书如有质量问题，请向北京交通大学出版社质监组反映。对您的意见和批评，我们表示欢迎和感谢。

投诉电话：010－51686043，51686008；传真：010－62225406；E-mail：press@bjtu.edu.cn。

前　言

|PREFACE|

铁路电子客票是我国铁路旅客车票票制继硬板票、条码票、磁介质票后的又一重大变革。铁路电子客票是以电子数据形式体现的铁路旅客运输合同，将纸质车票承载的铁路旅客运输合同凭证、乘车凭证、报销凭证三大功能分离，实现了运输合同凭证电子化、乘车凭证无纸化、报销凭证按需提供，也为电子发票的研究与建设打下了良好的现实基础。铁路电子客票是客运生产组织和服务流程全面优化和重构的重要基础。

“高速铁路客运组织”是高等职业学校铁道运输类高速铁路客运服务（乘务）专业教学标准中设置的一门专业核心课程。本书在编写过程中注重挖掘课程思政资源，围绕家国情怀、文化素养、道德修养等课程思政内容重点，坚定学生的理想信念，切实提升立德树人的成效，使学生具有精益求精的工匠精神。

全书共分为六个项目，主要内容包括：高速铁路电子票务作业、高速铁路客运站务工作组织、高速铁路动车客运乘务工作组织、高速铁路客运站车交接工作、高速铁路客运营销工作、高速铁路客运服务信息系统。

本书既可作为高等职业学校高速铁路客运服务（乘务）、铁道交通运营管理等相关专业的教材，又可作为铁路职工的培训教材及相关专业人员工作的参考资料。

本书由天津铁道职业技术学院王慧和中国铁路投资有限公司杜岩任主编；长沙南方职业学院王丽娇、中国铁路北京局集团有限公司天津站客运车间李瀛任副主编。具体分工如下：王慧编写项目一、项目二、项目三和项目六；李瀛编写项目四任务一、任务二；杜岩编写项目四任务三；王丽娇编写项目五。

由于编者水平有限，书中不妥之处，敬请批评指正。

编者

2021 年 1 月

目　录

|CONTENTS|

项目一　高速铁路电子票务作业

项目二　高速铁路客运站务工作组织

项目三　高速铁路动车客运乘务工作组织

项目四　高速铁路客运站车交接工作

项目五　高速铁路客运营销工作

项目六　高速铁路客运服务信息系统

项目一

高速铁路电子票务作业

项目描述

铁路电子客票将原纸质车票承载的运输合同、乘车、报销三个凭证功能分离，实现运输合同凭证电子化、乘车凭证无纸化、报销凭证按需提供。实行铁路电子客票，旅客可以降低乘车凭证丢失的概率，铁路部门可以减少改签的作业量。本项目主要介绍高速铁路电子客票售票相关知识、电子客票车站窗口售票作业以及电子客票自助售票的相关知识。通过本项目的学习，使学生掌握高速铁路电子票务作业的基本技能。

任务一

高速铁路电子客票售票相关知识

思政素质目标

热爱党、热爱社会主义祖国、爱人民、爱集体；具有家国情怀和社会主义核心价值观；严格遵守规章制度和劳动纪律。

知识目标

理解高速铁路电子客票的定义与优点，掌握高速铁路电子客票的购票流程，掌握高速铁路电子客票发售的基本规定。

能力目标

能正确掌握高速铁路电子客票售票相关知识。

相关知识

铁路电子客票与纸质车票具有同等法律效力。车票电子化后，铁路电子客票是铁路旅客运输合同的电子形式与凭证，是旅客运输的电子记录，是以电子形式存在的记名有价证券。

一、铁路电子客票概述

1. 铁路电子客票的定义

铁路电子客票是以电子数据形式体现的铁路旅客运输合同的凭证，简称电子客票。

铁路电子客票是传统纸质车票的一种电子形式，承载了运输服务所关联的相关要素信息，是推动智能客运发展的重要载体，是客运服务继互联网售票后推出的又一革命性举措。

2. 铁路电子客票的购票操作过程

铁路电子客票也称作“无纸化”车票。车站售票窗口、自动售/取票机和铁路代售点在向旅客发售铁路电子客票时，提供“行程信息提示”，不出具纸质车票。旅客通过中国铁路客户服务中心（www. 12306. cn，简称 12306 网站）或铁路 12306 手机客户端（简称铁路 12306 App）购买电子客票后，铁路运输企业不再出具纸质车票，旅客应直接凭购票证件进站乘车。

电子客票购票流程如图 1－1－1 所示。

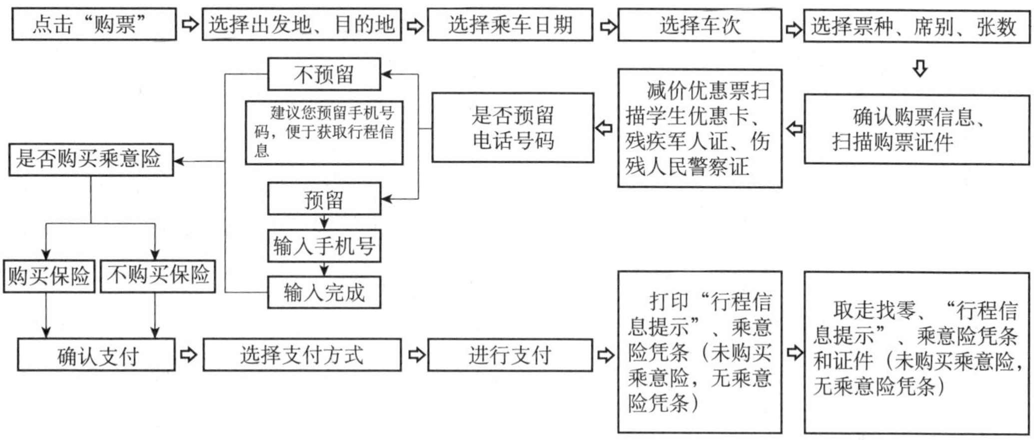

温馨提示：

1. 提前在12306网站或铁路12306 App注册并完成核验。
2. 预留手机号码以便于获取购票信息和行程安排。
3. 打印报销凭证后只能到车站人工窗口办理退票、改签手续，建议您到达目的地出站后再行打印。

图 1－1－1　电子客票购票流程

当需要掌握购票信息时，旅客可以在 12306 网站自行下载或打印“行程信息提示”，也可以到办理电子客票的车站窗口或用自动售/取票机打印“行程信息提示”。

电子客票打印“行程信息提示”流程如图 1－1－2 所示。

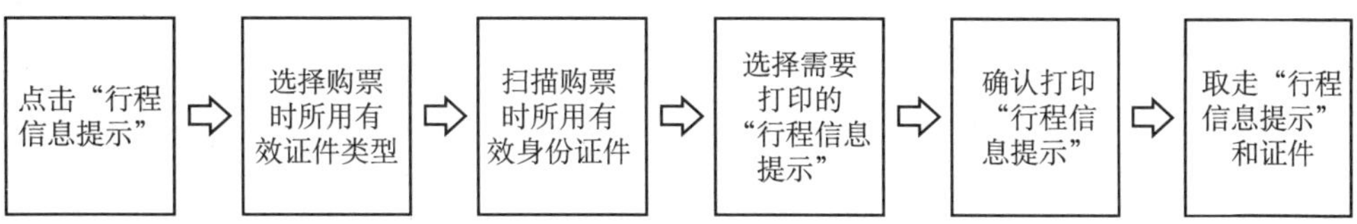

图 1－1－2　电子客票打印“行程信息提示”流程

需要报销的旅客，可在开车前或乘车日期之日起 31 日内，凭购票时所使用的有效身份证件原件，到车站售票窗口、自动售/取票机换取报销凭证（发票，下同）。报销凭证与车票不同，注有“仅供报销使用”字样。

取电子客票报销凭证流程如图 1－1－3 所示。

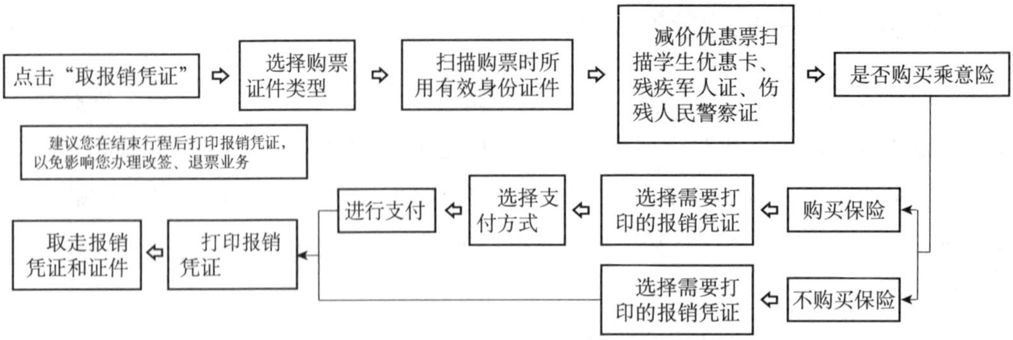

图 1－1－3　取电子客票报销凭证流程

3. 铁路电子客票的优点

（1）全面提升客运服务质量

电子客票破解了纸质车票所引发的一系列技术和业务难题，全面实现了旅客自助化实名验证、自助化进出站检票，旅客持身份证件等可识读证件或手机二维码即可进站乘车，减少了取票环节，节约了旅客候乘时间；全面打通了互联网线上与车站窗口等线下服务渠道功能，由于无须退还纸质车票，无论哪种渠道购买的车票，均可由旅客在互联网自助办理退票和改签，在方便旅客的同时有效减轻了车站的压力；在列车大面积晚点、停运等特殊情况下，大批旅客排长队进行退票、改签的现象将有效缓解；采用电子信息作为车票，消除了倒卖假票的问题和旅客丢失车票的风险，有效遏制了持不同证件购买“两头票”的逃票行为。

（2）有效降低企业运营成本

电子客票实现了运输合同凭证电子化、乘车凭证无纸化、报销凭证按需提供。

（3）大大提高客运组织效率

电子客票带来的不仅是铁路资源的节约，更是实现旅客票务、进站、候车、乘车、出站、换乘全过程信息化服务。

铁路电子客票的服务流程如图 1－1－4 所示。

4. 法律效力与运输合同

电子客票与纸质车票具有同等法律效力。车票电子化后，电子客票是铁路旅客运输合同的电子形式与合同凭证，是旅客运输的电子记录，是以电子形式存在的记名有价证券。

在 12306 网站或铁路 12306 App 购买铁路电子客票时，以确认交易成功的时间作为运输合同生效的时间；当退票时，以确认交易成功的时间作为运输合同终止的时间，改签、变更到站按照与购票、退票同样的方式处理。

铁路旅客运输合同运送期间的起、止分别是旅客检票进站、到站出站。对于电子客

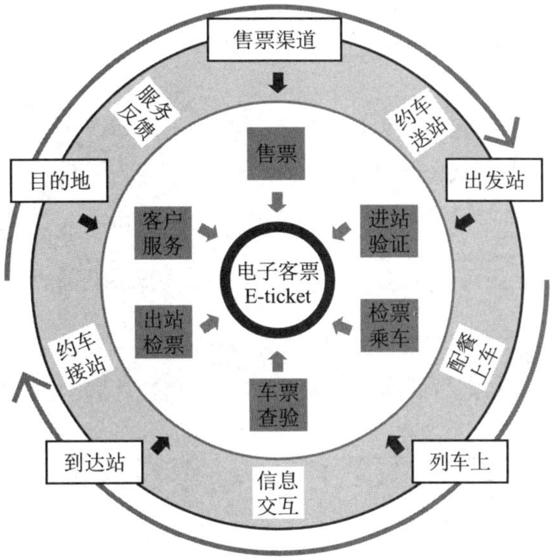

图 1-1-4　铁路电子客票的服务流程

票，自动检票闸机、车站手持检票终端在识读旅客身份证件时所做的进站、出站记录，分别作为运输合同运送期间的起、止。

二、铁路电子客票发售基本规定

1. 购票与乘车证件的规定

1）实名制购票与乘车证件的种类

目前，可用于实名制购票和乘车的证件包括：中华人民共和国居民身份证、中华人民共和国外国人永久居留身份证、中华人民共和国港澳居民居住证、中华人民共和国台湾居民居住证、临时身份证、户口簿、中华人民共和国旅行证、军人保障卡、军官证、武警警官证、士兵证、军队学员证、军队文职干部证、军队离退休干部证、按规定可使用的有效护照、港澳居民来往内地通行证、中华人民共和国往来港澳通行证、台湾居民来往大陆通行证、大陆居民往来台湾通行证、外国人居留证、外国人出入境证、外交官证、领事馆证、海员证、外交部开具的外国人身份证明、地方公安机关出入境管理部门开具的护照报失证明、铁路公安部门开具的乘坐旅客列车临时身份证明（以下简称“身份证明”）。此外，1.5 m 以上、16 岁以下未成年人的有效身份证件还包括学生证。中铁银通卡在规定使用范围内可作为有效身份证件使用。

2）可识读证件

可识读证件是指可以通过实名制核验、检票闸机自助完成实名制验证、进出站检票手续的证件。主要包括：中华人民共和国二代居民身份证（简称二代居民身份证）、中华人民共和国外国人永久居留身份证、中华人民共和国港澳居民居住证、中华人民共和国台湾居民居住证、港澳居民来往内地通行证、台湾居民来往大陆通行证。电子护照也属于可识读证件。可识读证件如图 1－1－5 所示。

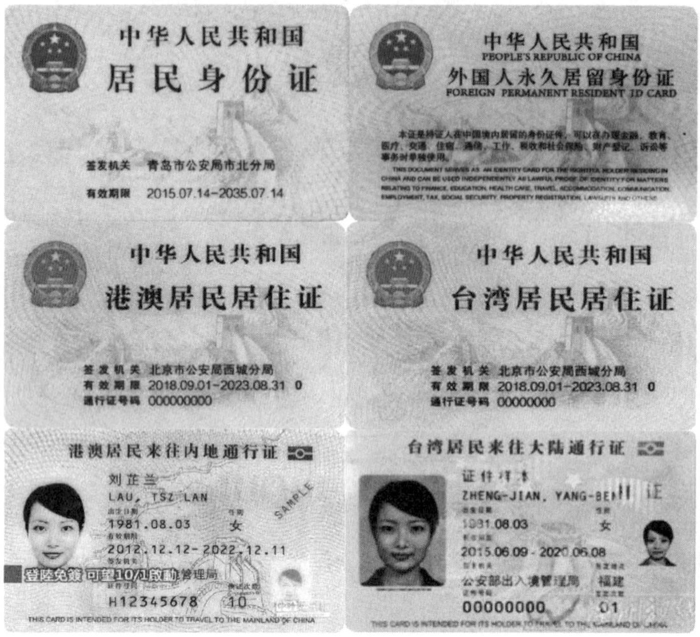

图 1－1－5　可识读证件

中铁银通卡是由中铁银通支付有限公司发行的预付卡，分为金卡和银卡两种，中铁银通卡是磁条芯片双介质复合卡。持卡人预存一定金额后，联机账户支持持卡人在铁路售票窗口、铁路客运车站内自助售票设备和中国铁路客户服务中心网站购票等联机消费功能。

中铁银通卡仅限于持卡人本人使用，不取现、不计息、不可透支，有效期标注在卡片正面，过期后需到指定售卡网点办理换卡手续。当持中铁银通卡刷卡乘车时，金卡按一等座票价扣款，银卡按二等座票价扣款，旅客可以持卡至预留席车厢乘车。

中铁银通卡正面和背面如图 1－1－6 所示。

图 1－1－6　中铁银通卡正面和背面

3）其他身份证件

其他身份证件是指可识读证件以外需要通过人工验证口和半自助检票闸机完成实名制验证、进出站检票手续的证件。可利用二维码配合实现快速检票、乘车。

部分其他身份证件如图 1－1－7 所示。

图 1－1－7　部分其他身份证件

4）铁路职工乘车证件

对于持有铁路乘车证进站乘车的铁路职工，应确认其所持乘车证、身份证、工作证、出差证明（或与铁路乘车证使用类别相配套的相关证明）一致方可允许其进站乘车。对于持有铁路公免票进站乘车的铁路职工，允许其持身份证件直接通过自助闸机完成验检票及进站乘车。

铁路职工工作证、职工出差证明书如图 1－1－8 所示。

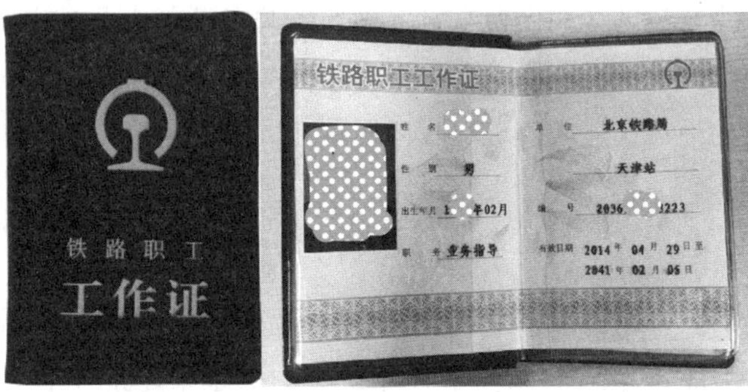

职工出差证明书

单位	××	职名	监察	姓名	××

外出理由：出差

区间：自 ×× 站至 ×× 站（经由 ）单程、全年定期 往返、临时定期

期间：自 2020 年 01 月 01 日至 2020 年 12 月 31 日

单位领导批准及签注事项：

（单位盖章）

20 年 月 日

乘车证使用卡片（票号：331463）

席别：硬　单位：××　姓名：××

日期	车次	签证站	到站	日期	车次	签证站	到站

图 1－1－8　铁路职工工作证、职工出差证明书

（1）硬席全年定期乘车证

凡因工作需要必须经常在所管辖区段内铁路沿线往返乘车的铁路职工，可使用所管辖区段内的硬席全年定期乘车证。硬席全年定期乘车证为浅蓝色，横版。

（2）硬席临时定期乘车证

凡因工作需要短期内须在一定区段内连续往返乘车或一次出差到几个地点又不顺路的铁路职工，可使用一定区段内的硬席临时定期乘车证。硬席临时定期乘车证为浅蓝色，竖版。

（3）软（硬）席乘车证

凡因工作需要须一次性外出乘车的铁路职工，可使用软（硬）席乘车证，乘车区段及期间按实际需要填发，单程或往返一次有效，除转乘外，中途下车无效。软席乘车证（含单程，往返，临时，定期）为浅粉色，竖版；硬席乘车证（含单程，往返）为浅蓝色，竖版。

（4）定期通勤（通勤）乘车证

定期通勤乘车：符合享受1年1次探亲待遇条件的职工，其工作地至家属居住地在600 km以内，能利用节假日或休班时间回家的，在不享受国家规定的探亲假的前提下，可填发定期通勤乘车证，有效期间为一个历年。

通勤乘车：职工工作地至家属居住地在300 km以内，上下班有适当列车可乘，不影响出勤、工作和休息的，当需通勤时可使用通勤乘车证，有效期间为一个历年。通勤乘车证（含通学，定期）为浅黄色，横版。

（5）就医乘车证

在沿线居住的职工及其供养的直系亲属，如当地无铁路医疗单位，须赴负责本医疗区段的铁路卫生所、医院就医的，可使用就医乘车证。就医乘车证（含往返，临时，定期，全年定期）为浅黄色，竖版。

（6）便乘证

机车乘务员、运转车长在规定担当乘务的区段内便乘时（不包括调车机车、小运转及出入厂取送机车），可由段、折返段乘务室、驻在所（站）值班员填发便乘证，按指定日期、车次一次乘车有效，便乘到达目的地后，应由值班员收回便乘证，予以注销，月末集中交回填发单位。便乘证为浅蓝色，竖版。

（7）探亲乘车证

探亲乘车证是铁路职工及其供养的直系亲属探亲乘车的凭证。探亲乘车证准乘各种旅客列车（国际、旅游列车除外），但不能乘坐软席和免费使用卧铺。探亲乘车证（含单程，往返）为浅黄色，竖版。

（8）中铁电气化运管公司职工工作乘车凭证

中铁电气化运管公司职工工作乘车凭证限证面记载人配合乘车卡片使用，限乘乘车卡片指定的日期和车次并在铁路局集团公司管内工作使用。

当乘车凭证使用人遇有站车查验时，应将本证和本人工作证一并提供查验，持用与规定不符的证件，本证无效。

持用乘车凭证应严格遵守铁路客运规章相关规定。只能乘坐硬座或动车组二等座。不得与旅客争座位。

持用乘车凭证乘车如有违章使用、涂改、借用或证面字迹不清的视为无效，按无票处理并比照铁路乘车证罚款处理，没收证件，通知单位。

需注意持此证人员的工作证均为单位自印。

（9）全国铁路通用乘车证

根据国家有关部门工作需要，国铁集团每年制发一批全国铁路通用乘车证。

全国铁路通用乘车证为有价凭证，其费用已由国铁集团和使用单位统一结清。持证可乘坐除国际列车、联运车厢以外普速列车的所有座席、卧铺及动车组列车二等座。

全国铁路通用乘车证为不记名式，由国铁集团统一制发，加盖印章，使用时必须同时出示使用者本人工作证方为有效。

持全国铁路通用乘车证签证的，车站在有能力的情况下，应优先予以安排。持全国铁路通用乘车证直接进站、乘车的，各车站、列车应尽力提供必要的方便。

（10）军人进站上车补票证

零星人员凭军人证件（军官证、警官证、文职干部证、士兵证、学员证、军人通行证）乘车，铁路车站应优先售票。当执行作战、演习训练、抢险救灾等紧急公务而来不及购票时，可凭驻站军事代表办事处出具的制式证明先进站上车，上车后再主动联系补票。列车长应准予乘车，并根据列车载员情况安排席位，满员时可补无座票。

（11）动车组司机室添（登）乘证

当动车组司机在始发站、中间站进行换乘作业时，可凭铁路机车车辆驾驶证（J1、J2、J3 类）出入车站。机务段动车组练习司机可凭铁路机车车辆驾驶人员资格理论考试合格证（J1、J2、J3 类）出入车站及进入动车组司机室，并主动向车站客运服务人员说明担当车次。凭动车组司机室添（登）乘证可以出入车站等有关场所，添（登）乘人员应自觉接受车站安全检查。

机车乘务员在验证口、检票口要按规定身着制服（佩戴标志），主动出示工作证（机车车辆驾驶证）和司机报单（司机手杖）并主动接受安检。车站工作人员核对无误后，可提供便捷进站服务。

（12）客运监察证

客运监察证的持证人员必须是国铁集团客运职能部门工作人员和聘任的客运监察及铁路局集团公司确定的客运职能部门的客运监察人员。

客运监察证的有效期为一年，不跨年度填发，本年度客运监察证的有效期可延期使用至次年一月十五日。填写客运监察证使用区间的自至站名，必须与填写的铁路乘车证区间自至站名相一致。客运监察证的编号由国铁集团统一编号。

除另有规定外，持客运监察证乘坐旅客列车免于签证。

（13）收入稽查证

当稽查站段、客货列车（包括国际联运旅客列车、机车、邮政和各种专用车）运输收入工作时，持收入稽查证可以出入车站和有关处所，通过站车寄送文件、使用电话，在乘务员公寓、铁路招待所食宿。

（14）外宾乘车证

持外宾乘车证及身份证明进出站及乘车的，按规定办理验证、验票及检票。铁路站车工作人员可通过客运管理信息系统站车客户端、实名制验证系统联网查验外宾乘车证信息，当查验不到时，应予收缴，并做好记录。

外宾乘车身份证件：护照或外籍人士在华居留证件。

部分乘车证样式如图 1－1－9 所示。

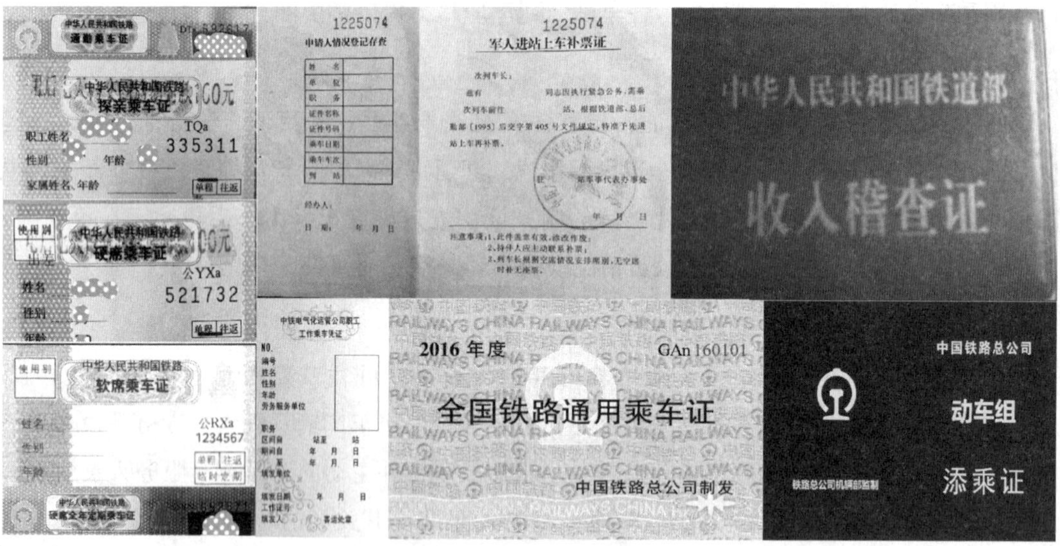

图 1－1－9　部分乘车证样式

2. 旅客购买电子客票途径

旅客购买电子客票的途径分为线上和线下两种。线上主要通过 12306 网站或铁路 12306 手机客户端购买，线下主要通过车站售票窗口、自动售/取票机和铁路客票销售代理点购买。

3. 行程信息提示

1）行程信息提示的获取途径

在 12306 网站及铁路 12306 手机客户端购买电子客票的旅客可通过网站自行打印，也可在车站指定窗口或自动售/取票机打印“行程信息提示”。在车站购买电子客票的旅客可通过车站售票窗口打印，也可在车站自助售/取票机或自助席位办理终端打印“行程信息提示”。“行程信息提示”如图 1－1－10 所示。

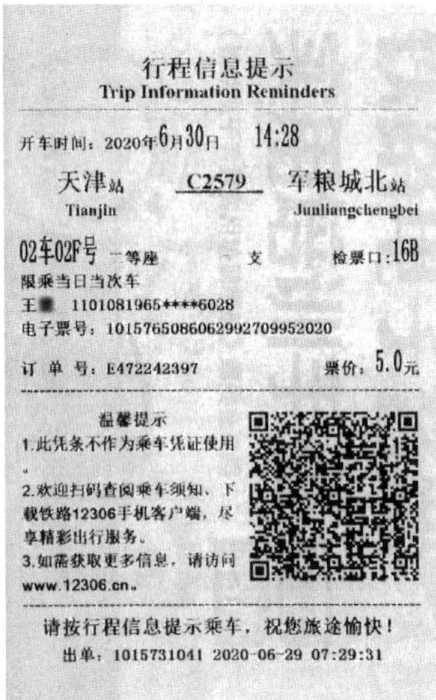

图 1－1－10　行程信息提示

“行程信息提示”必须在所购车票开车前打印，开车后不可打印。“行程信息提示”可重复打印，但是在自助设备只能打印 2 次。旅客凭有效证件复印件可以在窗口打印“行程信息提示”。

2）行程信息提示的作用

“行程信息提示”仅作为旅客购票的信息提示，不作为乘车凭证。“行程信息提示”主要包括开车时间、票价、发到站、车次、席位信息、检票口、乘车人身份信息、电子票号、订单号、二维码、有效期及温馨提示等信息。

当车站售票窗口、自动售/取票机和铁路客票销售代理点向旅客发售电子客票时，应提供“行程信息提示”，不出具纸质车票。旅客须当场核对购票信息，当发现有误时，应当场立即向售票人员提出。

旅客还应按售票员或自动售/取票机的提示提供购票人或乘车旅客的中国内地手机号码，核验通过后购票。

当旅客遇无法预留中国内地手机号码及核验无法通过等特殊情况时，可在车站指定窗口购票。

当旅客持非中华人民共和国居民身份证在自动售/取票机购票时，如无法提供中国内地手机号码，还可以选择提供电子邮箱地址后购票。

3）动态二维码

在12306网站注册的用户且通过铁路12306手机客户端成功完成人脸身份核验的旅客，购买电子客票后，就可以查询到铁路12306手机客户端生成的动态二维码，动态二维码每分钟自动更新，防止截屏复制。动态二维码如图1-1-11所示。

图1-1-11　动态二维码

4. 报销凭证

1）报销凭证的领取

“行程信息提示”仅作为旅客购票的信息提示，旅客如需报销凭证，可于开车前或乘车之日起31日内，凭购票时所使用的可识读有效身份证件原件，到车站售票窗口或车站自动售/取票机换取报销凭证：使用非可识读证件购买电子客票的，需要提供订单号码，到车站售票窗口换取报销凭证。逾期不再办理。报销凭证不能作为乘车凭证使用。报销凭证如图1-1-12所示。

图1-1-12　报销凭证

2）报销凭证的信息

报销凭证主要包括开车时间、票价、发到站、车次、席位信息、检票口、乘车人身份信息等内容。报销凭证丢失不能办理补打。当电子客票报销凭证打印不清时，在半小时内可重新打印，铁路工作人员应作废原报销凭证后，为旅客重新打印。

5. 优惠资格核验

购买残疾军人票、学生票的旅客，应当在开车前办理核验手续。

1）残疾军人优惠资格核验

中国人民解放军和中国人民武装警察部队因伤残疾的军人（以下简称残疾军人）凭“中华人民共和国残疾军人证”、因公致残的人民警察凭“中华人民共和国伤残人民警察证”，可购买动车组一、二等座公布票价的半价车票。

“中华人民共和国残疾军人证”和“中华人民共和国伤残人民警察证”由国家有关部门颁发，铁路运输企业有权进行核对。

车站在办理残疾军人票的首次售票、取票业务时，按规定核实相关证件，同时通过自动识读比对购票身份证件信息和残疾军人购票优惠卡信息，完成优惠资质采集关联工作。残疾军人在车站完成一次优惠资质采集关联工作，后续出行即可持身份证件在车站自助办理实名制验证和进出站检票手续。残疾军人优惠资格核验如图 1－1－13 所示。

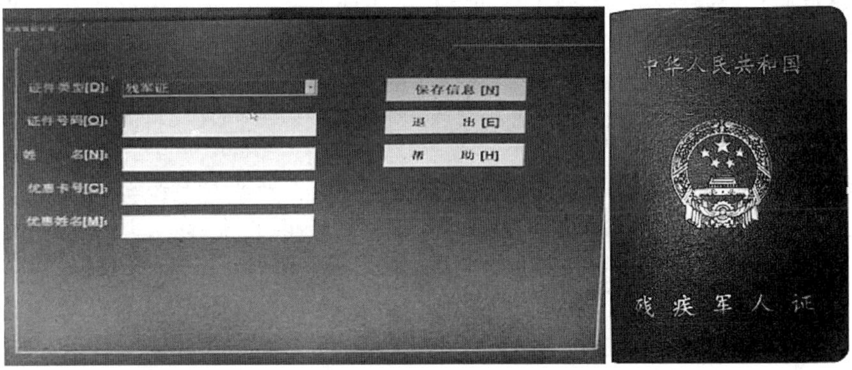

图 1－1－13　残疾军人优惠资格核验

2）学生优惠资格核验

电子客票车站在办理学生票的售票、取票业务时，应按规定核实相关证件，同时通过自动识读比对购票身份证件信息和学生购票优惠卡信息，完成本学年优惠资质采集关联工作。学生每学年须在车站完成一次优惠资质采集关联工作，以实现持身份证件在车站自助办理实名制验证和进出站检票手续。学生优惠资格核验如图 1－1－14 所示。

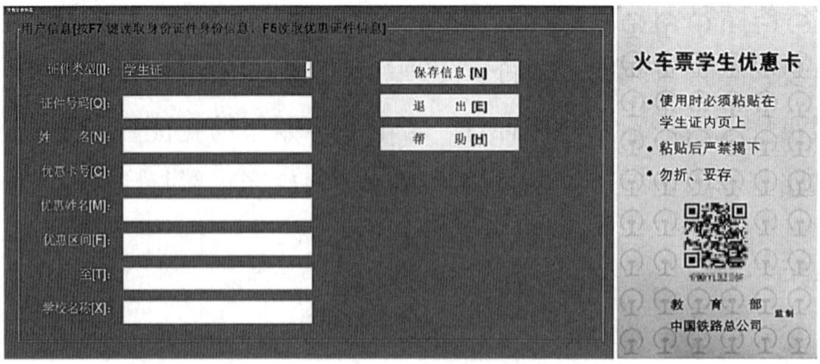

图 1－1－14　学生优惠资格核验

3）学生优惠票乘车规则及资质采集

（1）学生优惠票乘车规则

每年的 10 月 1 日至次年的 9 月 30 日为一个优惠年度；一个优惠年度只能购买 4 次学生优惠票，当年未使用的次数，不能留至下年使用。每个年度内必须采集一次学生优惠资质，以证明在读，之后才能享受电子客票服务。

（2）购票及学生优惠资质采集的方式

①12306 网站。若学生未采集优惠资质而先在 12306 网站或铁路 12306 手机客户端上购票，则乘车前需到车站换票，换票时系统会判断优惠资格，符合优惠条件的系统自动采集学生优惠资质；换票成功的，系统自动采集学生优惠资质；换票不成功的，应按规章进行学生票补全。

②车站窗口。先采集学生优惠资质，未进行优惠资质绑定的学生可在购票前于自动售/取票机或人工窗口完成资质采集。

③学生团体网站订票。乘车前需到车站支付、换票，换票时系统会判断优惠资格，符合优惠条件的，系统自动采集学生优惠资质；换票不成功的，应按规章进行学生票补全。

（3）优惠卡注意事项

①学生优惠卡内的信息必须填写完整，学校名称要与上报教育部的名称一致。

②车站名称必须填写准确，必须是 12306 网站上使用的车站名称，必须填写车站规范名称。

③确认身份信息与本人身份证信息一致。

对于上述信息未按要求填写的，将无法正常购买学生优惠票。

4）学生票发售条件

①在国家教育主管部门批准有学历教育资格的普通大、专院校（含民办大学、军事院校）、中等专业学校、技工学校和中、小学就读，没有工资收入的学生、研究生。

②家庭居住地（父亲或母亲之中任何一方居住地）和学校所在地不在同一城市。

③大中专学生凭附有加盖院校公章的减价优待凭证、学生火车票优惠卡和经学校注册的

学生证，新生凭学校录取通知书，毕业生凭学校书面证明，小学生凭学校书面证明购票。

④在优惠乘车区间之内，且优惠乘车区间限于家庭至院校（实习地点）之间。

⑤下列情况不能发售学生票：学校所在地有学生父或母其中一方时；学生因休学、复学、转学、退学时；学生往返于学校与实习地点时；学生证未按时办理学校注册的；学生证优惠乘车区间更改但未加盖学校公章的；没有“学生火车票优惠卡”，“学生火车票优惠卡”不能识别或者与学生证记载不一致的。

5）学生票的票价

动车组二等座享受公布票价的七五折优惠，如果票价进行浮动，按照最低票价计算。当学生票分段发售时，由发售第一段车票的车站在学生优惠卡中划销次数，只需扣减一次乘车次数，中转站凭上一段车票售票不再划销乘车次数。

6）优惠资质不符处理

学生、残疾军人电子客票未办理核验手续的，不能进站乘车。

学生电子客票不符合规定的（区间不符，优惠次数不足），凭本人有效身份证件原件和学生优惠卡，使用售票系统进站补功能办理补票手续。残疾军人电子客票不符合规定的（无法刷磁条），凭本人有效身份证件原件，使用售票系统进站补功能办理补票手续。

6. 儿童票

有身份证的儿童，可直接使用儿童的身份证购票；若儿童没有身份证，可使用户口本或同行成人身份证购买儿童票。

一名家长可以免费携带一名身高不足 1.2 m 的儿童。儿童不能单独乘车，需要至少一位成人陪同。如果身高不足 1.2 m 的儿童超过一名时，一名儿童免费（不能占用座位），其他儿童须购买儿童票。

当成人旅客持卧铺车票时，儿童可以与其共用一个卧铺；若持儿童票乘车的儿童单独使用卧铺，则另收全价卧铺票价，儿童票的座别与成人旅客的车票相同，到站不能远于成人旅客车票的到站。

儿童票售票身高要求如图 1－1－15 所示。

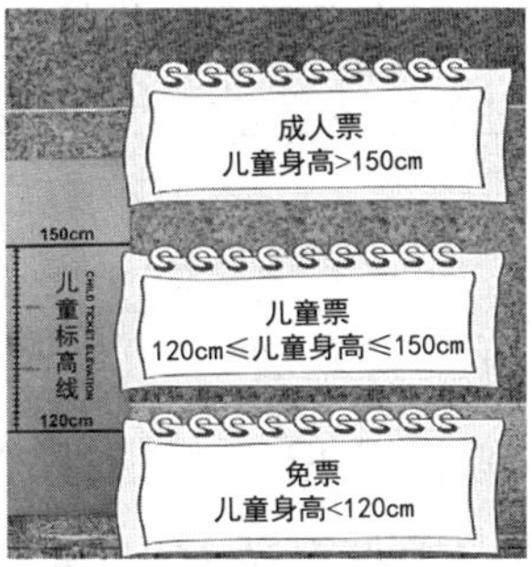

图 1－1－15　儿童票售票身高要求

7. 铁路乘车证签证

持有各种铁路软席乘车证的铁路职工可乘坐动车组一等座，持有各种铁路硬座乘车证的铁路职工可乘坐动车组二等座，但应当办理签证后乘车。车站售票窗口在发售公免票时，售票员输公免票号进行公免票资质核验，在客票系统中记录公免票号及旅客身份信息。

铁路乘车证签证行程信息提示如图 1－1－16 所示。

中国铁路 China Railway
行程信息提示
Trip Information Reminders
开车时间：2020年7月2日 12:36
滨海北站 G2607 唐山站
Binhaibei Tangshan
06车15D号 二等座
限乘当日当次车
软席乘车证签证 YNC3314**
电子票号：1035700003070390063372020
订 单 号：E2W6002762

图 1－1－16 铁路乘车证签证行程信息提示

8. 旅客购票后，丢失购票身份证件

①旅客在乘车前丢失身份证件的，应到该有效身份证件的发证机构办理身份证明，凭身份证明进站乘车。

②旅客在列车上、出站前丢失身份证件的，须先办理补票手续并按规定支付手续费，经站车核实席位使用正常的，开具客运记录交给旅客。旅客应在乘车日期之日起 30 日内，凭客运记录、该有效身份证件发证机构办理的身份证明及后补车票，到列车的经停站退票窗口办理后补车票与原票乘车区间一致部分的退票手续。在办理退票手续时，如核查丢失身份证件有出站记录的，后补车票不予退票；无出站记录的，不收退票手续费，已核收的手续费不予退还。

三、铁路电子客票改签与退票办理

旅客持电子客票进站检票后，在开车前取消旅行的，应向车站工作人员声明，并在开车后 30 分钟内由车站工作人员通过手持终端进行“未检复位”，而后旅客再按规定办理改签、退票手续。

1. 改签、退票途径

①旅客使用电子支付，且未换取报销凭证，可通过 12306 网站或车站指定窗口办理改签、退票手续。在 12306 网站注册且通过铁路 12306 手机客户端完成人脸身份核验的旅客，也可通过 12306 网站办理其他人使用电子支付为其购买的电子客票的改签、退票手续。

电子支付显示如图 1－1－17 所示。

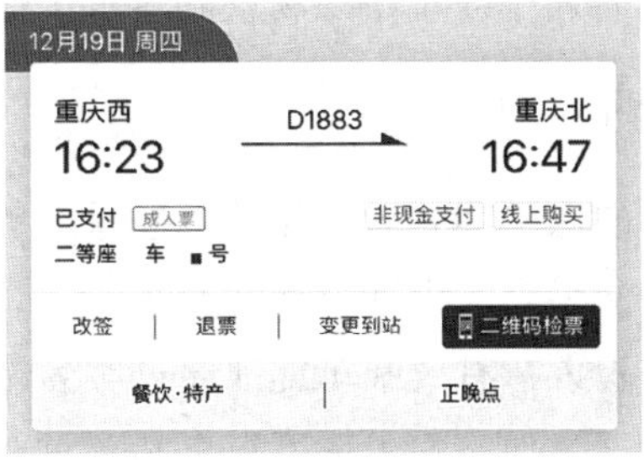

图 1－1－17 电子支付显示

②旅客使用电子支付，且已换取报销凭证，可直接到车站指定窗口或自动售/取票机办理改签、退票手续；也可通过 12306 网站先行办理退票手续，并于办理之日起 180 日内前往车站窗口完成退款。报销凭证须一并交回。

③旅客使用现金支付，可直接到车站指定窗口办理改签、退票手续；也可通过 12306 网站先行办理退票手续，并于办理之日起 180 日内前往车站窗口领取现金退款。如已换取报销凭证的，报销凭证须一并交回。

旅客办理改签后，可重新打印“行程信息提示”。

2. 退票手续费

开车前 15 日（不含）以上退票的，不收取退票费；票面乘车站开车时间前 48 小时以上、不足 15 日的，退票手续费按票价的 5% 计；24 小时以上、不足 48 小时的，退票手续费按票价的 10% 计；不足 24 小时的，退票手续费按票价的 20% 计。

四、铁路乘意险

1. 铁路乘意险的定义

铁路乘意险是指由中国铁路财产保险自保有限公司（以下简称铁路自保公司）经中国保监会核准经营的，保障旅客在保险期间内持有效乘车凭证合法乘坐境内旅客列车遭受意外伤害致使旅客本人身故、伤残或治疗的，铁路自保公司按照约定给付保险金的一种保险产品。

2. 铁路乘意险的特点

1）购买渠道

旅客可通过 12306 网站或铁路 12306 手机客户端、车站人工售票窗口、自助售/取票机等渠道购买铁路乘意险。

2）购买费用

成人保费 3 元（未成年人保费 1 元），可获得保险期间内的人身意外保险保障。

3）出险报案

保险事故发生后，可直接向列车或车站现场铁路客运工作人员报案。

3. 铁路乘意险保险期间

铁路乘意险指定行程产品的保险期间为被保险人按保险单载明的乘车日期、列车车次和发到站，持有效乘车凭证合法乘坐境内列车期间。

乘坐境内列车期间指被保险人持有效乘车凭证通过实名制验证或检票进站时起，至被保险人检票出站时止，但不包括被保险人中途下车出站至重新进站期间和被保险人所乘列车在境外运行期间。

2020 年 5 月乘意险升级，保障范围取消地域限制，为适应广深港跨境列车旅客的投保需求，将保险期间由被保险人在境内乘坐列车扩大到乘坐列车全程。

4. 旅客购买乘意险的规定

①铁路乘意险自愿投保，旅客在 12306 网站投保时需选择“购买乘意险，已阅读并同意《保险条款》和《投保须知》”选项；旅客在车站售票窗口投保时需使用投保确认器“确认”。

②铁路乘意险实行实名制投保，投保时应准确提供被保险人（乘车人）的有效身份证件信息。有效身份证件包括中华人民共和国二代居民身份证、港澳居民来往内地通行证、台湾居民来往大陆通行证、按规定可使用的有效护照等。

五、铁路常旅客

1）常旅客会员申请资格与积分规则

常旅客会员为本人申请并通过铁路常旅客身份认证的自然人（以下简称会员），凡年满 12 周岁的旅客均可申请成为会员；乘车积分为会员购买参与积分累积列车的车票并实际乘车到站后获得的积分；活动积分为会员通过参与铁路组织的主题活动所获得的积分；升级积分为用于衡量会员等级的积分，来源于乘车积分和铁路单独公布的其他可用于衡量会员等级的积分；受让人为会员设置的可共同享受积分兑换车票或服务的自然人。乘车积分、活动积分均可用于兑换铁路企业指定列车车票、提供的其他服务或产品。

2）会员申请有效身份证件

会员申请可使用的有效身份证件为：①中华人民共和国居民身份证；②港澳居民来往内地通行证；③台湾居民来往大陆通行证；④按规定可使用的护照。

3）会员申请方式

在 12306 网站申请成为会员：12306 网站注册用户确认同意并遵守铁路常旅客规则与条款，按提示填写信息，设置消费密码，并在自动售/取票机或车站会员服务窗口完成身份认证后成为会员。

在铁路12306手机客户端申请成为会员：铁路12306手机客户端注册用户确认同意并遵守铁路常旅客规则与条款，按提示填写信息，设置消费密码，通过手机人脸识别完成身份认证后成为会员。

在车站会员服务窗口申请成为会员：申请人本人持有效身份证件原件到车站会员服务窗口，确认同意并遵守铁路常旅客规则与条款，提供相关信息，设置消费密码，通过审核后成为会员。

申请人成为会员后，铁路企业将为其建立会员账户。每名会员仅可拥有一个会员账户，铁路企业将以会员申请时所使用的身份证件为标识，不接受重复申请。

4）会员账户管理

会员可通过12306网站、铁路12306手机客户端、自动售票机、车站会员服务窗口查询账户信息，通过12306网站、车站会员服务窗口修改除身份证件类型、号码及姓名以外的账户信息，通过车站会员服务窗口办理消费密码重置、会员账户注销业务。

会员在车站会员服务窗口办理消费密码重置、会员账户注销时，需本人持申请时所使用的身份证件原件。会员账户注销后，账户内积分全部作废。

积分支付车票的报销凭证（如图1－1－18所示）不显示价格。

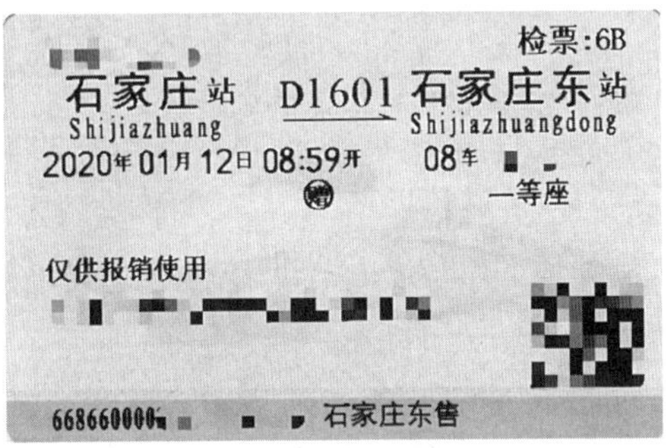

图1－1－18　积分支付车票的报销凭证

任务训练

实训项目	认知高速铁路电子客票售票相关知识
实训目标	1. 结合实际，加深对高速铁路电子客票的认识与理解 2. 培养对高速铁路电子客票售票工作的学习兴趣
实训内容及组织	由教师组织，学生自愿组成小组，每组6～8人，选择以下题目进行训练，认知高速铁路电子客票相关知识。 1. 理解铁路电子客票的定义，进行购票训练 2. 进行实名制购票与乘车证件的查验训练 3. 高速铁路电子客票优惠资格核验训练
实训考核	1. 每组提交一份分析报告 2. 各组进行汇报 3. 教师根据各组的分析报告与课堂汇报进行评估

任务二

电子客票车站窗口售票作业

思政素质目标

热爱党、热爱社会主义祖国、爱人民、爱集体；爱岗敬业、恪尽职守；严格遵守规章制度和劳动纪律。

知识目标

掌握高速铁路车站窗口售票的方法和要求。

能力目标

掌握现金、银行卡、支付宝、微信等多种售票收款方式；能够熟练操作售票系统，完成售票工作。

相关知识

高速铁路客运站窗口售票程序支持按电子客票形式发售和变更车票。发售和变更电子客票过程中预留旅客手机号，以便购票成功后为旅客发送通知信息。发售电子客票成功后，系统默认为每位旅客打印一联“行程信息提示”，载有旅客所购车票和身份信息；需要报销凭证的旅客，还可以打印报销凭证。换取报销凭证的车票，在办理后续变更业务时需要交回报销凭证。

一、高速铁路客运站窗口售票程序

1. 售票

在售票窗口，可使用售票软件售普通票、售动车组票、办理始发签证、售团体票、售优惠票、售往返票、售联程票。当发售电子客票时，所有车票均需先录入实名信息；系统支持按现金支付、POS 机支付、扫码支付和积分支付方式收取车票票款；支持随车票购买乘意险；预留旅客手机号。购买电子客票成功后，为旅客打印“行程信息提示”，默认不再打印报销凭证，有相关权限的窗口也可提示是否立即换取报销凭证（换取报销凭证会影响后续办理车票变更服务，需要收回报销凭证，建议旅客在旅行结束后自行换取报销凭证）。

当发售学生、残疾军人电子客票时，需提前采集学生（每学年一次）、残疾军人（仅首次）优惠资质。若未采集优惠资质，线下渠道（窗口、自动售）不允许发售学生票、残疾军人票。采集完优惠资质后，后续购买学生票、残疾军人票只需提供优惠资质绑定的身份证件即可，购票过程中不用再读取优惠资质证件。

2. 改签和变更到站

在窗口，使用售票软件始发签证功能，通过刷证、手输订单 + 证件号码、扫描通知单（报销凭证）二维码、手输 21 位码的方式办理窗口、自动售/取票机、互联网和手机渠道发售的电子客票的改签和变更到站业务。改签和变更到站已换取报销凭证的电子客票，必须扫描报销凭证二维码或手输报销凭证 21 位码，且回收原报销凭证。

3. 换票

在窗口，使用售票软件换票功能，通过刷证、手输订单 + 证件号码方式办理窗口、自动售/取票机、互联网和手机渠道发售的电子客票换取报销凭证业务。报销凭证仅供旅客报销使用，换取报销凭证后的电子客票仍然有效。

4. 作废

在窗口，使用售票软件作废功能，通过输入报销凭证的下票号（记账票号）办理报销凭证作废业务。作废报销凭证后原电子客票可以再换取一次报销凭证。

5. 打印行程信息提示

在窗口，使用售票软件的行程信息提示打印功能，通过输入旅客身份证件信息，查询旅客所购电子客票，可在开车前选择打印行程信息提示。

6. 签证一览

在窗口，使用售票软件签证一览功能，查看当班改签电子客票和报销凭证回收信息。

7. 电子客票交易一览

在窗口，使用售票软件电子客票交易一览功能，查看当班发售电子客票信息。

8. 进站补票

在窗口，使用售票软件进站补票功能，通过刷证、手输订单 + 证件号码、扫描通知单（报销凭证）二维码、手工输入21位码的方式办理窗口、自动售/取票机、互联网和手机渠道发售的电子客票进站补票业务。进站补票遵守电子支付原则。已换取报销凭证的电子客票，需要回收原报销凭证。

二、高速铁路客运站窗口售票设备

售票窗口配备桌椅、计算机（含显示器、键盘）、制票机（制报销凭证）、二代身份证识读器、窗口对讲器、窗口双屏、验钞机、铁路乘意险购买器等售票设备；发售学生票、残疾军人票的窗口配备学生证购票识别器、残疾军人证识读器；电子支付配备POS机、固定式扫描器（旅客用支付宝/微信扫描付款使用）、凭条打印设备及相应的凭条打印纸（行程信息提示打印）。各设备按固定位置摆放，在窗口正上方设置窗口屏，显示窗口号、窗口功能、工作时间或状态等信息。设置工号牌或采用电子显示屏，显示售票人员姓名、工号、本人正面二寸工作服彩色白底照片等信息。设置剩余票额信息显示屏，及时、正确显示日期、车次、始发站、终到站、开车时刻、各席别剩余票额等售票信息。有存放票据、现金的处所和设备，具备防潮、防鼠、防盗、监控和报警功能。

窗口售票设备组成及摆放位置如图1-2-1所示。

PSAM卡内嵌于各类终端设备，为其提供IC卡级别的安全保护，应用范围为商用POS机、网点终端、直连终端等设备，具有安全控制管理功能，支持多级发卡机制，适用于多应用环境。

三、电子客票窗口售票操作

1. 窗口售票准备工作

1）备用金及票据（发票）的准备

①将请领的备用金按照币值分别逐张清点，确认无误后放入找零抽屉内。

②按照上个班次在窗口交接簿上填写的票卷卷数和符号、起号，核对票柜内的票卷数和制票机内未售票起号是否一致。

2）开机登录

①按照制票机、学生票读卡器、显示器、售票主机的先后顺序进行开机操作。

②开机后，打开售票程序系统初始化制票机。屏幕显示“请仔细核对制票机票号”。工作人员应核对计算机显示票号（下票号，记账票号）与制票机内未售出的实际制票机票号（上票号，印刷票号）是否一致。工作人员在接班上口、中途售票、关口结账时均应核

(a) 验钞机

(b) 制票机

(c) 固定式扫描器

(d) 凭条打印设备

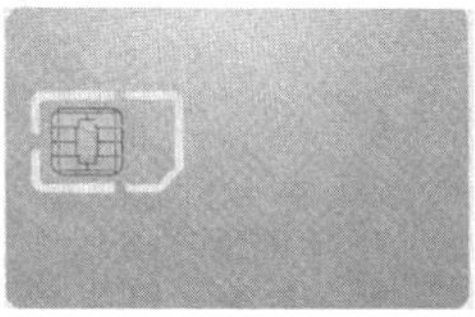
(e) PSAM卡

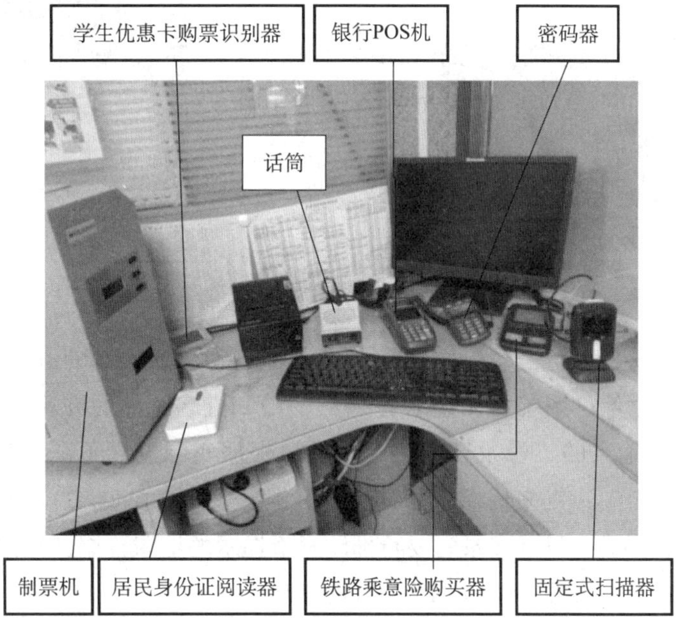

图 1－2－1　窗口售票设备组成及摆放位置

对票号是否一致。初始化制票机和核对制票机票号如图 1－2－2 所示。

③系统初始化学生优惠卡识别器，屏幕显示“正在初始化学生优惠卡识别器请稍候……”。如窗口未连接学生优惠卡识别器或学生优惠卡识别器开关未开，显示“学生优惠卡读卡器初始化不成功，确实要进入程序吗?”。如果在非发售学生票期间或本窗口不能发售学生票，工作人员应选择“是”；否则，应检查学生优惠卡识别器的连接和开关，将其连接开启后，选择“否”，系统将自动退出并关机。初始化学生读卡器如图 1－2－3 所示。

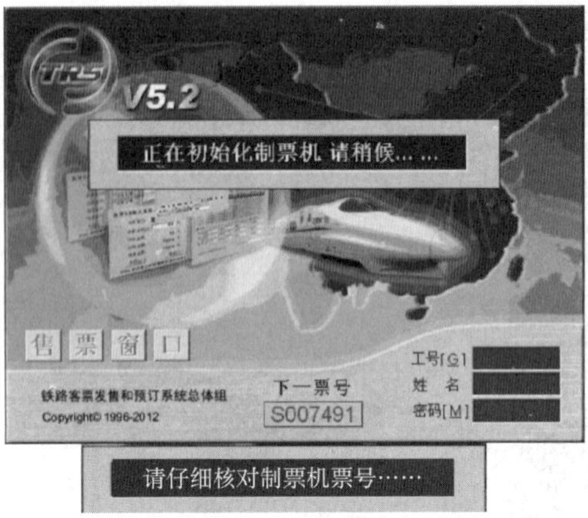

图 1 -2 -2　初始化制票机和核对制票机票号

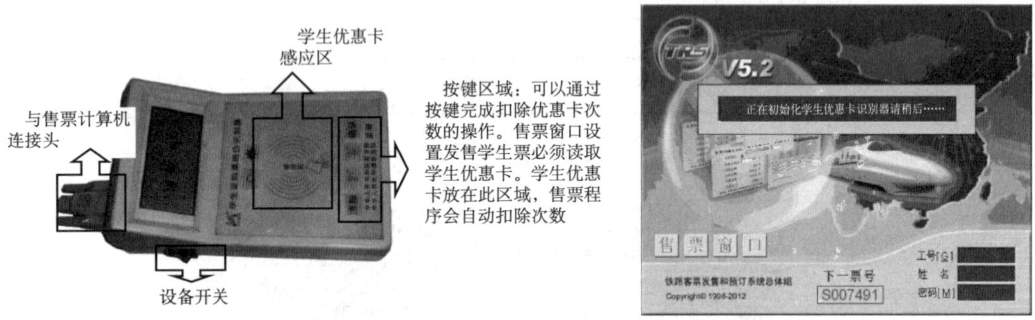

图 1 -2 -3　初始化学生读卡器

④在“工号—密码”登录界面，按 F7 键使用二代居民身份证识读设备读取售票员的二代居民身份证原件，系统自动记录售票员工号和姓名，然后在密码框内输入密码，按 Enter 键后系统对输入的工号及密码进行校验。根据实际选择不同的班次进入售票系统，通过上下方向（↑↓）键来选择需要登录的班次。选择“白班”，记账日期为当日；选择“夜班”，记账日期为次日。登录时要特别注意所提示的记账日期，将作为缴款、结账的依据。选择不同的班次如图 1 -2 -4 所示。

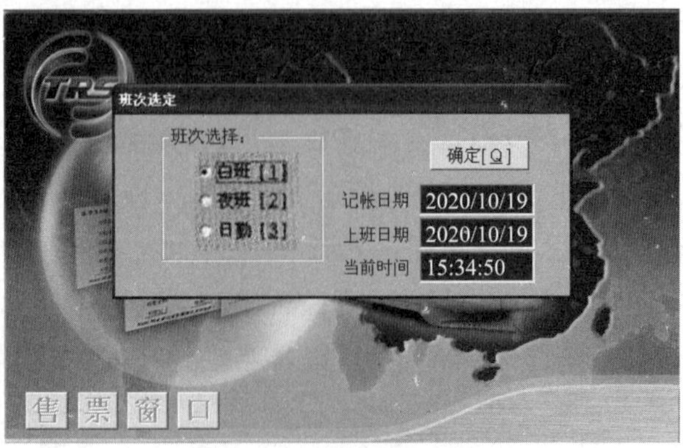

图 1 -2 -4　选择不同的班次

2. 发售电子客票操作流程

1）窗口操作基本要求

按照“六字”售票法发售车票。

问——问清旅客乘车日期、车次、到站、票种、张数。

输——输入旅客乘车日期、车次、发到站、票种、张数、席别等相关信息。

收——收取旅客购票现金后，认真清点、向旅客唱报、将所收款额输入实收款栏。电子支付后，确认扣款成功。

做——输入旅客信息，输入旅客手机号，打印行程信息提示；当旅客要报销凭证时，打印报销凭证。

核——核对行程信息提示（报销凭证）的印制信息、找零款，以及报销凭证的上、下票号。

交——将行程信息提示（报销凭证）和找零款交给旅客，同时唱报旅客的发到站、张数、席别、找零，遇到非本站始发列车应进行重点提示。

输入旅客手机号界面如图 1－2－5 所示。

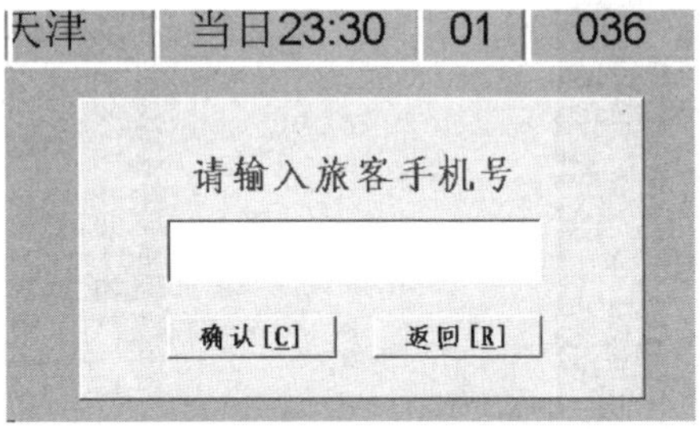

图 1－2－5　输入旅客手机号界面

2）窗口操作基本流程

通过菜单或按 Alt＋D 键进入售“动车组”客票界面—选择“用途”—选择“乘车日期”—输入车次—输入发站—输入到站—输入票种票额—选择“席别”—取票—收款—打印行程信息提示（需要时打印报销凭证）。

（1）进入界面

通过菜单或按 Alt＋D 键进入售“动车组”客票界面，如图 1－2－6 所示。

（2）输入用途（F11 键）

按 F11 键显示“用途”下拉列表，如图 1－2－7 所示；移动光标至相应用途，按 Enter 键确认。

（3）输入乘车日期（F1 键）

按 F1 键显示“日期”下拉列表，如图 1－2－8 所示。

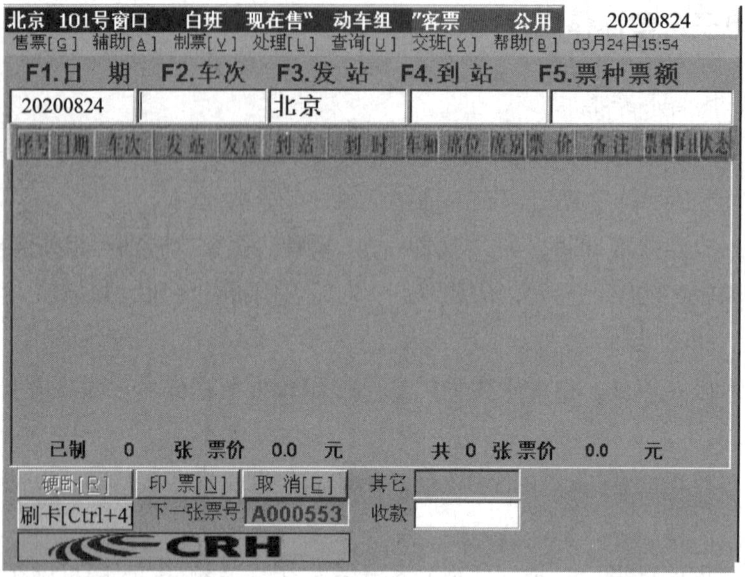

图1－2－6 售“动车组”客票界面

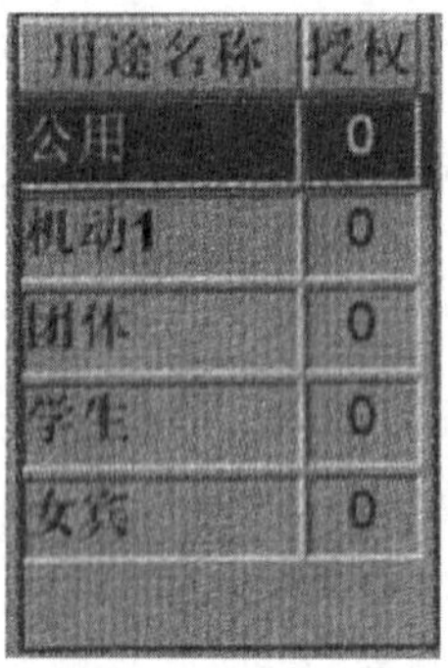

图1－2－7 “用途”下拉列表

图1－2－8 “日期”下拉列表

乘车日期有三种输入方法。

方法一：选择输入法。按 F1 键打开“日期”输入框；上下移动光标键定位到乘车日期所在的行；按 Enter 键确认。

方法二：直接输入法。按 Alt + Q 键将光标切入“日期”输入框；输入乘车日期；按 Enter 键确认。

方法三：数字键输入法。按 F1 键加数字键设置乘车日期。

例如，按 F1 +0 键将日期设置为售票期限的第一天，即当日；按 F1 +1 键将日期设置为售票期限的第二天，即次日；按 F1 +2 键将日期设置为售票期限的第三天，即第三日；依此类推。

（4）输入车次（F2 键）

按 F2 键，将光标移到“车次”输入框，输入车次，按 Enter 键确认。

当旅客不知道或不确定乘车车次时，可以输入发站、到站站名，查询两站之间的所有车次，根据提示为旅客介绍，供其选择。

①选定旅客乘车日期，车次框为空白，按 F3 键在“发站”输入框内输入站名拼音码或电报码，如图 1 –2 –9 所示。按 Enter 键确认，光标自动移动到“到站”输入框。

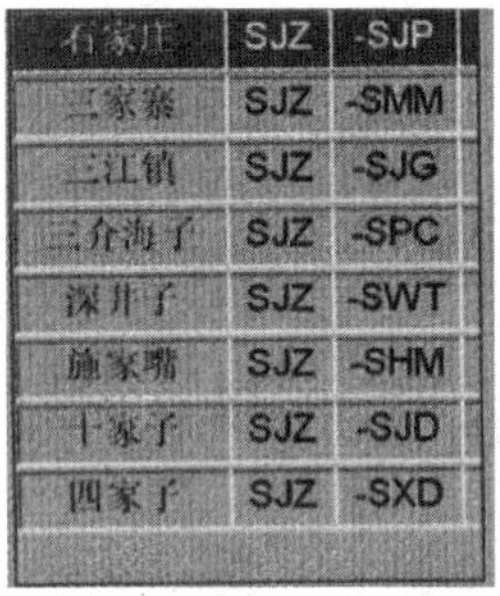

图 1 –2 –9　输入站名拼音码或电报码

② 在“到站”输入框内输入站名拼音码或电报码，使用上下方向键（↑↓）将光标移动到“到站”输入框，按 Enter 键确认。售票系统根据发站、到站将两站间所有的列车车次，包括发站、到站（同城车站）、发点、到点、票额情况显示出来。

③根据车次、到开时刻、票额信息为旅客介绍，方便旅客选择。

（5）输入发站（F3 键）、到站（F4 键）

输入车次后，发站即为售票站，通常不需要再输入，只有在发售异地票时，才需要改变乘车站（发站），按 F3 键将光标移到“发站”输入框，输入站名拼音码或电报码，按 Enter 键确认。

输入到站采用两种方法。

方法一：输入相应到站的序号，按 Enter 键确认。

方法二：输入到站拼音码或电报码，按 Enter 键确认。

车站站名通常由两个或两个以上汉字组成，两个字的车站站名拼音码由第 1 个字的汉语拼音第一个字母和第 2 个字的汉语拼音前两个字母构成，如西安（XAN）；三个字及以上的车站站名拼音码由第 1 个字的汉语拼音第一个字母加第 2 个字的汉语拼音第一个字母和最后一个字的汉语拼音第一个字母构成，如乌鲁木齐（WLQ）。

（6）票种票额的选择（F5 键）

目前，票种分为全、孩、学、残、免、探、半、军、单、返、卧、集、团、农。“全”——旅客普通全价票；“孩”——身高 1.2 ~ 1.5 m 的儿童票；“学”——学生票，凭符合学生票发售条件的证明或附有优惠卡的学生证发售；“残”——残疾军人票，凭“中华人民共和国残疾军人证”“中华人民共和国伤残人民警察证”发售；“免”——铁路免票，凭铁路职工工作证、乘车证及相关证明发售；“探”——铁路探亲票，要求使用卧铺时凭铁路职工工作证、乘车证、探亲证明发售；“半”——半价票，凭有效证明购买；

“军”——军人优惠票，凭军人证明购买；“单”——免票儿童（1.2 m 以下）单独使用卧铺；“返”——学生返程票；“卧”——补卧铺票（座补卧）；“集”——团体票中的全价票；“团”——办理团体零票价的优惠票；“农”——农民工返程票。

票种票额输入方法。

方法一：用左右方向键或空格键移动光标至相应的票种。

方法二：直接输入票额张数，如 3 张票就输入数字“3”，并按 Enter 键确认。

可以一次输入多个票种票额，选中票种后输入票额，继续选择下一票种，输入票额。

（7）输入席别（F7 键）

按 F7 键显示“席别”下拉列表（如图 1－2－10 所示），输入席别代码。可以指定车厢、座位取票。在“席别”下拉列表中，选中指定席位，在按席位售票列表按 Alt + C 键，将光标移至“车厢”输入框，输入所选的车厢号；按 Alt + H 键将光标移至“座席”输入框，输入所选的座席号。单击“取票”按钮或按 Alt + Q 键，系统按照输入的取票条件取票（如图 1－2－11 所示）。

席别代码	席　别
9	商务座
M	一等座
O	二等座
P	特等座
V	指定属性
Z	指定席位

图 1－2－10　“席别”下拉列表

序号	日期	车次	发站	发点	到站	到时	车厢	席位	席别	票价	备注	票种	[illegible]	状态
1	03/23	G6704	石家庄	06:09	北京西	当日07:36	03	10F	二等	128.5		全		

图 1－2－11　取票

动车组可以指定席位属性取票。在“席别”下拉列表中，选中指定属性，在“个性化售票”界面中进行席别选择，然后根据所需的席别属性进行选择，如“靠窗”“靠过道”“三人座”“二人座”“座椅可转”等。“个性化售票”界面如图 1－2－12 所示。在取票界面动车组餐车座票的车厢号用红色字体标明。

（8）身份信息输入

当车站发售实名制车票时，若旅客持二代居民身份证购票，售票员可通过二代居民身份证识读设备读取证件号和姓名，其他证件由售票员手工录入证件号。

单击“印票”按钮或按 Alt + N 键，系统自动弹出“是否需要购买铁路乘意险”提示框，根据旅客实际需求选择“是”或“否”，选择完毕后进入“证件信息录入”窗口，如图 1－2－13 所示。

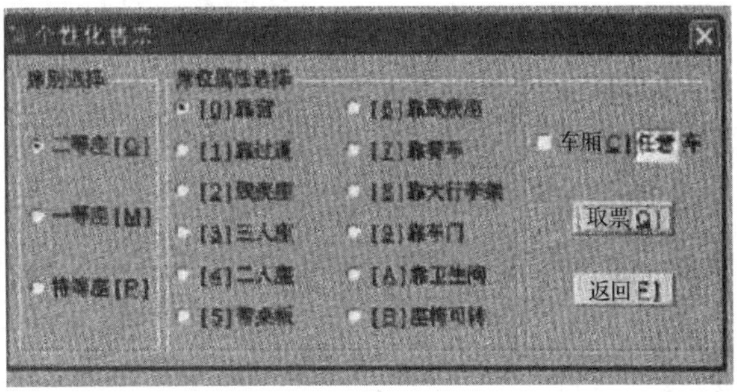

图 1－2－12 “个性化售票”界面

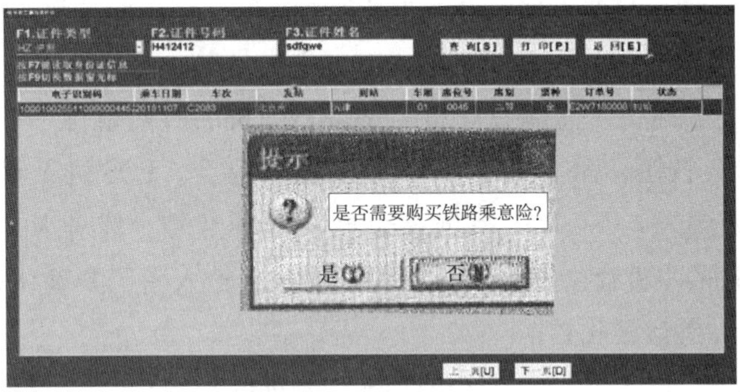

图 1－2－13 “证件信息录入”窗口

①按 F1 键选择证件类型，系统默认是“二代居民身份证”类型，其他证件类型通过下拉框选择或输入证件类型简码（见表 1－2－1）。二代居民身份证可以放置在身份证识读器上，按 F7 键读取身份信息。

表 1－2－1 证件类型简码

类型名称	类型简拼	类型名称	类型简拼
二代居民身份证	ED	军队学员证	JX
外国人出入境证/外交部开具的外国人身份证明	WR	军人保障卡	JB
临时身份证	LS	外国人居留证	WL
港澳居民来往内地通行证	GN	武警警官证	WJ
军队离退休干部证	JT	护照/护照报失证明	HZ
中华人民共和国旅行证	LX	士兵证	JS
台湾居民来往大陆通行证	TN	领事馆证	LG
中华人民共和国往来港澳通行证	NG	海员证	HY
大陆居民往来台湾通行证	NT	户口簿	HK
军官证	JG	外交官证	WG
军队文职干部证	JW	其他	QT

②当选择好证件类型时，按 Enter 键后光标自动跳至“证件号码”框内；输入相应的证件号码，按 Enter 键后光标自动跳至“输入旅客姓名”框内。

③输入正确后，单击“确认”按钮或按 Alt + Q 键进行确认。输入旅客的手机号码。

(9) 费用支付

①现金支付。当旅客选择现金支付时，向旅客唱报收款金额，将所收款额输入“实收款”栏，按 Enter 键确认，界面显示找零款额，应认真清点，进行找零。

②电子支付。铁路电子支付包括站点 POS 机终端支付、自动售票机支付、移动支付、互联网支付和其他电子支付。

当旅客选择银行卡支付时，向旅客收取银行卡，按 Ctrl + 4 键首先弹出身份信息录入界面，录入完毕后单击“确认”按钮，输入旅客手机号码，而后弹出支付界面，如图 1 - 2 - 14 所示。在支付界面中，选择 POS 机类型（POS 机的所属银行——收单行），选择卡类型，单击“扣款”按钮，程序会向 POS 机发送扣款指令，POS 机界面上提示“刷卡”。

在 POS 机上刷卡操作后，POS 机屏幕会显示银行卡号。核对卡号后按 POS 机上的“确认”键，POS 机的小键盘会显示支付金额。请旅客输入密码并确认后，POS 机即向银行发出扣款请求，并等待接收数据。

银行扣款成功后，POS 机上会打印出两联“消费单”，第一联为商户存根，交由旅客签字，核对旅客签字后收回；第二联为客户存根，交给旅客。单据打印完成后，售票系统会弹出扣款成功提示，如图 1 - 2 - 15 所示。单击“确认”按钮，返回支付界面。

在支付界面按“返回”按钮后，售票程序开始打印行程信息提示，将行程信息提示、报销凭证（旅客需要时）、银行卡及客户存根交还给旅客。

根据收单行的不同，银行卡支付的车票在票面上会打印出㊣㊥㊦㊨字样。窗口刷卡购票可使用的银行卡为收单行发行的所有借记卡、信用卡及其他所有银行发行的带有“银联”标志的借记卡、信用卡。

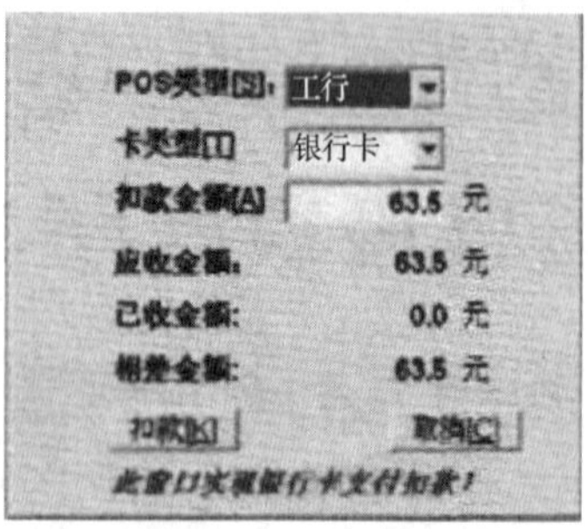

图 1 - 2 - 14　支付界面

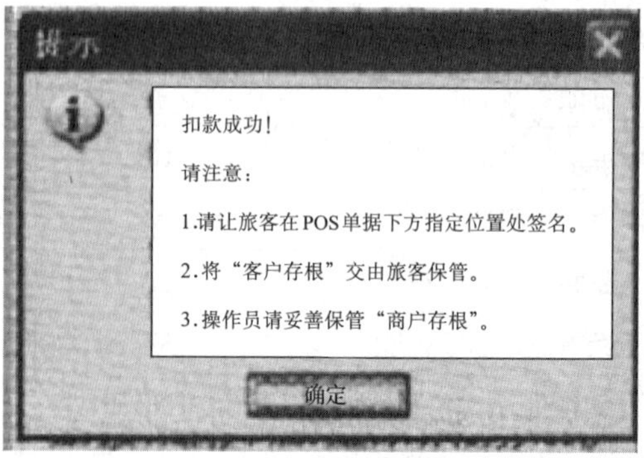

图 1 - 2 - 15　扣款成功提示

当旅客选择支付宝支付时，窗口售票程序具备支付宝条码扫描支付功能，售票人员可通过专用扫描设备读取旅客的支付二维码，完成票款支付。

窗口售票具备微信扫码（旅客主扫）和付款码（旅客被扫）支付购票功能。微信支付的票面打印“微”字。将扫码支付二维码显示到电脑屏幕，便于旅客在有双屏的窗口外屏上扫码支付。

（10）命令按钮

命令按钮主要包括以下几种。

“取票”（Alt + R）：单击该命令按钮，系统按照输入的取票条件取票。

“制票”（Alt + N）：系统将席位取出后，单击该命令按钮，系统打印行程信息提示。

“取消票”（Alt + E）：系统将席位取出后，单击该命令按钮，将屏幕上的全部席位返回席位库；如果只取消个别席位，先按 F9 键切换光标至数据窗，然后将光标移至要取消的席位，单击此命令按钮，选定的席位返回席位库。

“晚点跨天售票”（Alt + Q，W）：当发售晚点跨天到今天车次的票额时，售票员按 Alt + Q快捷键，然后输入 W（晚点），按 Enter 键，系统自动将日期显示成昨天的日期，然后售票员输入车次继续发售车票。

车次晚点跨天售票必须在计划管理模块中进行晚点操作，方可使用。

（11）发售往返电子客票

旅客可以在始发站一次性购买往返票，在发售往返票时可以根据余票信息有针对性地发售，提高售票效率。

①在发售普通客票界面，选择往程乘车日期、车次、发站、到站、票种票额、席别后取票。

②通过菜单或按 Ctrl + Y 键切换到发售往返票界面，发到站自动变成返程的发到站，选择返程日期后，售票程序会自动将相应的返程车次及余票信息列出。根据余票信息直接选择车次、输入票种、张数、席别取返程车票。

③单击“印票”按钮或按 Alt + N 键，读取或输入旅客身份信息，核收票款后打印行程信息提示（需要时打印报销凭证）。

只有当发到站相反或互为同城，往程和返程的张数、票种一致时才能发售。否则系统提示“该批票额不满足往返票的条件，不能制票！”。

发售往返电子客票如图 1 – 2 – 16 所示。

图 1 – 2 – 16　发售往返电子客票

（12）发售联程电子客票

旅客可以在始发站一次性购买联程票，在发售联程票时可以根据联程车次的余票信息有针对性地发售，提高售票效率。

①在发售普通客票界面，选择第一段乘车日期、车次、发站、到站、票种、票额、席别后取票。

②通过菜单或按 Ctrl + L 键切换到发售联程票界面，第二段车票的发站自动变成第一段车票的到站。选择接续乘车日期、输入到站，售票程序会自动将相应的联程车次及余票信息列出。根据余票信息选择车次，输入相应的票种、张数、席别取票，直到到达目的地为止。

③单击“印票”按钮或按 Alt + N 键，读取或输入旅客身份信息，核收票款后打印行程信息提示（需要时打印报销凭证）。

只有当第一段车票的发站与售票站同城，联程票上一段的到站和下一段的发站互为同城，联程票各段的张数为一张时才能发售联程票。否则系统提示“该批票额不满足联程票的条件，不能制票!”。

发售联程电子客票如图 1 – 2 – 17 所示。

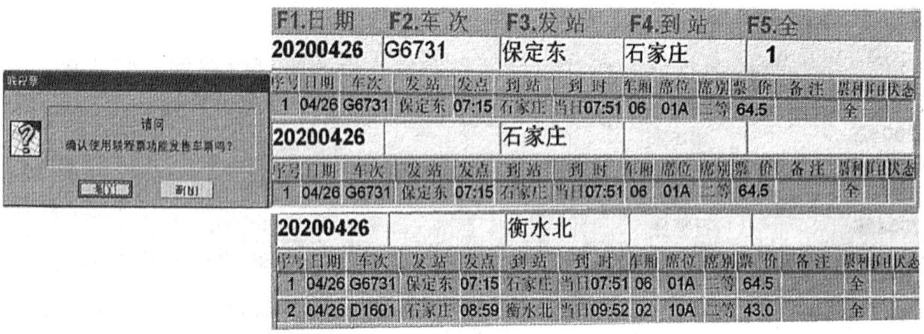

图 1 – 2 – 17　发售联程电子客票

（13）进站补票

进站旅客将不符合规定的票补成符合规定的新票，并且新票保留原来的席位信息。儿童没有车票，根据同行成年人的车票，在票库中生成一张“禁售”用途的同席儿童票。进站补票遵守原电子支付原则。已换取报销凭证的电子客票，需要回收原报销凭证。

①通过菜单或按 Ctrl + B 键进入售“进站补票”客票界面。

②原票输入方式。

方法一：扫描行程信息提示或报销凭证上的二维码，系统自动还原原票票面信息。

方法二：手工输入行程信息提示上的电子客票号前 21 位码或输入行程信息提示上的订单号 + 证件号码或报销凭证上的 21 位码，系统自动还原原票信息。

方法三：识读二代居民身份证，系统自动还原原票信息。

③核对原票信息是否正确。

④选择进站补票事由“票种不符”“儿童无票”。

⑤输入票种、票额。

⑥收款，打印行程信息提示，需要时打印报销凭证。

（14）窗口发售电子客票的其他规定

①允许旅客同一日期，同一车次，同一证件购买两段接续车票。当同车接续车票办理改签时，增加提示控制。

②改签用现金支付车票，应还原票面界面并增加“现金”字样。

③当12岁以下儿童使用身份证购买全价车票时，有购买全价车票提醒。

④开通电子客票代售点制票故障处理，允许代售点手输订单号+身份证号码换取本窗口售出电子客票，解决代售点发售电子客票制取行程信息提示/报销凭证故障问题。

⑤当发售免票时，须按管理规范要求输入免票号，核验免票资质。使用免票签证后，可持身份证自助检票乘车。

⑥互联网、铁路12306手机客户端、车站售票窗口和自动售票机售出的电子客票，可使用窗口售票换票功能换取报销凭证（含乘车日31日内均可换），定义为按电子客票发售的车次，在开车前可以在窗口补打行程信息提示。

3. 支付宝、微信售票

①问清旅客乘车日期、车次、到站、票种、张数、席别、经由，正确选择售票方式。

②输入乘车日期、车次、发到站、票种、张数、席别，告知旅客票价。

③与旅客核对购票信息无误后，收取旅客有效身份证件。

④通过身份证识读设备读取或手工输入旅客证件信息，选择支付宝、微信界面，选择扣款。

⑤与旅客核对购票信息无误后，使用支付宝、微信设备扫描旅客付款码，扣款成功后，请旅客在POS凭条（第一联）上签字，完成制票。

⑥核对信息是否正确、完整。

⑦确认无误后，将凭条的商户存根联留存，另一联与证件等一并递交给旅客，同时唱报车票发到站、张数、席别，遇到非本站始发列车进行重点提示。

⑧当旅客无法提供有效身份证件购票时，请旅客持一寸照片到车站公安制证口，按照相关要求提供证明，办理临时身份证。

支付宝、微信支付制票流程：进入售票界面→按F1键输入乘车日期→按F2键输入车次→按F3键输入发站→按F4键输入到站→按F5键选择票种（左右键切换）→按F5键输入张数（数字键）→选择席别（数字、字母键）→按Ctrl+4键切换到支付宝、微信界面→按F7键通过设备读取或手工输入有效身份证件号码、姓名后按Enter键→确认信息无误后按Alt+S键确认→扫旅客付款码支付→打印两联凭条→一联交旅客签字留存→按Enter键→核查票面信息（有无支付宝、微信标记）→制票成功→将凭条、身份证件等交旅客。

四、高速铁路车站窗口退票操作

在退票主界面以及退差价界面支持按F7键读取二代居民身份证、港澳台居民居住证、外国人永久居留身份证；通过扫描枪扫描报销凭证下方二维码；通过扫描枪扫描行程信息提示二维码；支持手工输入订单号+证件号；手工输入行程信息提示上的电子客票号21位或25位码等方式提取电子客票信息。

二维码扫描器如图1-2-18所示。

图1-2-18　二维码扫描器

1. 退已换取报销凭证的电子客票

询问旅客是否已换取报销凭证。若旅客已领取打印在磁介质票上的报销凭证，须收回报销凭证。

1）通过证件或者行程信息提示退已换取报销凭证的电子客票

对于已换取报销凭证的电子客票，在退票程序中通过刷身份证、扫描行程信息提示二维码、手工输入订单号+证件号、手工输入行程信息提示上的电子客票号21位或25位码来退票的，退票程序主动弹出提示收回报销凭证和确认收回报销凭证对话框，成功登记报销凭证信息后方可继续退票。原票信息输入如图1-2-19所示，收回并登记报销凭证提示如图1-2-20所示。

2）通过报销凭证退电子客票

①通过扫描报销凭证二维码或者在退票主界面的“请输入原票信息”下方手工输入报销凭证下方21位码，还原报销凭证信息，核对一致后，按“确定”按钮收回报销凭证。还原报销凭证信息如图1-2-21所示。

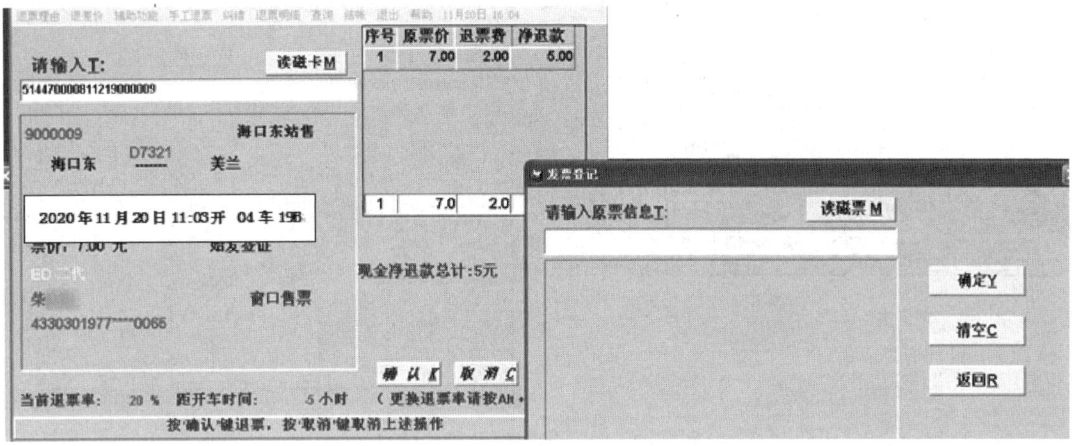

图 1－2－19　原票信息输入

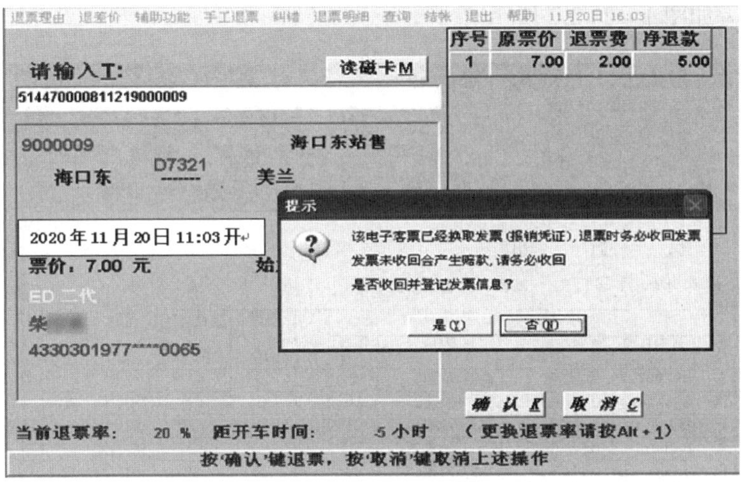

图 1－2－20　收回并登记报销凭证提示

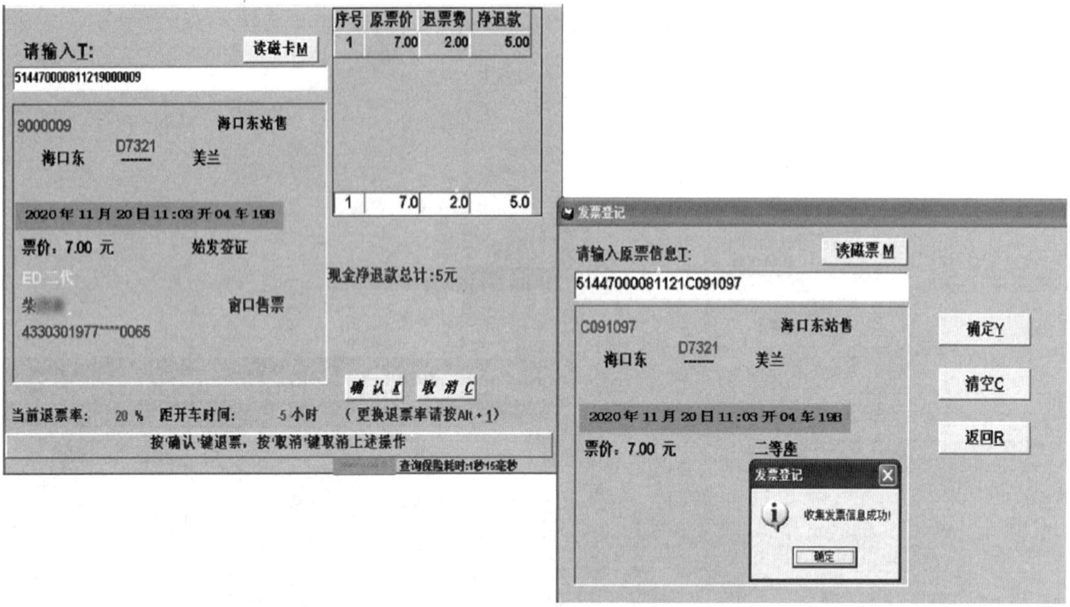

图 1－2－21　还原报销凭证信息

②请务必收回报销凭证，否则会产生赔款，可以在退票明细的备注栏查询电子客票是否收回了报销凭证。对于已收回报销凭证的电子客票，在退票明细的备注栏的显示“发”字。已收回报销凭证的已退电子客票在退票明细中的票号为报销凭证票号，便于退票员核对。退票明细表如图 1－2－22 所示。

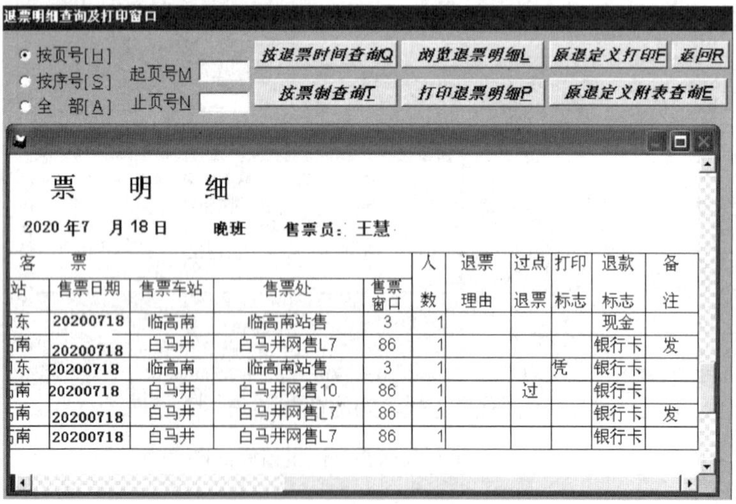

图 1－2－22　退票明细表

③通过报销凭证退电子客票，在退票界面扫描报销凭证或者输入报销凭证 21 位码，程序会主动弹出提示。是否办理退票提示如图 1－2－23 所示。

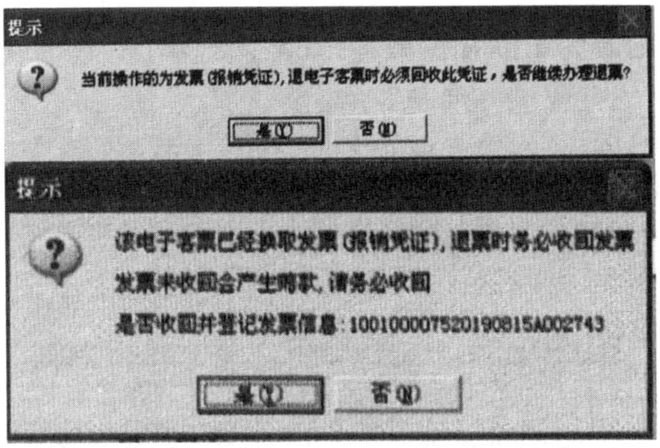

图 1－2－23　是否办理退票提示

2. 退未换取报销凭证的电子客票

退票主界面和退差价界面支持读取电子客票退票的功能。退票主界面如图 1－2－24 所示，退差价界面如图 1－2－25 所示。

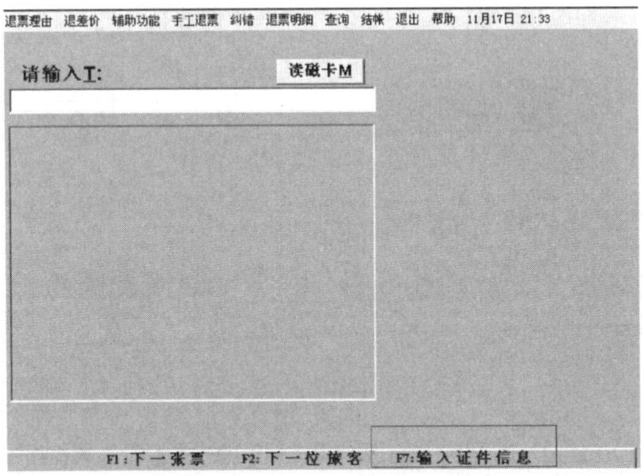

图 1－2－24　退票主界面

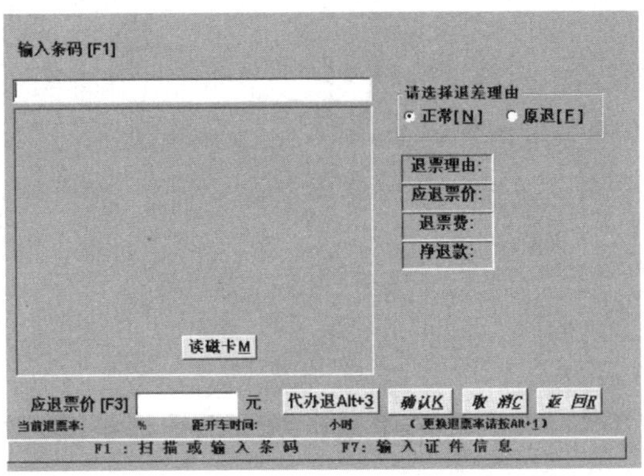

图 1－2－25　退差价界面

五、误售、误购、出票异常的处理

当车站售票窗口发生误售、误购时，在30分钟内由售票员为旅客办理退票手续，不收退票手续费，并重新发售新票。当出票（报销凭证）异常时，如报销凭证票面不清、切纸出错等，可将报销凭证作废，此时车票的电子信息依然存在，旅客仍能乘车。废票处理界面如图1-2-26所示。

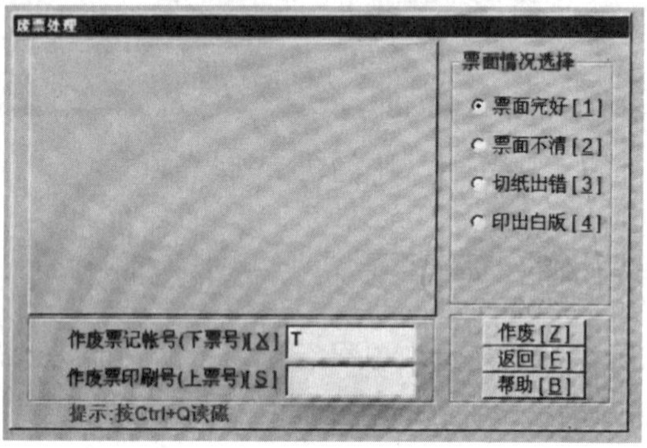

图1-2-26　废票处理界面

六、窗口售电子客票案例

【案例1-2-1】售全价电子客票。

一名旅客在天津站售票窗口购买6月20日天津至武清的C2558次列车二等座一张，需要打印报销凭证。

【操作方法】

①在售“动车组”客票公用界面中输入乘车日期（2020年6月20日）、车次（C2558）、发站（天津）、到站（武清），在票种票额栏内选择“全”并输入“1”或直接输入“Q1”。

②根据旅客所购车票的席别，按照席别下拉列表，输入相应的席别代码（O，二等座），系统按照输入的取票条件取票。

③根据旅客选择的付款方法，选择收费方式。当选择现金支付时，在收款框内输入核收旅客的购票款，按Enter键确认，界面显示找零款额，售票员按照找零款额进行找零。

④选择“印票”按钮进行制票，选择是否购买乘意险。当选择现金支付时，系统会弹出提示“是否确认使用现金收取车票票款”字样，选择“是”，然后读取旅客二代居民身份证信息或输入证件信息。

⑤选择“是”，打印报销凭证。

全价电子客票售票操作如图 1－2－27 所示。

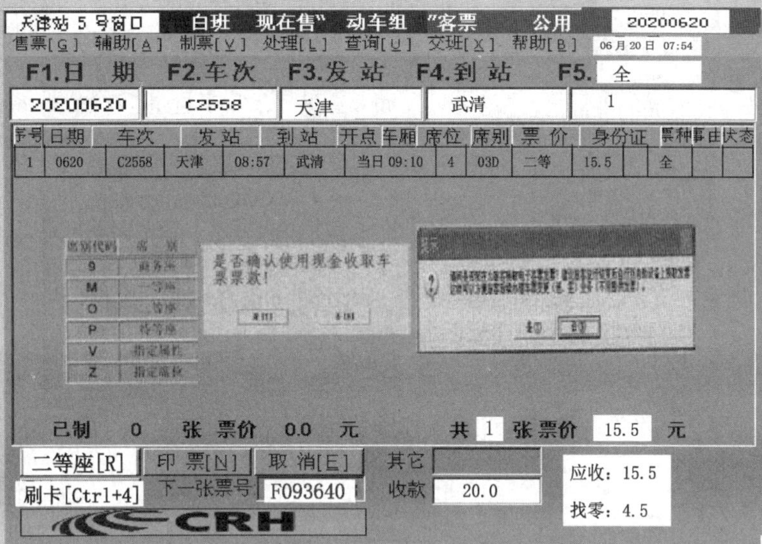

图 1－2－27 全价电子客票售票操作

【案例 1－2－2】售动卧电子客票。

一名旅客在保定东站售票窗口购买 8 月 26 日北京西至广州南的 D903 次列车下铺一张，不需要打印报销凭证。

【操作方法】

①在售“动车组”客票公用界面中输入乘车日期（2020 年 8 月 26 日）、车次（D903）、发站（北京西）、到站（广州南），在票种票额栏内选择“全”并输入“1”或直接输入“Q1”。

②根据旅客所购车票的席别，按照席别下拉列表，输入相应的席别代码，在铺别数输入栏中下铺内输入“1”，系统按照输入的取票条件取票。

③根据旅客选择的付款方法，选择收费方式。

④读取旅客二代居民身份证信息或输入证件信息。询问旅客并选择是否接收购票信息。

⑤选择“否”，不打印报销凭证。

售动卧电子客票操作如图 1－2－28 所示。

【案例 1－2－3】售学生电子客票。

一名旅客在天津西站售票窗口购买 6 月 25 日天津西至蚌埠南的 G1213 次列车靠窗的二等座学生车票一张，不需要打印报销凭证。

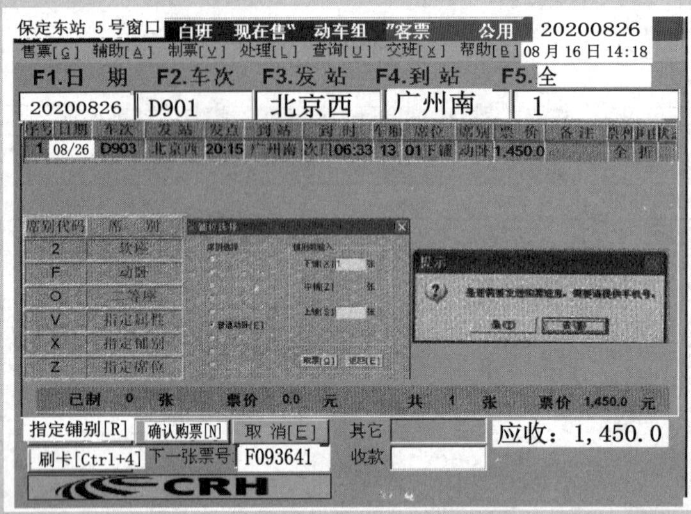

图 1-2-28 售动卧电子客票操作

【操作方法】

①在售“动车组”客票公用界面中输入乘车日期（2020 年 6 月 25 日）、车次（G1213）、发站（天津西）、到站（蚌埠南），在票种票额栏内选择“学”并输入“1”或直接输入“Xl”。

②根据旅客所购车票的席别，按照席别下拉列表，选择指定属性，在席位属性选择栏中选择“靠窗”，系统按照输入的取票条件取票。

③根据旅客选择的付款方法，选择收费方式。

④单击“印票”按钮或按 Alt + N 键，录入身份信息，系统提示“请放置学生优惠卡”，将学生优惠卡放置在学生优惠卡识别器上，识别器上会显示优惠卡的信息，确认后系统将读取学生优惠卡的信息，然后记录存根并打印行程信息提示。

⑤如果学生优惠卡识别器上没有学生的信息或可购票次数为 0，说明该学生卡已经不能再购买学生票，确认后系统将提示寻卡失败或“可购票次数不足”。

售学生电子客票操作如图 1-2-29 所示。

学生优惠卡读取操作如图 1-2-30 所示。

【案例 1-2-4】发售儿童电子客票。

一名旅客在保定东站售票窗口购买 8 月 23 日，石家庄至西安北 G651 次列车二等座车票一张，同行儿童 1.3 m，单独使用席位，要求坐二人座，同行成年人票需要打印报销凭证。

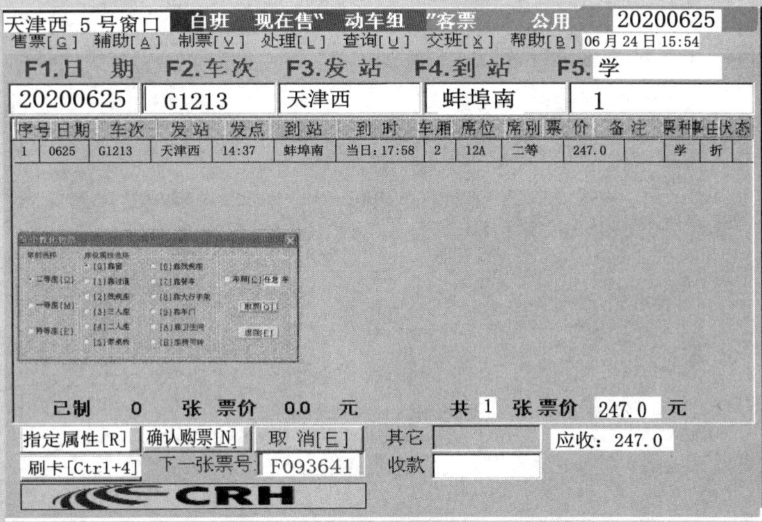

图 1－2－29　售学生电子客票操作

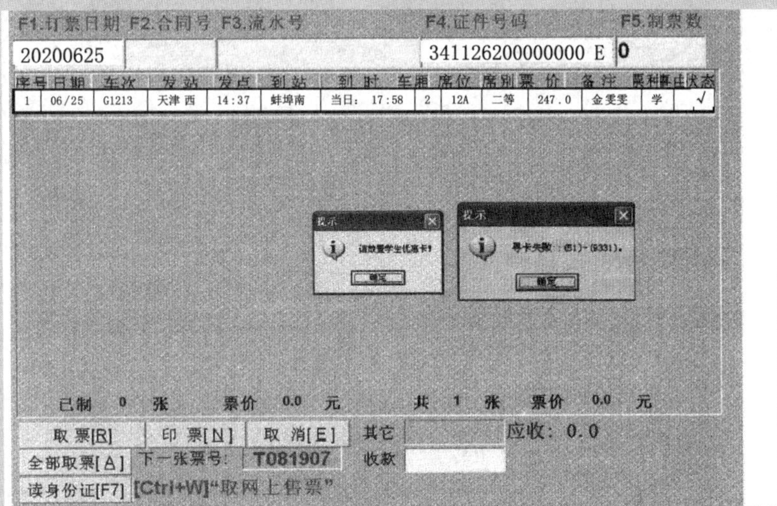

图 1－2－30　学生优惠卡读取操作

【操作方法】

①在售“动车组”客票界面中输入乘车日期（2020 年 8 月 23 日）、车次（G651）、发站（石家庄）、到站（西安北），在票种票额栏内选择“全、孩”并各输入“1”或直接输入“QlH1”。

②根据旅客所购车票的席别，按照席别下拉列表，选择指定属性，在席位属性选择栏中选择“二人座”，系统按照输入的取票条件取票。

③根据旅客选择的付款方法，选择收费方式。

④读取旅客二代居民身份证信息或输入证件信息，选择是否接收购票信息。

⑤选择“是”，打印报销凭证。

发售儿童电子客票操作如图1-2-31所示。

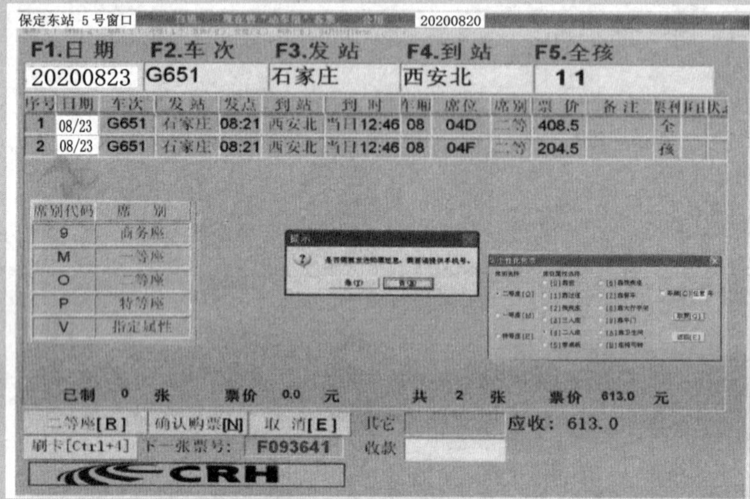

图1-2-31　发售儿童电子客票操作

七、窗口售票员岗位职责

①严格落实首问首诉负责制，耐心解答旅客问询，办理重点旅客服务等相关业务。

②在客运值班员的领导下，根据旅客需求按规定发售车票，按规定办理售票相关业务。

③严格执行“六字”售票法，迅速、准确发售（改签）车票，正确办理退票相关业务。

④正确、熟练操作售票设备，按规定做好对售票设备的检查，发生故障及时报修。

⑤坚持全面服务、重点照顾，做好重点旅客售票服务工作，热情帮助旅客解决困难，做到解答耐心，用语规范，使用十字文明用语（“请、您好、谢谢、对不起、再见”）。

⑥认真使用旅客服务评价系统，保证使用率。

⑦严格按规定做好票据请领、保管、使用工作。

⑧严格执行交接制度，妥善保管票据、现金，正确结算账目，规范填写有关报表，做到票、款、账相符。

⑨严格落实先交款再看账制度。

⑩按规定填写各种票据单据，做到正确、清楚、无涂改。

⑪熟练掌握非正常情况下应急售票流程，能够及时妥善地处理本岗位的突发情况。

⑫负责保持本岗位作业区域的卫生环境。

⑬积极、主动防控，在岗在位在状态，行为主动、作用突出，确保作业过程有序可控。

售票员岗位关联图如图 1－2－32 所示。

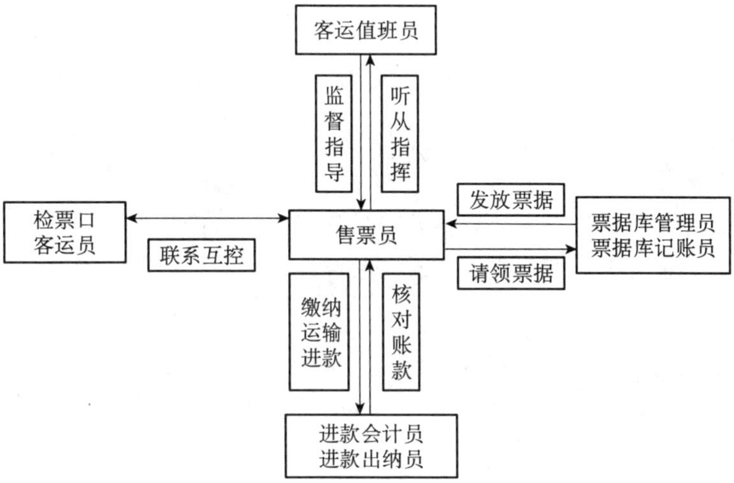

图 1－2－32　售票员岗位关联图

任务训练

实训项目	电子客票车站窗口售票作业训练
实训目标	1. 结合实际，加深对电子客票车站窗口售票作业的认识与理解 2. 增强掌握车站窗口售票作业要求的意识
实训内容及组织	由教师组织，学生自愿组成小组，每组 6～8 人，选择以下题目进行电子客票车站窗口售票作业训练。 1. 发售现金支付全价电子客票 2. 发售银行卡支付学生电子客票 3. 发售支付宝支付儿童电子客票 4. 发售微信支付动卧电子客票
实训考核	1. 每组提交一份分析报告 2. 各组进行汇报 3. 教师根据各组的分析报告与课堂汇报进行评估

任务三

电子客票自助售票

思政素质目标

热爱党、热爱社会主义祖国、爱人民、爱集体；具有深厚的中华民族自豪感；爱岗敬业、恪尽职守；严格遵守规章制度和劳动纪律。

知识目标

掌握电子客票自助售票的要求与标准。

能力目标

能够指导旅客使用自动售票机购票；能帮助旅客在12306网站注册。

相关知识

自助售票是在普及互联网及铁路建立完善的自动售检票系统的基础上形成的售票方式。自助售票主要包括自动售票机售票和互联网售票。

一、自动售票机售电子客票

自动售票机软件具有可发售电子客票、打印报销凭证、打印行程信息提示、发送短信、绑定优惠资质和预留手机号码等功能。

1. 自动售/取票机准备

1）登录系统

在计算机桌面打开浏览器，进入“自动售票管理系统”界面，输入车站码、用户编号及用户口令登录“自动售票管理系统”。

2）备用金及票据（发票）的准备

按照上个班次在窗口交接簿上填写的票卷卷数和符号、起号，核对自助终端内未售票卷卷数及未售票据的起号是否一致。

登录“自动售票管理系统”后，单击“现金业务管理”，在屏幕左侧菜单栏内单击“在用钱箱及票卷信息”，界面将会显示“在用钱箱及票卷信息”界面。查看各自助终端内零款、票卷使用情况，根据票卷使用情况请领票据，并依据找零款余量情况请领备用金，对请领的备用金进行分类规整，按照币值分别逐张清点，确认无误后将相应的币值放入对应的找零抽屉内。

3）设备巡查

检查设备设施是否良好，检查备品是否齐全，通过“自动售票管理系统”对自助终端的运行状态进行巡视，发现故障及时维护，遇不能维修的情况立即上报，及时解决问题，保障机器正常运转。

查询操作流程：登录“自动售票管理系统”后，单击“终端业务管理”，在屏幕左侧菜单栏内单击“终端状态查询”，界面将会显示各自助终端的状态，在最右侧的查看栏中选择查看，即可看到该终端所有的历史状态记录。

自助终端的状态可以依据“自动售票管理系统”界面所显示的状态颜色进行确认，终端状态为绿色代表设备正常运行、蓝色代表登录维护状态、黄色代表系统发生故障、红色代表设备发生故障、灰黑色代表处于关机状态。

“自动售票管理系统”界面如图 1－3－1 所示。

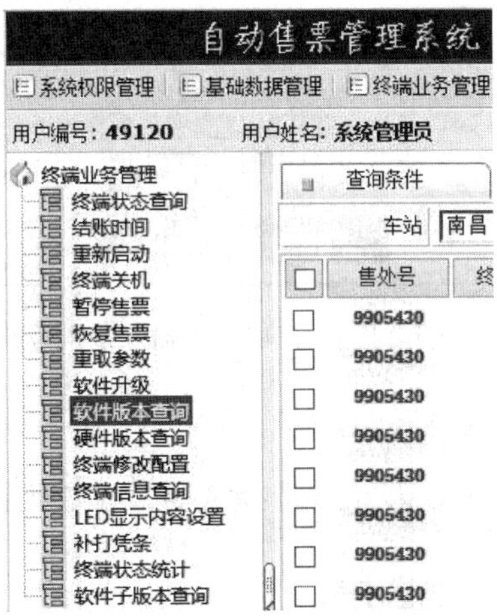

图 1－3－1 “自动售票管理系统”界面

2. 自动售/取票机功能

1）购票

(1) 自动售/取票机首界面

自动售/取票机首界面如图 1－3－2 所示。

图 1－3－2　自动售/取票机首界面

（2）购票过程中预留手机号码

在旅客选择到发站、乘车日期、车次、张数、票种、席别并刷身份证件后，界面提示旅客预留手机号。自动售/取票机输入手机号码界面如图 1－3－3 所示。

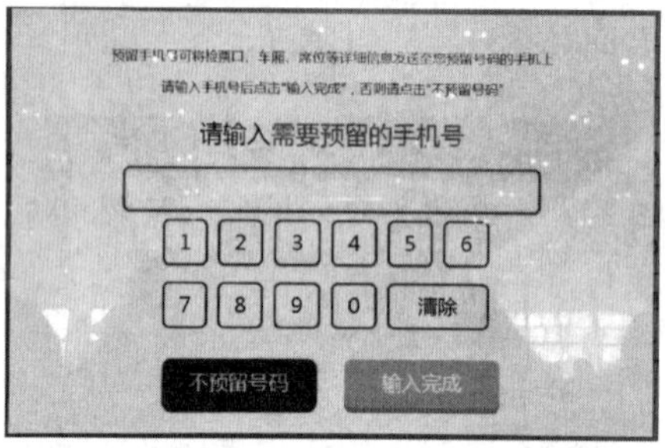

图 1－3－3　自动售/取票机输入手机号码界面

（3）旅客选择是否打印报销凭证

提示旅客是否需要报销凭证，若旅客选择需要，在售票完成后为旅客打印报销凭证。

（4）旅客选择是否打印行程信息提示

旅客支付成功后开始记录电子客票存根，电子客票存根记录成功后，为旅客打印行程信息提示。

2）优惠资质绑定

选择需要绑定的优惠资质，先刷身份证，再刷学生证、“中华人民共和国残疾军人证”或“中华人民共和国伤残人民警察证”进行绑定。

学生优惠资质绑定及行程信息提示、报销凭证如图 1－3－4 所示。

图 1-3-4　学生优惠资质绑定及行程信息提示、报销凭证

3）打印行程信息提示

旅客可用此功能打印行程信息提示，如果超过打印次数（后台设定为 2 次）则提示旅客不可继续打印。如果旅客车票尚未支付，则不提供打印行程信息提示的功能。自动售/取票机凭条打印机如图 1-3-5 所示。

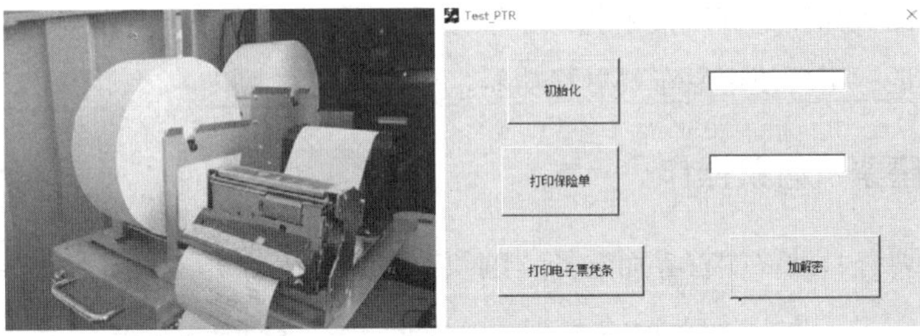

图 1-3-5　自动售/取票机凭条打印机

4）查询凭条打印张数

登录自动售票管理系统，在“现金业务管理”中的“凭条状态”栏进行查询，“凭条状态”一栏为打印机驱动提供的设备信息。管理人员在“设置整卷张数”后，自动售/取票机程序会根据打印的凭条数量自动计算剩余的凭条数量。每次安装新卷后需单击“安装新卷”重新开始计数。

电子客票的车次、开车时间、车厢号、席位号等信息均通过行程信息提示提供给旅客，管理人员需注意行程信息提示凭条纸余量，避免凭条纸用尽，给旅客出行带来不便。自动售票管理系统凭条状态查询如图 1-3-6 所示。

如果凭条打印机出现故障则不向旅客提供打印行程信息提示的服务。

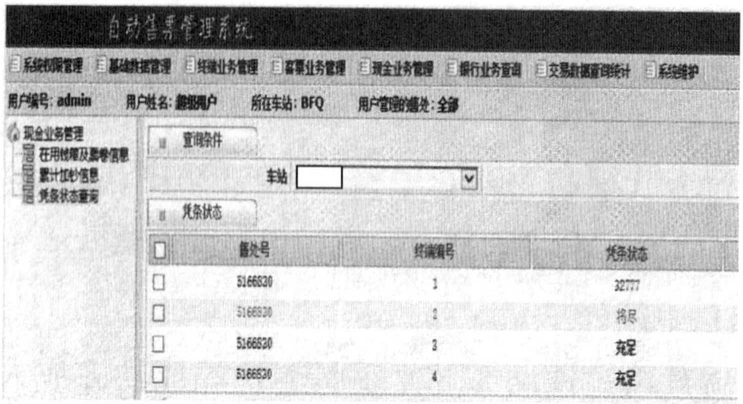

图 1－3－6　自动售票管理系统凭条状态查询

5）打印报销凭证

自动售/取票机具有打印报销凭证的功能，旅客只能在完成支付后才能打印报销凭证。自动售/取票机提供未开和已开车的报销凭证取票功能。

3. 出票异常处理

当旅客在自助机上取票或购票出现出票异常的情况时，机器将自动作废所制出的报销凭证。此时识别旅客证件，仍可显示电子客票信息，可换机或换窗口重新制票。

窗口或自助机如发生打印报销凭证不清或残缺等情况，可使用作废功能并重新打印，收回原报销凭证，不再使用原车票置换功能。

4. 自动售票机售票操作

①在铁路票务自助终端首界面选择“购票”按钮进入首页，如图 1－3－7 所示。

图 1－3－7　铁路票务自助终端首界面

②点击右侧“出发站”“目的站”“乘车日期”框，在左侧选择自己的乘车站、到达站和乘车日期。热门车站可以直接选择，如图 1－3－8 所示；非热门车站点击“其他车站”，如图 1－3－9 所示，在输入框内输入车站的拼音首字母。选择完毕后点击“下一步”按钮，乘车日期选择如图 1－3－10 所示。

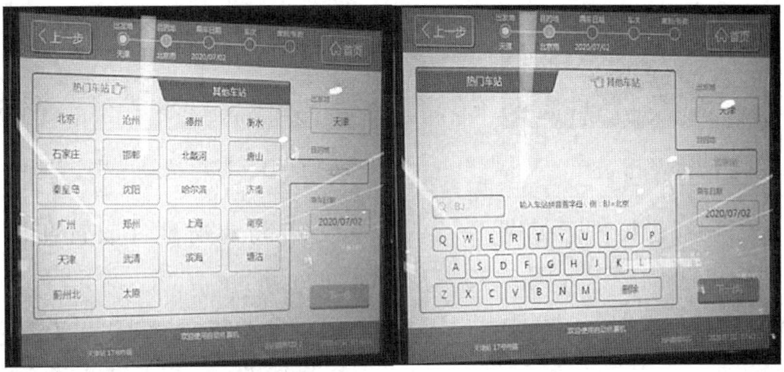

图 1－3－8　热门车站

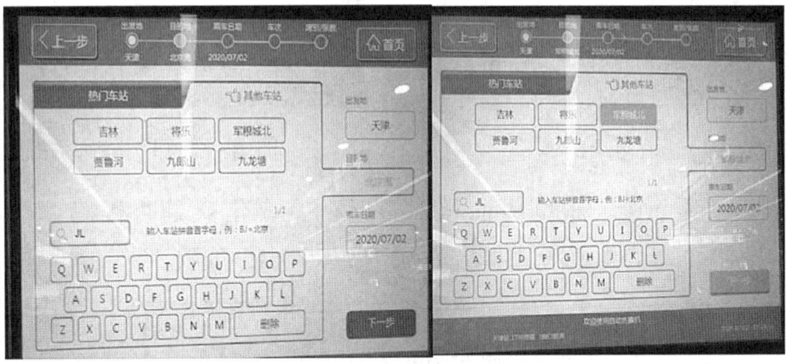

图 1－3－9　非热门车站的输入

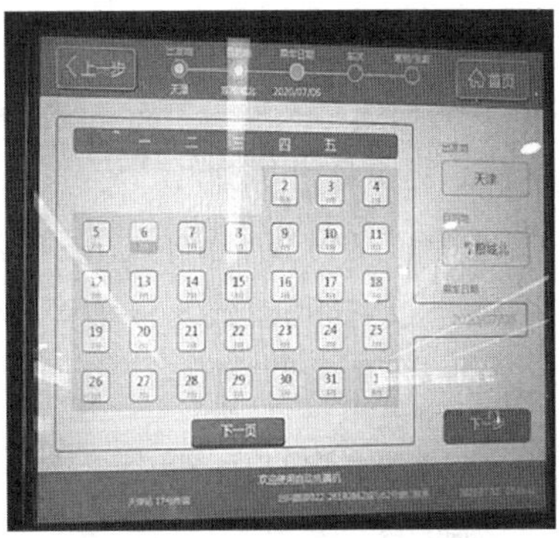

图 1－3－10　乘车日期选择

③选择所乘车次，当常用车次中没有想选择的车次时，点击“全部车次”，选择合适的车次。根据需要选择“席别”“票种”“张数”。选择完毕后点击“下一步”按钮，车次选择如图 1－3－11 所示，选择席别、票种、张数如图 1－3－12 所示。

图 1 – 3 – 11　车次选择

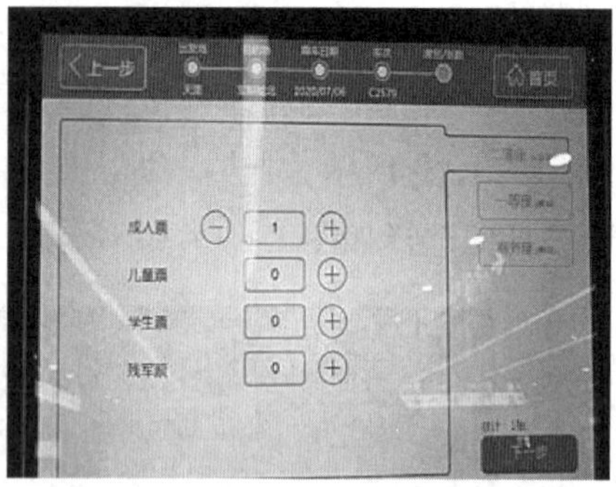

图 1 – 3 – 12　选择席别、票种、张数

④界面提示请刷身份证件，如图 1 – 3 – 13 所示，将身份证件放置在识读区。识读完毕后，界面提示确认手机号，如图 1 – 3 – 14 所示。

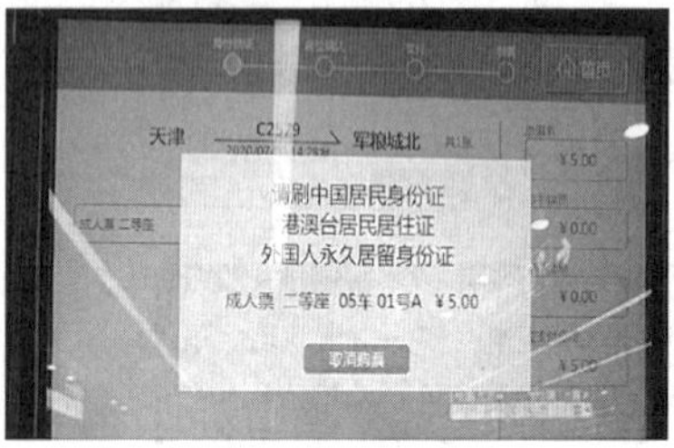

图 1 – 3 – 13　请刷身份证

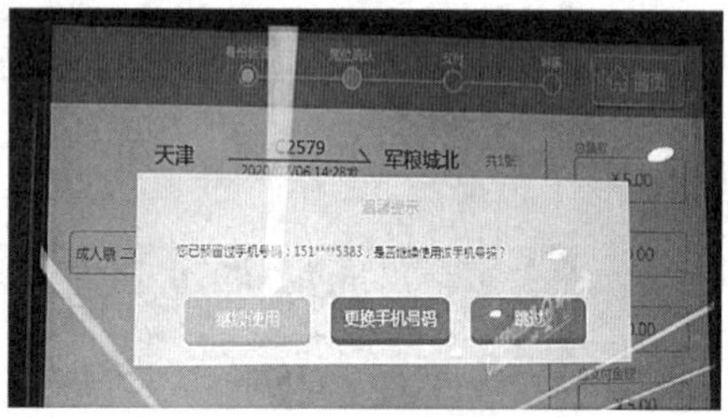

图 1 – 3 – 14　确认手机号

⑤选择是否购买乘意险。根据界面核对自己的乘车信息是否正确。核对无误后点击“确认并支付”按钮。购买乘意险选择界面如图 1 – 3 – 15 所示。

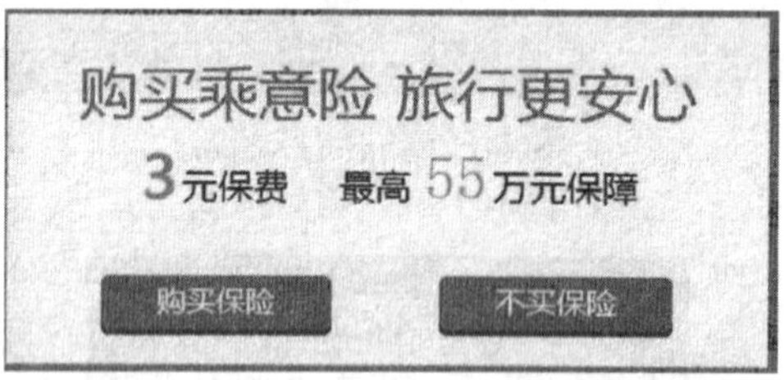

图 1 – 3 – 15　购买乘意险选择界面

⑥选择支付方式，目前提供现金、支付宝、微信、银联云闪付、纯磁条银行卡支付方式，旅客若选择扫码支付，采用旅客主动扫码模式，自动售票机在操作界面展示二维码；旅客使用手机客户端中的“扫一扫”功能，扫描二维码。支付方式选择如图 1 – 3 – 16 所示。

图 1 – 3 – 16　支付方式选择

⑦旅客支付成功后开始记录电子客票存根，电子客票存根记录成功后，向旅客打印行程信息提示。打印行程信息提示如图 1－3－17 所示。

图 1－3－17　打印行程信息提示

⑧选择打印报销凭证，如图 1－3－18 所示。

图 1－3－18　选择打印报销凭证

5. 自动售/取票机巡检员岗位职责

①依次对每台机器进行结账操作，取出设备内的废票，维修故障设备。到值班主任窗口取故障交接单，根据实际情况进行处理。

②根据票卷余量请领票据，根据零款余量更换零款，并对零款进行分类规整。

③给自动售设备补充零款、票据，提取票款。

④将票款清分、清点后与废票一同封存在专用款袋中并加锁，将进款上交。

⑤巡视检查，后台监控所有自动售、取设备，发现故障及时维修，遇不能维修情况立即报修，及时解决问题。

⑥修复故障机器，并与下班人员进行交接。

⑦清理责任区域卫生。

二、互联网售票

互联网售票，是指通过中国铁路客户服务中心（www.12306.cn）办理铁路电子客票的销售、改签、退票等业务，购票人使用联网的计算机和手机自主选择所购车票的售票方式。

旅客或购票人应当妥善保管购票时所使用的有效身份证件。

1. 持二代居民身份证的注册用户身份信息核验

持二代居民身份证的注册用户和常用联系人（乘车人），经国家身份认证权威部门进行身份信息核验后，有以下三种状态。

（1）已通过

“已通过”指注册用户、常用联系人（乘车人）的身份信息已经通过核验，其中姓名、证件类型和证件号码三项身份信息不可修改。

（2）待核验

“待核验”指注册用户、常用联系人（乘车人）的身份信息未经核验，需持二代居民身份证原件到车站售票窗口或铁路客票代售点办理核验。

（3）未通过

“未通过”指注册用户、常用联系人（乘车人）的身份信息经过核验但未通过。

2. 持护照、港澳通行证、台湾通行证的注册用户身份信息核验

持护照、港澳通行证、台湾通行证的注册用户和常用联系人（乘车人），经国家身份认证权威部门进行身份信息核验后，有以下四种状态。

（1）已通过

“已通过”指注册用户、常用联系人（乘车人）的身份信息已经通过核验，其中国籍、姓名、证件类型和证件号码四项身份信息不可修改。

（2）请报验

“请报验”指注册用户、常用联系人（乘车人）的身份信息未经核验，需持在本网站填写的有效身份证件原件到车站售票窗口办理预核验。

（3）预通过

“预通过”指注册用户、常用联系人（乘车人）的身份信息已经通过车站售票窗口预核验，其中国籍、姓名、证件类型和证件号码四项身份信息不可修改。

（4）未通过

“未通过”指注册用户、常用联系人（乘车人）的身份信息经过核验但未通过。

3. 办理身份信息核验

车站窗口可办理持二代居民身份证用户和持护照、港澳通行证、台湾通行证用户的身份信息核验、预采集手续及抢注处理。

4. 不予办理的情况

由于证件原因，二代居民身份证不能通过二代居民身份证自动识读设备自动读取的，不予办理，需到发证机关换证后再予办理。

5. 常用联系人数量限制

对12306网站注册用户的常用联系人（乘车人）数量进行限制，持二代居民身份证注册用户名下的常用联系人超过上限人数时，仅可添加有二代居民身份证的常用联系人，添加时需先在本网站填写常用联系人二代居民身份证信息，再持注册用户和常用联系人（乘车人）的二代居民身份证原件到车站售票窗口或铁路客票代售点办理核验。

6. 有效身份证件

身份核验中的有效身份证件是指在有效期内的二代居民身份证、护照、港澳来往内地通行证、台湾来往大陆通行证。

7. 铁路12306手机客户端

手机客户端购票类似于互联网售票方式，区别仅在于购票工具为手机，铁路12306手机客户端首页可以查看个人行程，能在首页看到本人买的票和别人给买的票。电子客票可直接点击乘车码检票乘车。首页显示最近行程，点击进入就能看到本次行程的详细信息。

①铁路12306手机客户端首页如图1－3－19所示。

图1－3－19　铁路12306手机客户端首页

②点击个人行程，进入行程详情页，可查看对应的经停站、车次信息、站点天气及推荐的到达站点周边相关酒店服务。

行程详情页如图 1－3－20 所示。

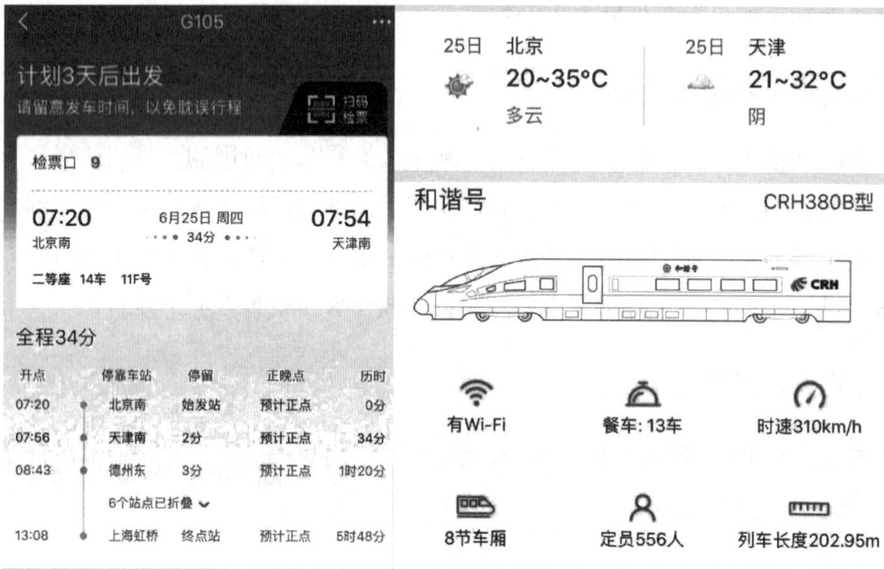

图 1－3－20　行程详情页

③点击铁路 12306 手机客户端首页的车站大屏，可以选择车站、输入车次查询，同时可以选择进出站，查询相关车次的候车室、检票口及状态。

车站大屏界面如图 1－3－21 所示。

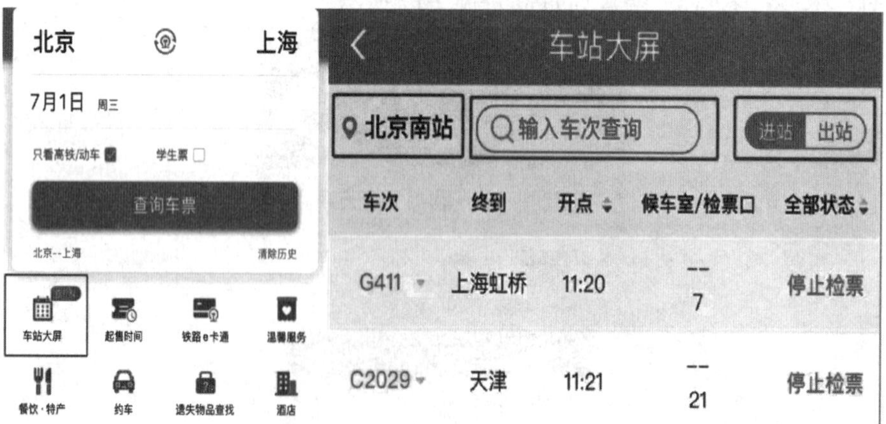

图 1－3－21　车站大屏界面

④通过扫描车票二维码、手动添加、从订单选择三种方式可添加行程（如图 1－3－22 所示）。

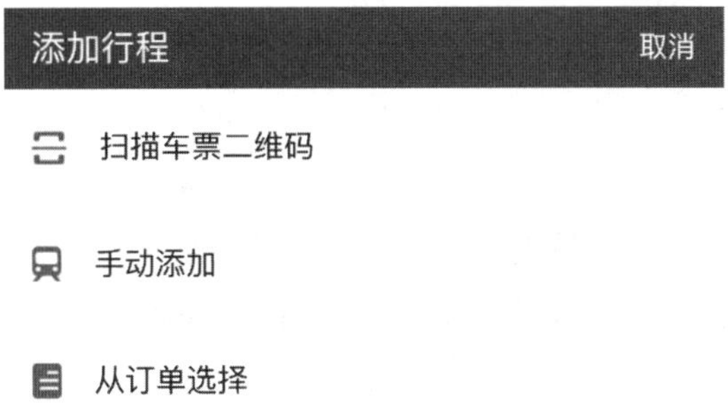

图 1-3-22　添加行程

⑤选择车次进行行程关注后，选择出发站点。确认行程区间后，就可以在铁路 12306 手机客户端首页看到旅客关注的行程（如图 1-3-23 所示）。

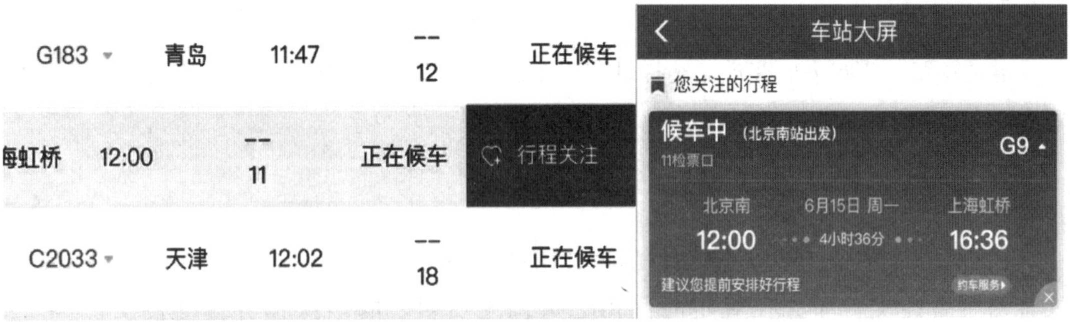

图 1-3-23　关注的行程

⑥根据当前用户地理位置推荐酒店、约车、餐饮服务，目的地服务界面如图 1-3-24 所示。

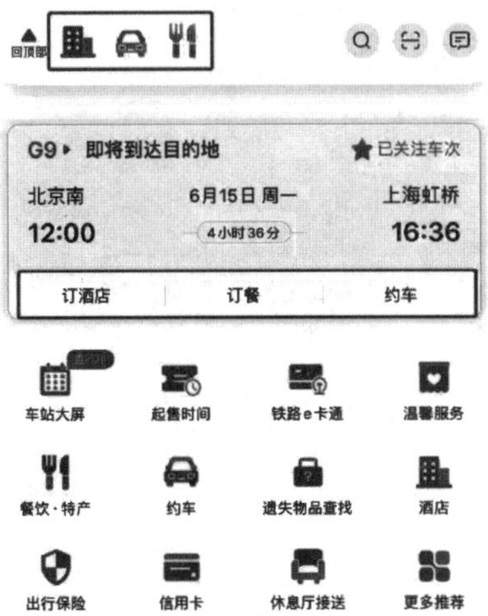

图 1-3-24　目的地服务界面

三、铁路 12306 手机客户端购票操作

1. 注册

通过铁路 12306 手机客户端注册为购票用户；手机客户端售票和网站售票共享注册用户，在一个系统注册的用户可以在另一个系统使用；通过铁路 12306 手机客户端注册的用户，即为 12306 网站的用户。

2. 用户登录

登录到铁路 12306 手机客户端购票系统，进行订票操作。

3. 余票查询

通过铁路 12306 手机客户端选择日期、车次、发站、到站等信息，旅客可以查询预售期内该车次的余票信息。

4. 购票

在车票预订栏选择出发地、目的地，选择出发日期，筛选席别，添加乘客，确认乘客信息后提交订单，在规定时间内完成网上支付。购票操作界面如图 1－3－25 所示。

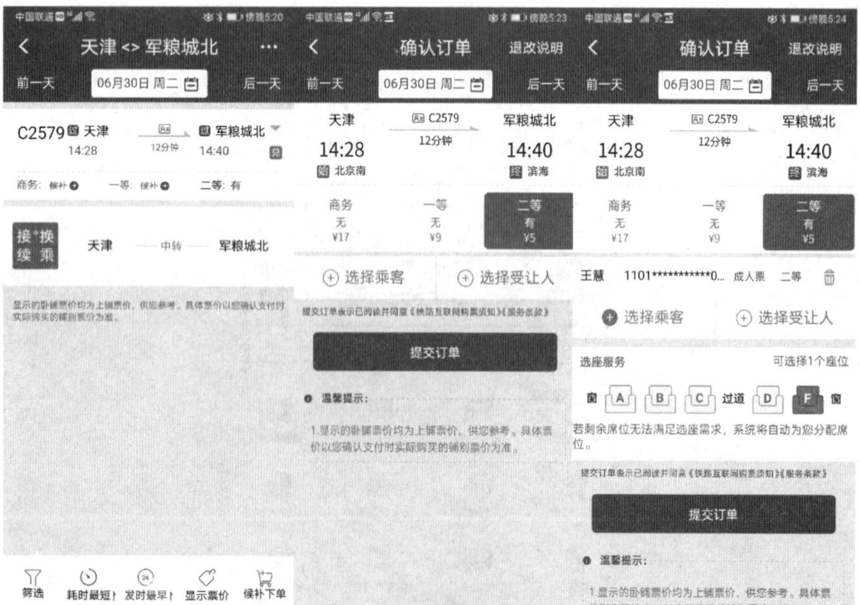

图 1－3－25　购票操作界面

5. 支付

在规定时间内以电子支付（网上银行、中铁银通卡、支付宝等）方式完成票款支付。支付操作界面如图 1－3－26 所示。

图 1－3－26 支付操作界面

6. 获取行程信息提示

获取行程信息提示如图 1－3－27 所示，可在自动售票机上打印行程信息提示。

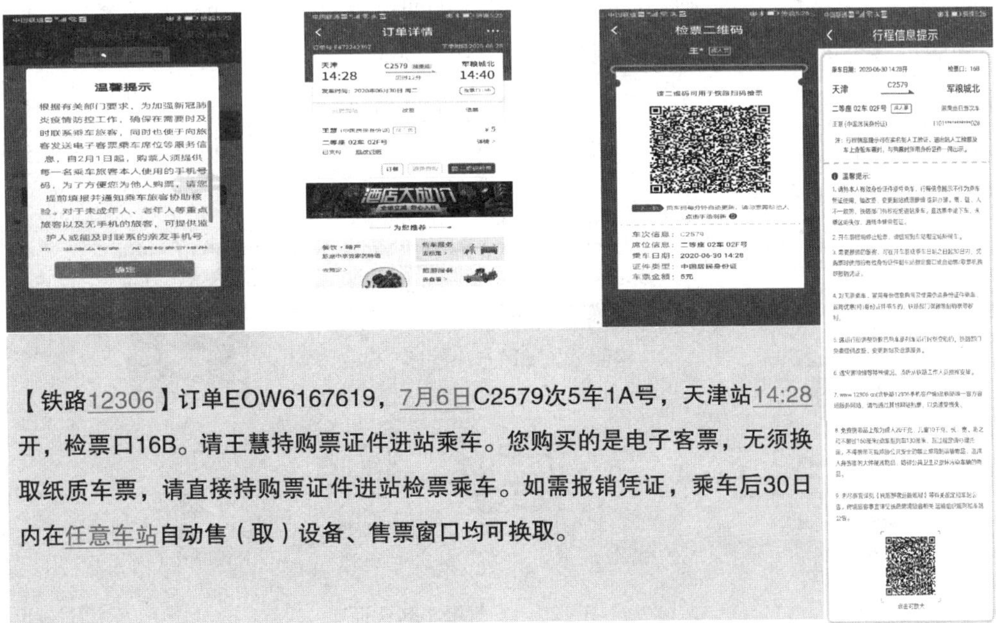

图 1－3－27 获取“行程信息提示”

7. 车站打印报销凭证

可在自动售/取票机上打印报销凭证，如图 1－3－28 所示。

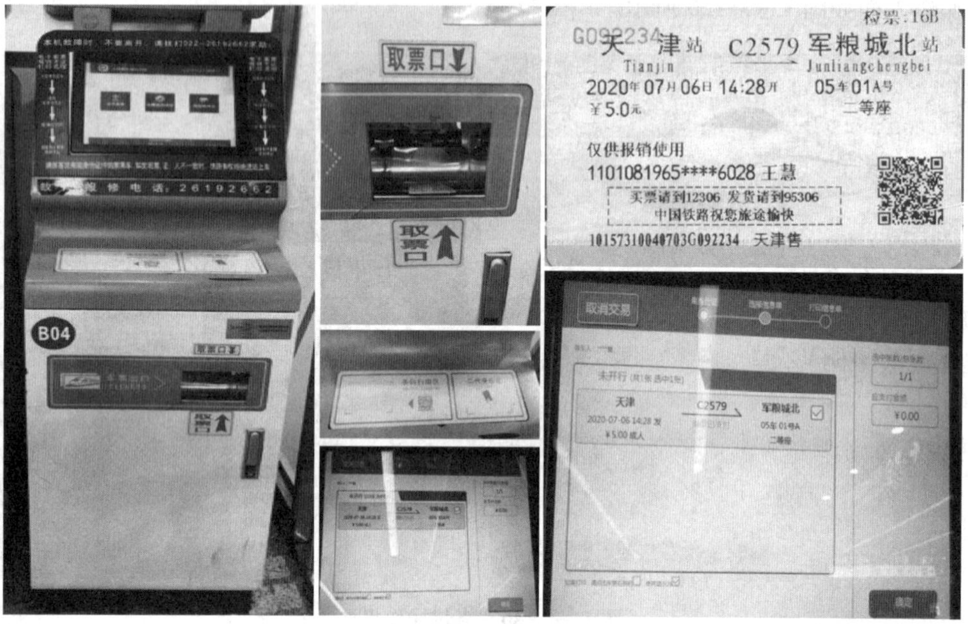

图 1－3－28　打印报销凭证

四、支付宝购票

12306 官方支付宝小程序通过支付宝实名认证即可登录，无须每次输入密码。此外，这一服务也整合进支付宝“我的应用”里的“火车票机票”服务，用户可将其编辑进支付宝首页。

①在支付宝首页搜索 12306，选择有官方标识的小程序或使用支付宝扫描下方二维码。支付宝实名认证如图 1－3－29 所示。

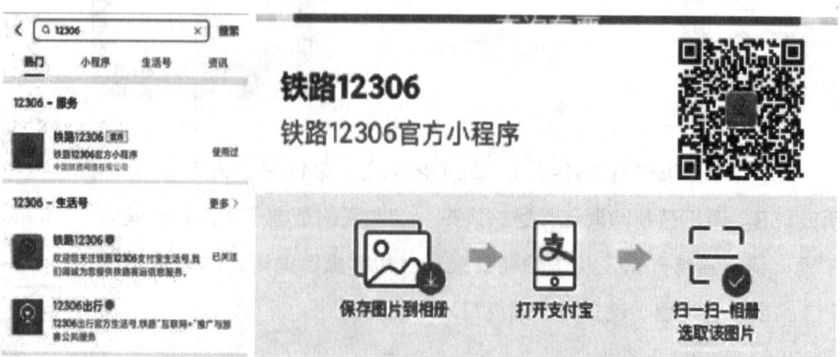

图 1－3－29　支付宝实名认证

②打开之后进入 12306 官方支付宝小程序（如图 1－3－30 所示）。

图 1－3－30　12306 官方支付宝小程序

③点击右下角“我的”进入登录界面，支付宝实名认证可使用一键授权登录，经人脸验证之后就可以正常登录获取 12306 账户数据，也可以选择 12306 账户登录，效果相同。选择支付宝一键登录，登录之后 12306 账户里的乘车人等信息同步到 12306 官方支付宝小程序，此时可到首页进行车次查询。登录界面如图 1－3－31 所示。

图 1－3－31　登录界面

④点击“预订”进入确认界面，选择添加乘车人、选座等操作（与12306手机客户端基本一致），之后提交订单，购票完成之后订单页面能同步查询历史订单消息。确认界面如图1-3-32所示。

图1-3-32 确认界面

任务训练

实训项目	电子客票自助售票操作训练
实训目标	1. 结合实际，加深对电子客票自助售票工作的认识与理解 2. 增强掌握电子客票自助售票服务标准要求的意识
实训内容及组织	由教师组织，学生自愿组成小组，每组6~8人，选择以下题目进行电子客票自助售票训练。 1. 帮助旅客在自动售票机购票 2. 帮助旅客在铁路12306网站注册 3. 帮助旅客在铁路12306网站购票 4. 帮助旅客使用自动售/取票机打印行程信息提示和报销凭证
实训考核	1. 每组提交一份分析报告 2. 各组进行汇报 3. 教师根据各组的分析报告与课堂汇报进行评估

复习思考题

1. 简述高速铁路电子客票的优点。
2. 高速铁路实名制购票和乘车的有效证件包括哪些？
3. 简述高速铁路行程信息提示的获取途径和作用。
4. 如何获取报销凭证？
5. 简述高速铁路车站窗口售票员的岗位职责。
6. 简述高速铁路车站自动售/取票机巡检员的岗位职责。

项目二

高速铁路客运站务工作组织

项目描述

高速铁路车站是高速铁路运输的基层生产单位，在铁路旅客运输生产过程中起着重要的作用，它是旅客运输的始发、中转和终到作业的地点，承担着旅客购票取票、进站候车乘车、换乘其他交通工具等任务，也是铁路与旅客之间联系的纽带。本项目主要介绍高速铁路车站客流组织、电子客票进出站检票作业、高速铁路车站候车服务工作及站台旅客乘降作业组织的相关知识。通过本项目的学习，使学生掌握高速铁路客运站务工作组织的基本技能。

任务一

高速铁路车站客流组织

思政素质目标

热爱党、热爱社会主义祖国、爱人民、爱集体；具有家国情怀和社会主义核心价值观；尊重劳动，热爱劳动，具有较强的实践能力。

知识目标

掌握高速铁路车站的功能与布局，掌握高速铁路车站客流组织的知识。

能力目标

能正确组织高速铁路车站客流工作。

相关知识

高速铁路车站不仅更加注重“以人为本”的服务理念，而且注重运用现代化设备和技术手段提高车站的客流组织和客运服务水平。

一、高速铁路车站概述

1. 高速铁路车站的特点

选择铁路出行的旅客首先接触到的是车站，因此高速铁路车站成为展现服务质量、树立铁路信誉的窗口。我国高速铁路车站具有以下特点。

1）城市综合枢纽

高速铁路车站是城市客运交通系统的重要组成部分，是城市交通网络的交汇点和对外客流集散的主要场所。高速铁路车站以“功能性、系统性、先进性、文化性、经济性”为原则进行设计和设备布置，它包括衔接各种交通方式、完成客流集散与疏解、保证旅客顺利出行等重要功能，充分体现高效、安全、方便、快捷的特点。现代大型高速铁路车站是综合多种运输方式，实现“零距离”垂直换乘，并最大限度地减少与城市地面交通矛盾的大型一体化城市综合枢纽，是各种交通方式的旅客换乘场所及城市商业区。

2）先进的服务理念

高速铁路车站的设计、建设、运营，以及服务设施的配备、服务标识的设计都融入了先进的服务理念。高速铁路车站从方便旅客的角度考虑，从“自助化服务、无障碍服务”理念出发，使车站设施设备的配置更合理、进出站流线的设计更人性化、标志标识的布设更完善、换乘条件更便利、商业经营更多元化。

车站通过投放大量先进设备设施，为旅客出行带来便利，以充分满足旅客日益提高的方便、快捷、舒适的乘车需求。旅客可在短时间内进出站，实现高速铁路、地铁、公交、出租车等各种公共交通工具之间的换乘。

各种公共交通工具之间的换乘标识如图 2－1－1 所示。

图 2－1－1　各种公共交通工具之间的换乘标识

根据不同层次旅客的需求，车站进一步完善服务功能，提升商业服务档次，形成多样的休闲服务，规范服务管理，使旅客充分享用现代化带来的候车、休闲、购物一体化。

除此之外，定期进行旅客满意度调查，接受旅客所提的宝贵意见，有针对性地从源头改进，为旅客提供更好的服务。依托旅客调查，了解旅客全方面、多层次、多角度的需求，创新服务产品，凸显服务亮点，打造高速铁路服务品牌。在应急处置上，高速铁路客运站制定了相应的预案，车站会根据晚点等级或突发情况级别做好安抚、疏导、疏散旅客的工作。

旅客服务调查如图 2－1－2 所示。

3）立体式空间布局

高速铁路站房一般规模宏大，为综合考虑车站内旅客活动平台、站台、雨棚、跨线设施、相关换乘功能，多采用“立体式”设计空间布局，形成以客运服务为主的车站建筑，并与周边的广场、城市交通设施、主要建筑相协调，成为铁路与城市的有机结合点，体现所在城市的地域特色和文化。车站重视“以人为本”的设计理念，注重旅客心理、行为需求，在功能组织上普遍采用多层面立体的一体化空间布局形式，如广场交通采用立交方式组织、内部空间采用立体布局，力求创造适应交通视觉需求的通透开敞、导向分明、环境舒适的开放式大空间。

4）现代化客服设备

随着选择乘高速铁路出行的旅客人数日益增多，车站面向旅客的服务工作显得尤为重

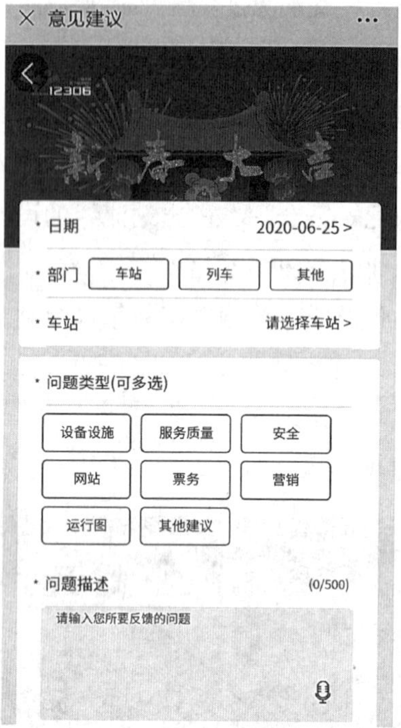

图 2－1－2　旅客服务调查

要。高速铁路车站大量采用先进的自动化设备设施，车站内配置有大量自动售/取票机、自动检票闸机、出站闸机，可方便旅客购票、取票、自助化进出站。另外，车站还设有大量导向标识和大型 LED 显示屏，提供旅客出行所需的导向信息和列车信息。

5）注重客运服务的全过程

高速铁路车站注重客运的全过程服务，统筹规划车站站房，实现商业设施与站房建设的结合，将商业服务纳入高速铁路车站基本服务范畴，融入安全、舒适、高效、便捷的商业服务（涉及餐饮类、零售类、休闲类和服务类等项目）来满足旅客的多元化需求。高速铁路车站的客运服务与商业有机地统一起来，实现了和谐共处、相互补充、共同发展，提高了高速铁路的客运服务质量。

2. 高速铁路车站空间与功能布局

高速铁路车站在空间布局设计方面一般分为地下层、地面层、高架层三大主要空间层，绝大部分采用“上进下出”的流线。在功能布局方面，高速铁路车站根据旅客的进站、购票、候车、检票、出站或换乘需求，将功能区域依次分为进站口、售票处、候车区、检票口、到达口和换乘区。地下层一般为到达层，为旅客提供出站及换乘其他交通工具等服务；地面层一般为站台层，为旅客提供进站、上下车以及高架候车层与地下层旅客交换等服务；高架层一般为出发层，为旅客提供购票、取票、候车、进站及商务活动等服务。

1）地下层

高速铁路车站在城市中起着“交通转换平台”的作用，使高速铁路与城市轨道交通、轻轨、公交、出租车等交通方式形成协调运作、优势互补的交通体系，为旅客提供便捷、高效的一体化运输服务。地下层的功能是实现旅客的出站及换乘其他交通工具，一般设置地铁、出租车和社会车辆的换乘通道，连接地铁车站、出租车载客平台和地下停车场。

地下层出站区布局如图 2－1－3 所示。

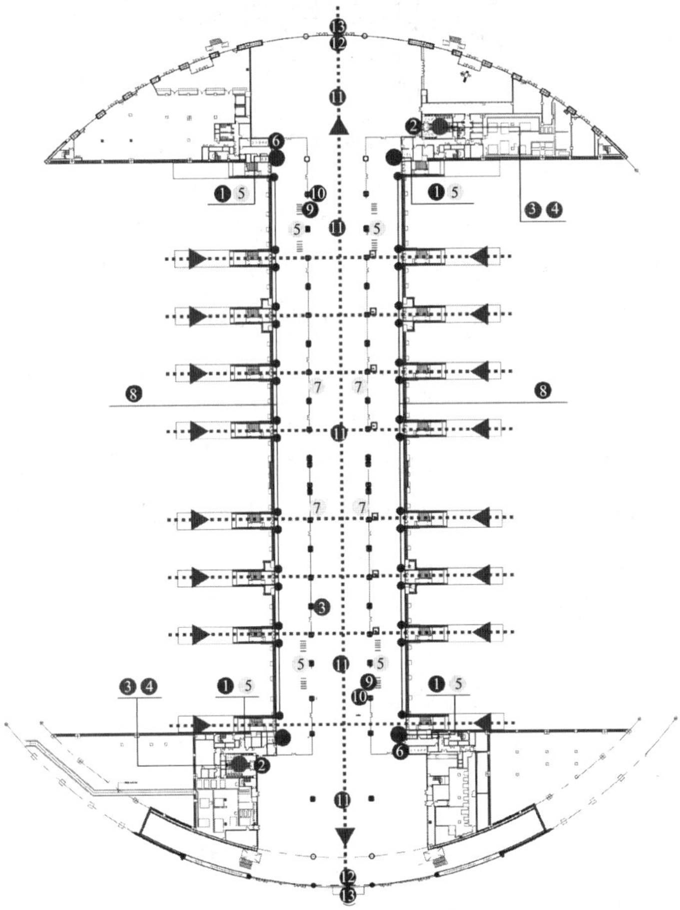

①—补票处；②—卫生间；③—禁止吸烟；④—当心滑倒；⑤—儿童标高线；⑥—公安值班室；⑦—出站区落地；⑧—站台编号；⑨—双面出站口动静结合；⑩—出站口悬挑；⑪—综合吊挂；⑫—出站通廊内立面出口；⑬—出站通廊外立面入口

图 2－1－3　地下层出站区布局

2）地面层

地面层主要由站场线路、站台及进出站大厅组成。地面层为旅客乘降的主要层面，站台设有大量自动扶梯和无障碍升降梯，为旅客上下车提供方便。地面层一般设置公交车和社会车辆的接驳，设有公交站台和临时停车场。各种交通方式区域应分开，避免旅客流线冲突。

以江宁站为例，其站场线路、站台布置如图 2-1-4 所示。

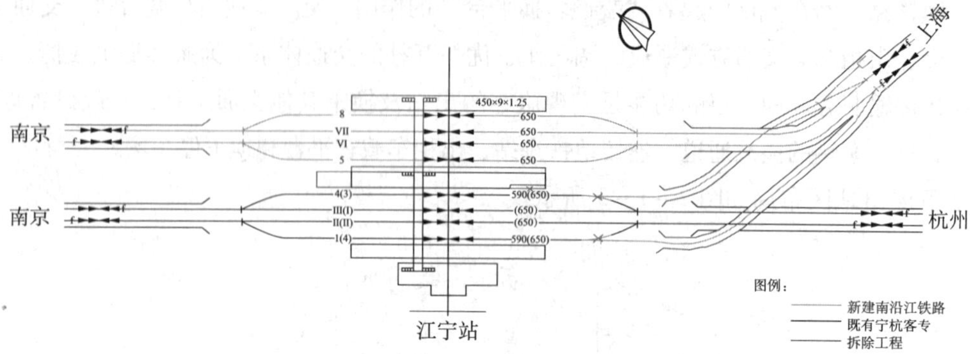

图 2-1-4　江宁站站场线路、站台布置

3）高架层

高架站房的主体位于轨道上方。由于大型车站站台、轨道数目众多，占地面积较大，从提高空间利用率、降低检票口拥挤率与增强旅客便捷性等方面考虑，候车厅、检票口设置在轨道正上方，每个站台（基本站台/岛式站台的 2 个站台面）对应一组检票口。

高架层综合大厅不仅有候车功能，而且集多功能于一身，在保证旅客候车的前提下，可设置售票、寄存、邮电、银行、商务中心、商业、报刊、休息等多种功能，大大提高了空间的使用效率。旅客在综合大厅可以选择快速通过，也可以办理手续和进行商务活动或休闲购物。车站不仅面对旅客，也可以向城市开放以增加其商业活力，成为城市空间与车站空间的结合体。

地面层和高架层布局如图 2-1-5 所示。

3. 高速铁路车站设备设施

为了最大限度地提高车站旅客服务质量，高速铁路车站引入了大量现代化设备。

1）自动售票机和自动检票机

自动售票机在高速铁路车站的大量应用，使旅客能够方便快捷地完成购票过程，满足了高速铁路旅客自助化的需求。同时，自动售票机的使用还使购票的旅客分流，有效地减少了车站内部的流线冲突。自动售票机的屏幕为触摸屏，旅客可依次选择乘车日期、目的地、所乘车次、车票档次，然后通过刷有效身份证件或输入自己的身份信息后确定付款。此外，旅客还可通过自动售票机购买任意异地车票。

在车站检票口设有一定数量的自动检票闸机。其中，进站检票机自动识别车票信息，自动开放检票口闸门，方便旅客进入站台及上车；出站检票机则自动识别车票信息，开放闸门，供旅客出站。

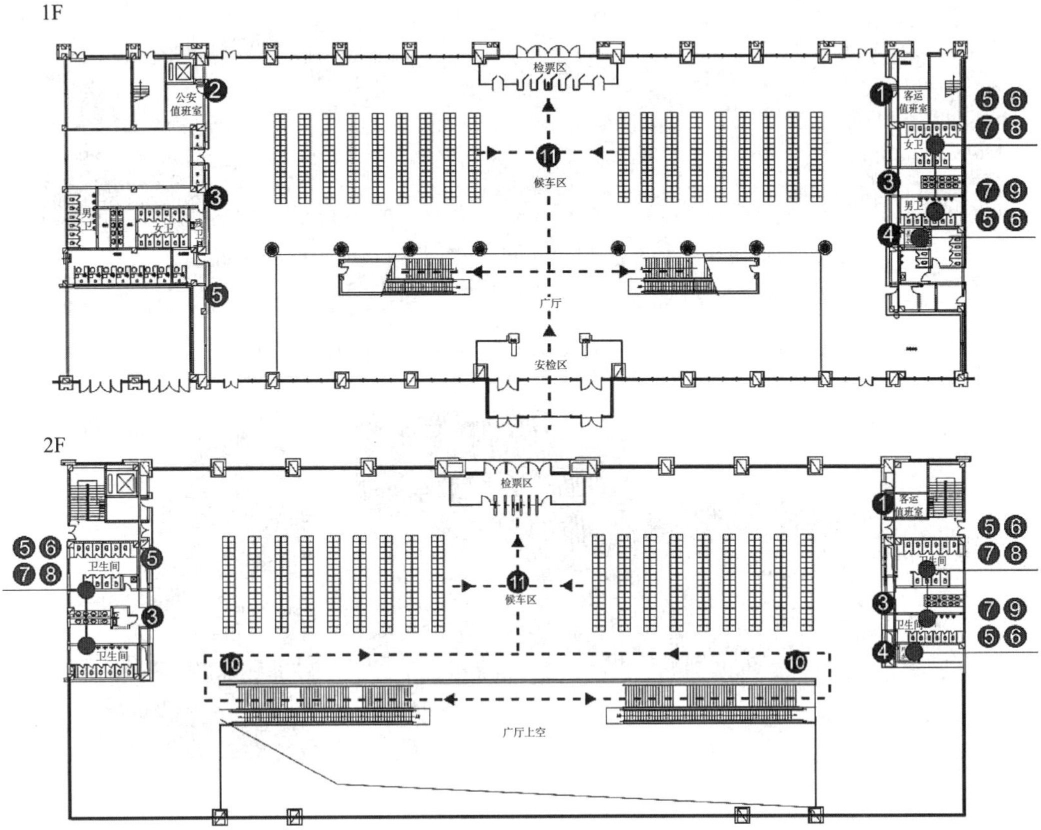

①—客运值班室；②—公安值班室；③—卫生间；④—饮用水；⑤—禁止吸烟；⑥—当心滑倒
⑦—请勿乱扔废弃物；⑧—非饮用水；⑨—当心烫伤；⑩—分流引导；⑪—综合服务台

图 2-1-5　地面层和高架层布局

2）LED 显示屏及其他导向标识

高速铁路车站设有大型 LED 显示屏（如图 2-1-6 所示），检票口设有检票条屏，为旅客提供实时、动态、准确的列车信息及候乘指引。站内导向标识系统设计做到了切实服务于旅客，充分体现了用人性化引导标识设计来提高旅客使用的便利性及满意度。车站注重资源共享，充分利用每一块 LED 屏，在关键节点提供关键导向信息。在易迷失点补充地面粘贴式标识（如图 2-1-7 所示），按功能进行区分，同时补充节点距离信息，更为便捷、人性化地引导旅客出行。另外，注意消除不必要的广告信息，减轻旅客视野内冗余信息阅读量。

标识的设计必须以车站流线设计为导向，根据具体车站内旅客的购票、进站、候车、上车、下车、出站等活动线路合理有序地布局和设置。例如，首先，在车站出入口位置务必注意设计合理的方位性标识，以保证旅客及时获取车站空间及平面整体布局，建立空间方向感；其次，进站 LED 显示屏等要显示具体的列车信息、检票情况，候车区的编码、售票处的编码、出入口的编码要有明显区别，增加旅客的可读性；最后，需要注意站台引

图 2－1－6　高速铁路车站大型 LED 显示屏和自动扶梯

图 2－1－7　地面粘贴式标识

导信息提示，站台屏要显示列车的信息及编组等信息，此外还需根据不同编组车型在站台地面设置不同颜色的地面标识，标识上要标明车厢号及列车编组信息。

3）自动化扶梯及无障碍电梯

由于高速铁路车站规模大，在高速铁路车站的各个重要流线上大量设置自动扶梯（如图 2－1－6 所示），以缩短旅客走行时间，为旅客提供便利服务。另外，在高速铁路车站还设有无障碍自动升降电梯，为重点旅客和需要特殊服务的旅客提供便利，体现了“以人为本”的服务理念。

4）现代化候车大厅

高速铁路车站候车大厅的设计策略主要是“通过”与“等候”并存，融合开放的大空间，采用高架模式。这种设计策略避免了空间浪费与空间独立封闭的缺陷，能够根据客流情况灵活运用候车空间，如在高峰期、春运时期可以减少候车大厅里的软席候车区域面积，减少候车区域的拥挤程度，提高旅客的乘车效率。

二、高速铁路车站客流组织

高速铁路车站客流组织是在车站功能布局一定的条件下，运用先进的服务理念，通过合理的、有效的、科学的组织手段及现代化的客运设备，保证旅客站内购票、候车、乘降等活动顺畅，完成客运任务的过程。客流组织是否合理，不但影响高速铁路车站的作业效率和能力，也直接影响旅客服务质量和服务效果。车站流线组织的关键节点有站前广场、车站售票口、候车室、检票口、跨线通道和站台等。根据各节点工作内容的不同，可将流线节点组织工作大致分为安检作业组织、售票组织、检票组织、旅客乘降组织和智能化服务。

1. 安检作业组织

为了维护站车的良好秩序，确保运输安全，方便旅客进出站、上下车，必须对旅客携带品的范围有所限制。因此，铁路运输企业在售票厅、候车室和列车内对旅客携带品加强检查，以免旅客把违章物品带进站、带上车。

中国国家铁路集团有限公司规定的铁路进站乘车禁止和限制携带物品如下。

（1）请勿携带以下枪支、子弹类（含主要零部件）

手枪、步枪、冲锋枪、机枪、防暴枪等军用枪以及各类配用子弹（含空包弹、战斗弹、检验弹、教练弹）；气枪、猎枪、运动枪、麻醉注射枪等民用枪以及各类配用子弹；道具枪、仿真枪、发令枪、钢珠枪、消防灭火枪等其他枪支；上述物品的样品、仿制品。军人、武警、公安人员、民兵、射击运动员等人员携带枪支子弹的，按照国家法律法规有关规定办理，并严格执行枪弹分离等有关枪支管理规定。

（2）请勿携带以下爆炸物品类

炸弹、照明弹、燃烧弹、烟幕弹、信号弹、催泪弹、毒气弹、手雷、手榴弹等弹药；炸药、雷管、导火索、导爆索、爆破剂、发爆器等爆破器材；礼花弹、烟花、鞭炮、摔炮、拉炮、砸炮、发令纸等各类烟花爆竹以及黑火药、烟火药、引火线等烟火制品；上述物品的仿制品。

（3）请勿携带以下器具

匕首、三棱刀（包括机械加工用的三棱刮刀）、带有自锁装置的弹簧刀以及其他类似的单刃、双刃刀等管制刀具；管制刀具以外的，可能危及旅客人身安全的菜刀、餐刀、屠宰刀、斧子等利器、钝器；警棍、催泪器、催泪枪、电击器、电击枪、射钉枪、防卫器、弓、弩等其他器具。

（4）请勿携带以下易燃易爆物品

氢气、甲烷、乙烷、丁烷、天然气、乙烯、丙烯、乙炔（溶于介质的）、一氧化碳、液化石油气、氟利昂、氧气（供病人吸氧的袋装医用氧气除外）、水煤气等压缩气体和液化气体；汽油、煤油、柴油、苯、乙醇（酒精）、丙酮、乙醚、油漆、稀料、松香油及含易燃溶剂的制品等易燃液体；红磷、闪光粉、固体酒精、赛璐珞、发泡剂等易燃固体；黄磷、白磷、硝化纤维（含胶片）、油纸及其制品等自燃物品；金属钾、钠、锂、碳化钙（电石）、镁铝粉等遇湿易燃物品；高锰酸钾、氯酸钾、过氧化钠、过氧化钾、过氧化铅、过氧乙酸、过氧化氢等氧化剂和有机过氧化物。

（5）请勿携带以下剧毒性、腐蚀性、放射性、传染性、危险性物品

氰化物、砒霜、硒粉、苯酚等剧毒化学品以及毒鼠强等剧毒农药（含灭鼠药、杀虫药）；硫酸、盐酸、硝酸、氢氧化钠、氢氧化钾、蓄电池（含氢氧化钾固体、注有酸液或碱液的）、汞（水银）等腐蚀性物品；放射性同位素等放射性物品；乙肝病毒、炭疽杆菌、结核杆菌、艾滋病病毒等传染病病原体；《铁路危险货物品名表》所列除上述物品以外的其他危险物品以及不能判明性质而可能具有危险性的物品。

（6）请勿携带以下危害列车运行安全或公共卫生的物品

可能干扰列车信号的强磁化物，有强烈刺激性气味的物品，有恶臭等异味的物品，活动物（导盲犬除外），可能妨碍公共卫生的物品，能够损坏或者污染车站、列车服务设施、设备、备品的物品。

（7）限量携带以下物品

不超过 20 mL 的指甲油、去光剂、染发剂；不超过 120 mL 的冷烫精、摩丝、发胶、杀虫剂、空气清新剂等自喷压力容器；安全火柴 2 小盒；普通打火机 2 个。

进站安检如图 2－1－8 所示。

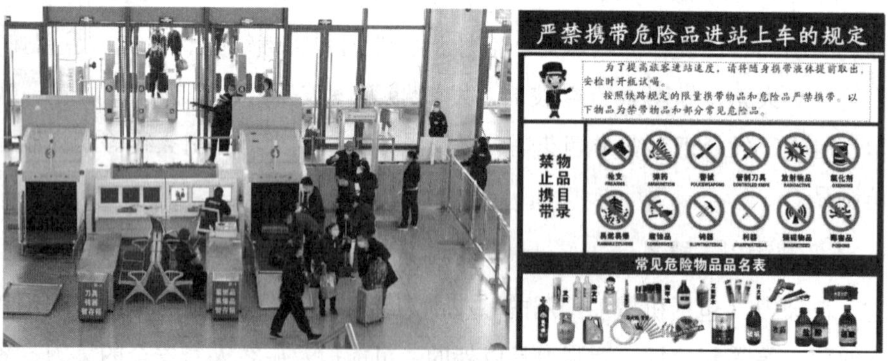

图 2－1－8　进站安检

2. 售票组织

由于高速铁路的日发车频率相对较高，运输能力较充分，“随到随走”成了高速铁路旅客购票乘车的重要方式；此外，高速铁路旅客相对注重个人空间的私密性。因此，售票服务自助化成了高速铁路售票工作的主流，是高速铁路售票组织的主要趋势。

3. 检票组织

(1) 旅客携带品定义

旅客携带品是指旅客未向铁路办理托运，将旅行中所需要的物品（如提包、背包、行李袋等）带入乘坐的客车内，旅客随身带入客车并自行负责看管的零星物品。

(2) 旅客免费携带品要求

乘坐动车组列车的旅客随身携带品每件长、宽、高相加之和不得超过 130 cm；重量不超过 20 kg。

(3) 进出站检票组织

高速铁路车站检票组织包括进站检票组织和出站检票组织，其中进站检票组织是车站检票组织工作的重点。检票组织工作内容主要包括检票时间的设置、检票人员的安排等。优化检票人员的轮班，根据列车信息及时发布检票信息，制定合理的检票时间，可以优化车站的检票组织，使旅客候车、上车过程更加流畅。

4. 旅客乘降组织

旅客乘降工作是指铁路工作人员有秩序地组织旅客在站内通行、检票进站、上车，以及到达旅客的验票出站。

跨线通道是站房与站台之间、站台与站台之间往来的通道。跨线设备的类型、数量和位置对站场内的流线组织起着重要作用，尤其是在大量旅客下车出站时，跨线通道就成了人流疏散过程中的关键控制环节。高速铁路车站的跨线设备可分为天桥和地道，在大部分现代化车站，一般采用高架候车室，使旅客的跨线活动更为便捷。检票口的布置应力求以缩短旅客检票后的步行距离为目的。

检票口的数量应根据通过该处检票进站（出站）的旅客人数及检票口通过能力来确定。当检票时，在站台入口处要组织好客流，并确认客票日期、车次、到站是否正确，以防旅客误乘或无票乘车。

出站通道设计应保持宽敞，使旅客流动通畅。旅客下车组织，应在列车到达前及时将到达列车的接车线路、站台和到达时刻通报客运服务人员及接站人员，清除出站通道上的障碍物。旅客下车后，使之在站台上停留时间最短，并按指定通路出站。

5. 智能化服务

高速铁路车站通过运用各种信息管理系统软件和硬件设施，与强大的接发列车能力相匹配，适应大流量、高密度、客流快速集散的需要，体现出高速铁路的现代科技水平。其主要包括计算机编图系统、自动售检票系统、引导服务系统、车站信息管理系统、信息监控系统、对外信息发布系统等，经过精心设计和组织，实现系统之间的无缝衔接，发挥车站系统的整体效益，共同构建高速铁路客运站高质量的智能化旅客服务系统。车站工作人员要具有以科技改变高速铁路客运服务水平的理念，不断提高车站的智能化水平和控制各种智能设备的能力，从而不断推动高速铁路技术和服务的发展。

高速铁路车站智能化服务如图 2－1－9 所示。

图 2－1－9　高速铁路车站智能化服务

三、高速铁路车站流线组织

在高速铁路车站内，由于旅客和列车的集散活动，产生一定的流动过程和流动路线，称为流线。流线是高速铁路车站的设计灵魂，流线设计、组织是否合理，不但影响车站的作业效率和能力，也直接关系到客运设备的运用及车站的服务质量和水平。流线组织是高速铁路车站站房总体布局的重点，也是旅客工作组织的主要依据。

车站的流线组织工作一般遵循的原则为尽量避免和减少各种流线的相互交叉干扰，最大限度地缩短旅客流动距离，避免流线迂回，防止对流，保障安全。高速铁路车站客运工作要达到安全、有序控制的目标，必须要根据各种客流流线的特点和规律，合理地进行流线组织。

从流动方向上看，高速铁路客运站流线可分为进站流线、出站流线和换乘流线；高速铁路车站办理快递货运业务，从流线性质上看可分为旅客流线和车辆流线。

1. 高速铁路车站流线特点

高速铁路车站多采用立体化布局，流线组织一般不在同一平面内完成，如站前广场位置弱化，地下集散大厅作用突出。高速铁路的换乘问题更加突出，在大型铁路交通枢纽中，换乘流线的作用也更加突出。高速铁路车站旅客流线中更加突出现代化引导设备的布局在流线引导中的作用。

2. 流线组织的内容

1）进站流线

高速铁路车站进站流线客流组织过程如下。

①旅客乘其他交通工具到达车站站前广场。

②通过车站提示标志引导旅客到售票处购票，对于售票处设置在站内的车站，则是先进站再买票，已提前购得车票的旅客则不需进行此流程。

③通过车站提示标志引导旅客至进站口。

④身份证查验工作，当身份证查验为全检时，在进站口查验；当抽检时，在检票口查验。

⑤利用检查仪对旅客及其行李进行安全检查。

⑥疏导客流进入车站。

⑦通过提示设备，引导旅客至相应候车厅候车。

⑧开车前一定时间通过 LED 显示屏、广播等途径告知旅客到检票口排队，通过人工手段和自动检票机进行检票。

⑨组织客流通过地下通道、天桥等跨线设备，至相应站台。

⑩由列车工作人员提示旅客出示车票，核对车票信息，组织旅客上车。

旅客进站流线如图 2－1－10 所示。

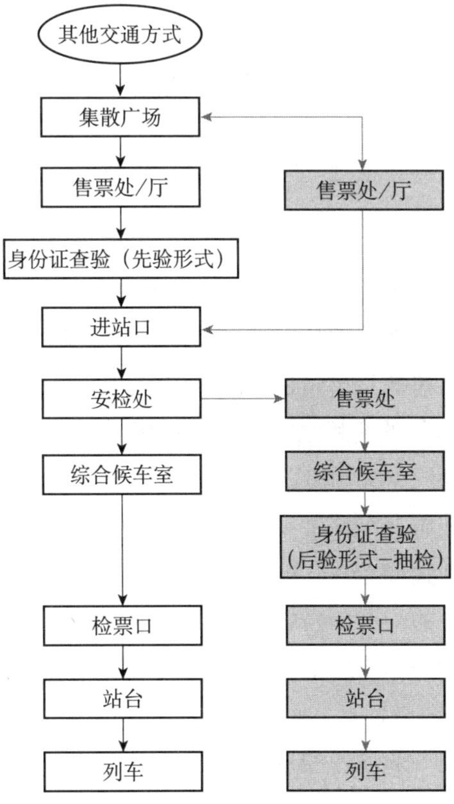

图 2－1－10　旅客进站流线

2）出站流线

高速铁路车站出站流线客流组织过程如下。

①提示下车的旅客通过地下通道、天桥等跨线设备离开站台到集散大厅，至各出站口出站。

②出站通道尽头设置检票口，对旅客车票进行查验，旅客通过出站自动检票闸机出站。

③疏导旅客离开车站，并向旅客提供换乘出租车、公交、地铁等交通方式的信息。

旅客出站流线如图 2－1－11 所示。

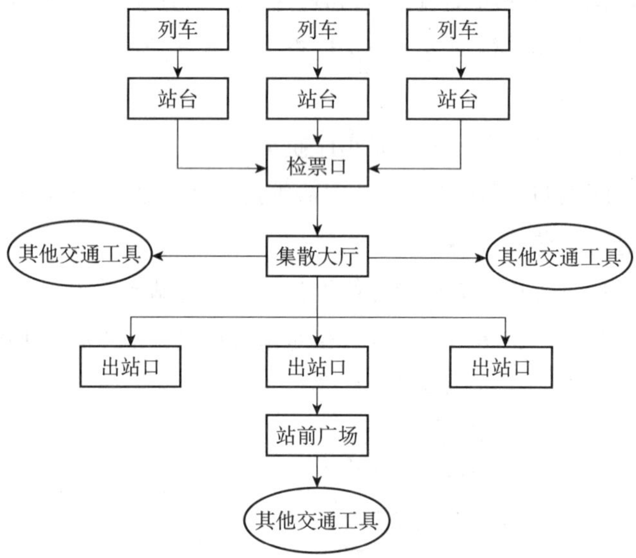

图 2－1－11　旅客出站流线

3）换乘流线

根据换乘的形式，高速铁路换乘通常有同站换乘和异站换乘。异站换乘则与出站流线组织一样；同站换乘分为出站换乘和站内换乘，两种换乘流线有所不同。

出站换乘是目前我国高速铁路车站最广泛的一种组织形式，接续时间长的中转换乘旅客需要按照“先出站再进站”的流程来完成中转过程。这种组织相当于将换乘旅客的流线分为出站和进站流线分别组织，无须专门组织，因此组织形式简单。

接续时间短的中转换乘旅客车站将专门组织换乘即站内换乘。这种换乘方式是旅客由站台通过楼梯或反向电梯到达候车厅，再由候车厅通到另一个站台。这种形式组织方便，但需要车站空间布局和设备的配合。当旅客换乘时间很长时，车站组织站台转乘，这种转乘方式是指利用楼梯、自动扶梯或地下通道到达下一趟车次站台。

旅客中转换乘流线如图 2－1－12 所示。

旅客中转换乘客流组织一般过程如下。

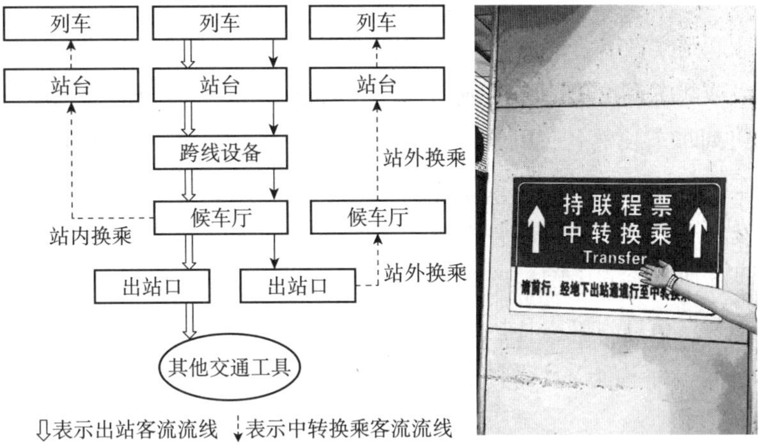

图 2－1－12　旅客中转换乘流线

①提示下车的旅客通过地下通道、天桥等跨线设备离开站台。

②接续时间短的旅客按照车站的安排由特定流线进行站内换乘；接续时间长的旅客由出站口出站再进站候车。

③换乘其他交通方式的旅客根据出站口导向标识换乘地铁、公交、出租车等交通方式离开高速铁路车站。

购买两段同站接续车票的旅客，到达中转车站后无须出站，可通过“便捷换乘”引导标识前往候车室，直接等候后程列车。通过铁路 12306 手机客户端、行程信息提示或候车室信息显示屏，可查看后程列车检票口、站台信息。持有效乘车凭证，通过人工通道或反向闸机进入候车室。

四、高速铁路客运调度岗位工作

①严格执行各项规章、文件、电报命令和安全管理制度。

②加强与各工种调度联劳协作，解决调度辖区内站车上报的与旅客服务相关的各类事宜，及时处置高速铁路站车发生的与客运服务相关的突发事件。

③掌握管辖范围内动车组配属、备用、运用情况，了解管内高速铁路客票发售情况、主要客运站客流波动、动车组列车席位利用及动车组列车的运行情况。

④掌握管内运行的动车组列车客运乘务信息及动车组库内保洁计划，当遇列车运行计划调整时，及时组织调整本局担当动车组列车客运乘务（含餐服、保洁人员）计划；会同动车调度，及时组织调整动车组库内保洁计划。

⑤当遇有动车组列车晚点时，加强与相关工种调度的联系，组织各部门加强协作，采取有效措施，减少晚点影响。

⑥当遇有灾害、事故中断行车或发生设备故障等原因造成动车组不能继续运行时，会同相关工种调度，根据相关动车组列车调整计划、客票发售、动车组备用及邻近客车车内

人数等情况，及时制定旅客疏导方案，指导相关单位做好列车上水吸污、折返保洁、备品交接、餐饮供应、退票改签、旅程接续、重点旅客安排等客运服务工作。

⑦接受上级或相关调度所的命令或信息，收取辖区内车站、列车上报的与客运服务相关的信息［当班列车车长姓名、电话；滞留列车简要情况：车次、担当局（段）、滞留时间、地点、列车滞留地点地质灾害或水害等情况；车内旅客情况：总人数、分席别人数、重点旅客人数及状况；餐料、可供餐次数；其他认为需要报告的事项等］。向上级及相关调度所通报或直接向站车和中国铁路客户服务中心发布自然灾害、行车事故、设备故障等原因造成的列车晚点信息（晚点原因、目前晚点时间、预计晚点时间等）等客服信息。

⑧协助做好有关军事运输、新老兵运输、专包及中央大型会议等重点任务的客运服务。

⑨负责旅客（动车组）列车客运服务及正点分析和上报工作；及时记录收集、整理分析客服方面存在的各类问题，提出改进意见。收取站车客运服务的有关资料、站车典型事例等情况。

⑩完成领导临时交办的工作和任务。

客调命令格式如图 2－1－13 所示。

客　调　命　令

2019年06月28日				第	65187	号	发令人：	
局别		分项		受令			时间	20:15

1	以下列车全程停办高铁快运业务： 1. 2019年7月1日上海虹桥开G128、G1252/3/2、G132、G412、G1956/7、G126次，上海开G12、G130次，福州开G28次，苍南开G1228/5次，南昌西开G38次，合肥南开G268、G264次，温州南开G168次，杭州东开G32次，厦门北开G322次，青岛北开G192、G4962次，青岛开G190次，安庆开G162次。 2. 2019年7月1日在京沪高铁开行的全部动车组列车，全程停办高铁快运业务。

图 2－1－13　客调命令格式

任务训练

实训项目	认知高速铁路车站客流组织
实训目标	1. 结合实际，加深对高速铁路车站客流组织的认识与理解 2. 培养对高速铁路车站客流组织知识与技能的学习兴趣
实训内容及组织	由教师组织，学生自愿组成小组，每组6～8人，选择以下题目进行高速铁路车站客流组织分析。 1. 分析高速铁路车站功能布局 2. 分析高速铁路车站客流组织内容 3. 分析高速铁路车站流线组织内容
实训考核	1. 每组提交一份分析报告 2. 各组进行汇报 3. 教师根据各组的分析报告与课堂汇报进行评估

任务二

电子客票进出站检票作业

思政素质目标

热爱党、热爱社会主义祖国、爱人民、爱集体；具有良好的职业道德和职业素养；崇德向善、诚实守信、爱岗敬业，具有精益求精的工匠精神。

知识目标

掌握高速铁路电子客票进出站检票作业的标准和要求。

能力目标

能够做好电子客票进出站检票组织工作。

相关知识

高速铁路车站必须装备完善的旅客向导系统，在候车区、检票口、进出站口、站台等旅客活动场所设立醒目、明确的电子指示牌等来指示车站各种旅客服务设施的方向和位置、列车到发去向、到发时刻、列车停靠站台、晚点变更等情况，引导旅客方便地使用车站的各种服务设施并按规定的路径便捷地实现乘降和换乘，使站内旅客便捷地办理各种旅行手续，尽量避免各种流线在站内各类通道上形成交叉干扰。

一、电子客票进站实名制核验

1. 实名制核验基本规定

①旅客实名制核验的途径有两个：一是通过自助实名制核验闸机通道核验，二是通过人工实名制核验通道核验。购买铁路电子客票的旅客，凭购票时所使用的乘车人有效身份证件原件，可通过自助实名制核验闸机或人工通道完成实名制验证手续。

②使用可自动识读证件的旅客可自助刷证过闸。

③使用其他证件购买铁路电子客票的旅客，凭购票时所使用的乘车人有效身份证件原

件，只能通过人工通道完成实名制验证手续。

④持儿童票以及大带小车票的旅客在乘车时须凭购票时所使用的本人或同行成年人的有效身份证件原件，通过人工通道办理实名制验证手续。

2. 实名制核验设备操作

1）自助实名制核验设备操作

旅客在线上、线下购票后，在持可识读的证件进站候车时，自助实名制核验闸机可以识读旅客的证件号码，自动查询旅客有效的电子客票信息，完成车票有效性验证，同时通过摄像头采集旅客图像信息完成人脸比对。提示比对结果，引导旅客到指定检票口进站乘车。

①登录实名制核验管理系统，如图 2－2－1 所示。用户登录：用户名——大写的电报码，密码——初始值为 000000。点击“设备管理”—“自动检票机参数定义”，双击相应的闸机记录，对该闸机进行参数修改。

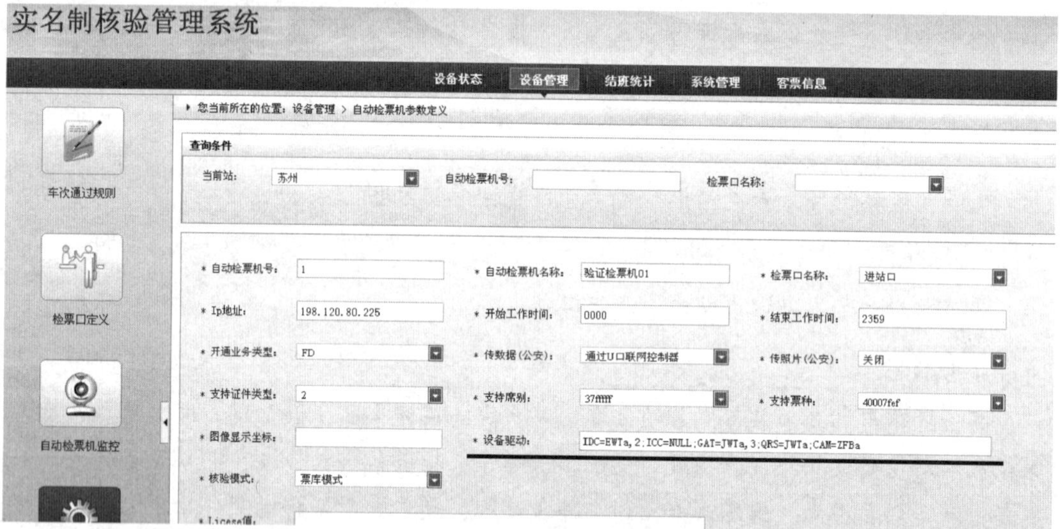

图 2－2－1　登录实名制核验管理系统

②勾选“D 电子票核验”，在“核验模式”中选中“PSR 模式”，闸机支持全面电子票核验。模式完成后，点击“保存”，回到“自动检票机参数定义”，点击“参数下载”，将参数下载到闸机，重启闸机程序，才能令修改内容生效。

自助实名制验证口如图 2－2－2 所示。

2）人工实名制核验设备操作

旅客在线上、线下购票后，对非可识读证件可以手工输入证件号或通过二维码扫描设备扫描行程信息提示上的二维码，查询有效的电子客票信息。将票证自动比对，提示比对结果。

输入用户名、密码，登录铁路旅客验证检票系统，用户名和密码最多为 8 位。密码输

图 2-2-2　自助实名制验证口

入错误三次，系统将自动退出。

人工验票口使用验证检票系统读取旅客证件后，查询旅客购票信息，客运人员核对票、证、人一致后，方可允许旅客进站。人工实名制核验如图 2-2-3 所示。

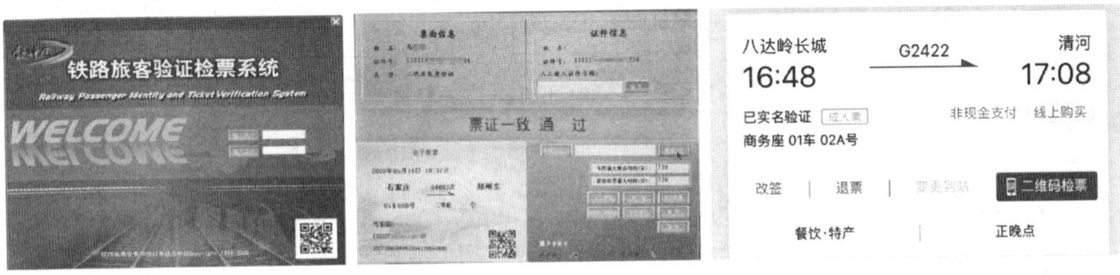

图 2-2-3　人工实名制核验

3. 验证口客运人员岗位职责

①负责对进站旅客、通勤职工等所持的电子客票、乘车证和相关证件按要求进行查验，确保票、证、人的一致性。

②严禁放无票旅客进站。

③在作业中使用文明用语，做到耐心解答，用语规范。

④必须使用验证验票设备对持有电子客票的旅客进行身份证及本人一致性的查验。

⑤遇有突发大客流，需及时向值班员汇报。

⑥当需增加验证力量时，经向客运值班员汇报并征得其同意后，可加开人工验证通道。

⑦随时关注验证验票设备的运行情况，做好确认和交接，发现异常及时向客运值班员汇报，作业结束后关闭验证设备。

⑧及时发现重点旅客，当确认其需送站人陪同进站时，允许一至两名送站人员进站，并发放“爱心送站卡”，同时向值班员汇报。

⑨做好区域内的卫生保洁工作，同时保持室内卫生良好。

⑩完成好上级交办的各项任务。

⑪负责自动扶梯安全宣传工作。

⑫客运人员对现场人力车辆自停装置的制动效果、安全防护及作业人员两纪等情况进行监督检查，发现问题，立即查扣，及时上报。

⑬积极主动防控，在岗在位在状态，行为主动，作用突出，确保作业过程有序可控。

验证口岗位关联图如图 2－2－4 所示。

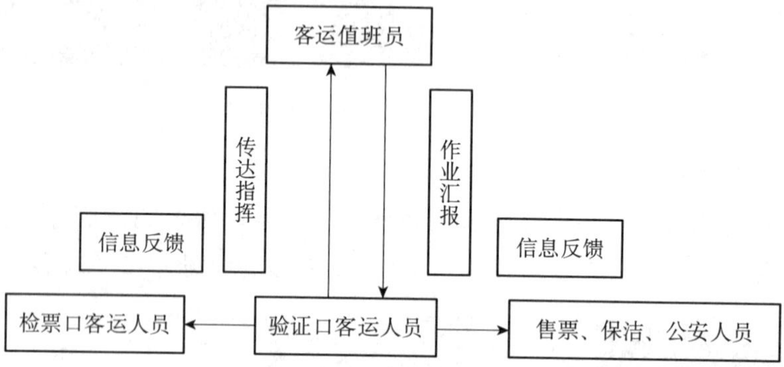

图 2－2－4　验证口岗位关联图

二、电子客票检票作业

为维护站车秩序，保证旅客安全，防止旅客乘错车，车站对进站旅客持用的车票要进行检验。

1. 电子客票进出站检票基本规定

1）检票进站途径

旅客有两种检票进站途径：一是自动检票闸机（门式检票闸机）通道；二是人工检票通道，使用半自动检票闸机（柱式检票闸机）或车站手持移动检票终端。

2）使用可自动识读证件检票

购买铁路电子客票的旅客，凭购票时所使用的乘车人有效身份证件原件（包括持带芯片的新版护照的旅客），可通过自动检票闸机通道或人工检票通道完成进出站检票手续。

3）使用其他证件检票

使用其他证件购买铁路电子客票的旅客，凭购票时所使用的乘车人有效身份证件原件，只能通过人工检票通道完成进出站检票手续。

4）儿童及大带小检票

持儿童及大带小（儿童使用同行成年人有效身份证件购票）车票的旅客在乘车时，须凭购票时所使用的本人或同行成年人的有效身份证件原件，通过人工检票通道办理进出站检票手续。

5）动态二维码检票

在 12306 网站注册且通过铁路 12306 手机客户端成功完成人脸身份核验的旅客，购买电子客票后可凭铁路 12306 手机客户端生成的动态二维码，通过车站自动检票闸机办理进、出站检票手续。

6）进站、出站记录

自动检票闸机、半自动检票闸机、车站手持移动检票终端在识读旅客有效身份证件时所做的进站、出站记录分别为铁路旅客运输合同运送期间的起、止。

旅客进站、出站记录如图 2－2－5 所示。

图 2－2－5 旅客进站、出站记录

2. 进出站检票设备操作

1）自动检票闸机操作

旅客使用自动检票闸机，可以通过直接读取购票时所使用的有效身份证件或扫描铁路 12306 手机客户端动态二维码的方式检票乘车。

在自动检票管理系统中进入“设备管理”，点击“自动检票机参数定义”，进入自动检票闸机列表界面，双击相应的闸机记录，对该闸机电子客票相关参数进行修改，开通服务类型。自动检票闸机如图 2－2－6 所示。

图 2－2－6 自动检票闸机

自动检票闸机遥控器使用方法如下。

——暂停检票，闸机界面暂停检票，闸门关闭（正常情况严禁使用）。

——恢复检票，恢复正常检票模式。

——闸门打开，进入闸门常开状态。

——应急检票模式，在车站出现网络故障时，通过遥控器进入应急检票模式，闸机只记录身份证号码，等待网络恢复，统一上传核验。

——双向闸机切换到进站检票模式，出站位置刷身份证无效。

——双向闸机切换到出站检票模式，进站位置刷身份证无效。

自动检票闸机遇“大带小”时会出现报错，需引导旅客到人工检票通道检票。

“大带小”自动检票闸机报错如图 2－2－7 所示。

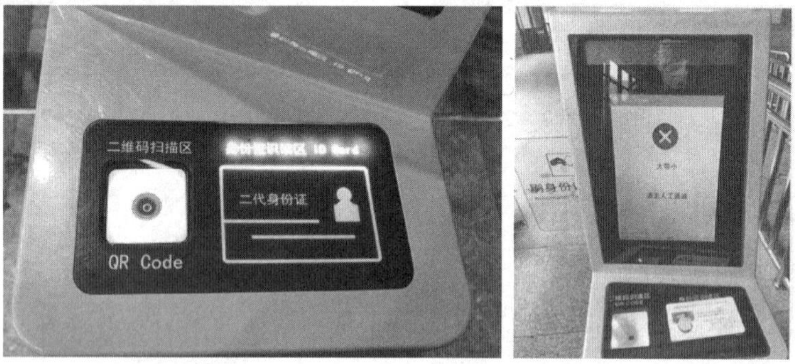

图 2－2－7 “大带小”自动检票闸机报错

2）半自动检票闸机操作

旅客购买电子客票后，使用所有证件均可通过半自助检票闸机刷证进站；可扫描行程信息提示二维码、报销凭证二维码、动态二维码（乘车码），在扫描二维码时须同时核验乘车人有效身份证件（动态二维码除外）；所有证件均可通过人工输入证件号码的方式查询旅客车票信息并进行核验。

（1）半自动检票闸机页面

半自动检票闸机通用版本为双屏显示，左侧为旅客显示页面，右侧为工作人员操作界面。旅客刷证件是否通过会在两个屏幕显示相应信息（通过，未通过）。半自动检票闸机页面如图 2－2－8 所示。

（2）半自动检票闸机登录

工作人员输入相应的账号、密码登录半自动检票闸机手工操作页面，管理员账号：TJP＋机器号，密码：0。在出务到岗时人工检票口客运人员负责登录管理员账号，撤岗前

图 2－2－8　半自动检票闸机页面

须退出管理员账号。

半自动检票闸机登录界面如图 2－2－9 所示。

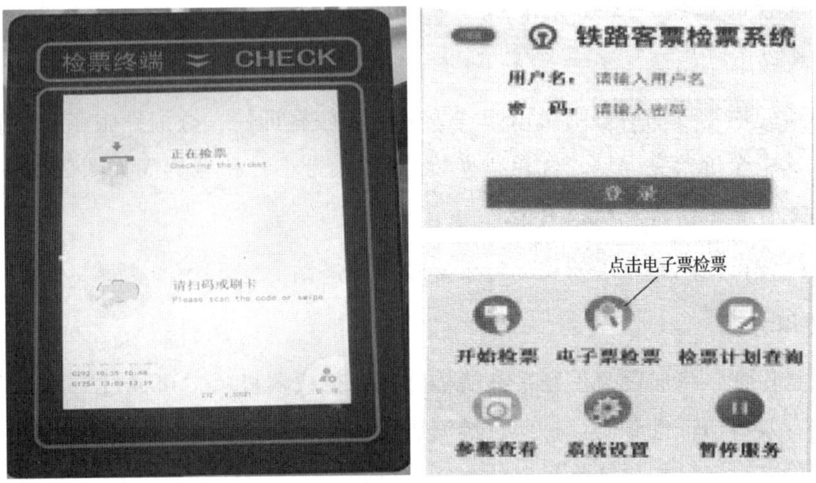

图 2－2－9　半自动检票闸机登录界面

（3）手动检票

手动检票需手动输入旅客证件号码并检票，如图 2－2－10 所示。

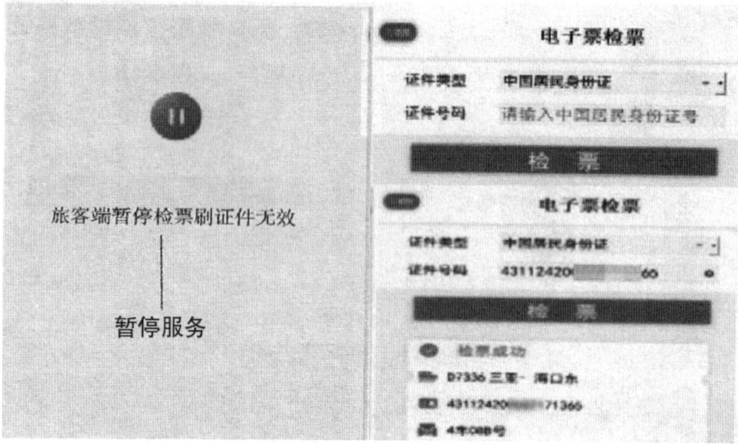

图 2-2-10 手动输入旅客证件号码并检票

(4) 电子客票查询

登录账号后，点击“电子票查询”，按照相应证件类别进行人工输入证件号码后，点击“检票”。

①证件号支持刷证也支持手动输入。身份证或护照等旅行证件可在半自动检票闸机对应区域贴放→证件号自动识别并填入→点击“查询”按钮→显示旅客当天和第二天所有购票信息。

②检票员自行判断手动检票。点击“检票”按钮会弹出提示框，该操作需要检票员自行判断是否为旅客检该张票。

电子客票查询如图 2-2-11 所示。

(5) “大带小”检票

检票通道使用半自动检票闸机识读“大带小”旅客证件，查询到旅客购票信息后自动办理检票，其中全价票亮绿灯，优惠票亮黄灯。“大带小”检票界面如图 2-2-12 所示。

3) 车站手持移动检票终端检票

所有证件皆可使用车站手持移动检票终端检票进站。

(1) 使用方法

①居民身份证：将居民身份证贴在机器背面，待机器显示“可通过”后，查验成功。

②扫描有效身份证件号码：护照、港澳居民来往内地通行证、台湾居民来往大陆通行证、居民身份证可通过扫描证件号码的方式进行查验。

③扫描静态二维码或动态二维码：通过“开启二维码扫描”功能，可扫描行程信息提示二维码、报销凭证二维码、动态二维码，在扫描二维码时须同时核验乘车人有效身份证件（动态二维码除外）。

④手动输入证件号码：所有证件均可通过“手动输入”证件号码的方式，对旅客车票

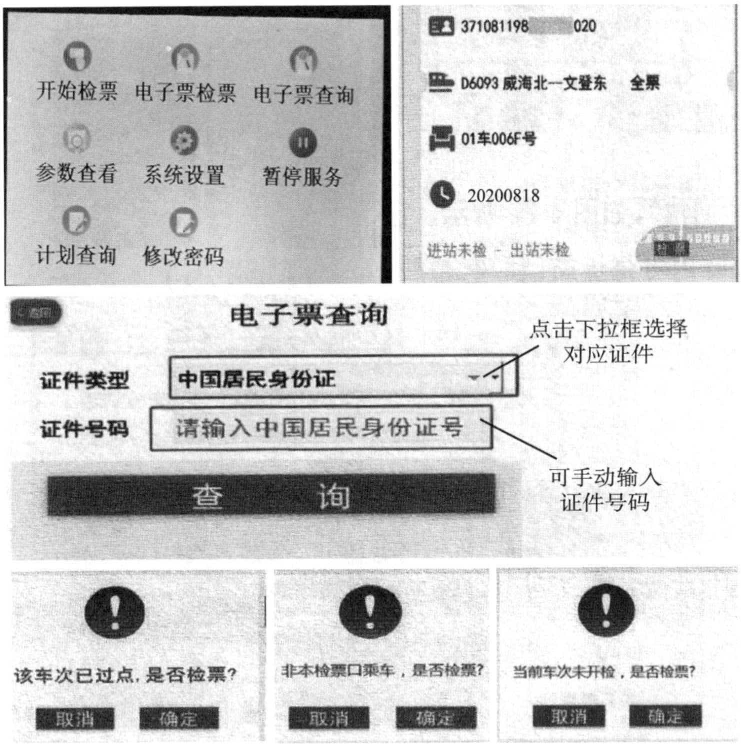

图 2-2-11　电子客票查询

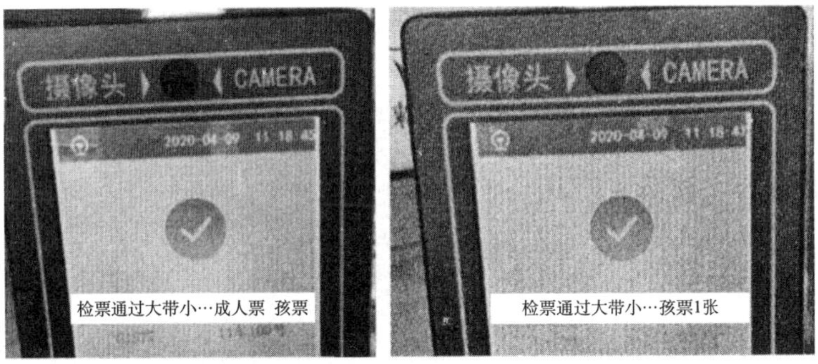

图 2-2-12　“大带小”检票界面

进行查验。

(2) 设备登录

用户账号：00 + 机器号（共 4 位），密码：0。

登录“客运站车平台”→“隐藏”→登录“手持检票机”→登录用户账号及密码（在登录时必须使用设备背面的账号，严禁随意登录其他账号）。

车站手持移动检票终端操作如图 2-2-13 所示。

图 2－2－13　车站手持移动检票终端操作

3. 检票乘车作业组织

检票前，需提前组织旅客按自助检票通道、人工检票通道分别排队。人工检票必须使用半自动检票闸机或手持设备。

1）检票闸机下达计划

①站停 10 min（含 10 min）以内的列车，检票闸机按列车图定开车时刻提前 10 min 自动下达计划。

②站停 10 min（不含 10 min）以上的列车，检票闸机按列车图定到达时刻自动下达计划。

③始发列车，检票闸机按照列车开车时刻前 30 min 自动下达计划。

2）检票口作业组织流程

（1）按时出场

①经停列车。检票员需在计划下达前出务到岗，与综控室确认列车到站时刻及列车接入股道状态，如列车运行时刻正常，方可开始检票。

②始发列车。检票员按照图定开车时刻提前出务到岗，站台客运员确认列车车底状态后，与人工检票口客运员确认检票状态，具备条件后，方可开始检票。

（2）人员安排

每趟列车检票口要保证全员出务，设置 3 个岗位（每个岗位可安排多人），分别为人工检票口客运员、自动检票闸机客运员、通道岗客运员，大队检完后，可留 1 名检票员收底（人工检票口客运员）。

①人工检票口客运员。负责扶梯测试，检票前宣传顺队，与站台值班员确认开检、停检情况，组织不能通过检票闸机自助检票的旅客及重点旅客在人工口等候，使用半自助检票闸机或手持终端放行旅客检票进站。检查电子显示屏显示车次、时间、正晚点内容准确。

②自动检票闸机客运员。负责与人工检票口客运员一同在检票前宣传顺队。一是宣传组织重点旅客及无法通过自动检票闸机的旅客在人工检票口排队等候；二是宣传组织携带大件行李的旅客在宽闸机处排队等候；三是宣传组织刷证旅客在自动检票闸机前手持身份证排队等候。

③通道岗客运员。负责盯控列车、预检押队、控制检票速度等。

检票口客运员必须在闸机下达检票计划前出务并到达检票口。与综控室确认列车时刻、股道无误后，检票口客运员可将旅客预检至通道。

3）广播宣传

（1）综控室广播

综控室严格执行单趟列车自动广播、多趟列车手动广播的播放模式，如遇列车晚点及时做好变更，综控室客运人员做好监听。

（2）小区广播

检票口客运员需在每趟列车检票前播报《检票前小区广播词》，检票中播报《检票中小区广播词》，小区广播由吐字清晰、发音标准的客运人员进行播报，播报时做到音量适中、语言规范。

①检票前。旅客们，欢迎您到××站乘车。××次列车即将检票，请您到××号检票口排队等候。老人、带小孩及行动不便的旅客请您到人工检票口排队等候；军人依法优先进站；使用二代身份证购票的旅客，检票时请您右手持证，放在证件识读区刷证进站；使用护照、港澳通行证、临时身份证等证件购票的旅客，以及持儿童票的旅客，请您到人工检票口检票进站。感谢您的配合，祝您旅途愉快。

②检票中。旅客们，欢迎您到××站乘车。××次列车正在检票，请您到××号检票口检票上车，祝您旅途愉快!

③口头宣传。检票口客运员在列车检票前到旅客队列中，利用小喇叭（小蜜蜂）对不能使用自动检票闸机进站的旅客及重点旅客进行口头宣传，宣传至人工检票口排队等候。同时，宣传组织在自动检票闸机排队的旅客右手持身份证做好检票准备，提升旅客检票进站速度。当口头宣传时，小喇叭不得录音，大声播放。

4）停止检票

列车开车前 3 min 停止检票，人工检票口客运员负责与站台值班员确认无赶车旅客。停检前，加强宣传避免造成旅客漏乘；停检后，锁闭下站台大门、检票口门，待检票屏的车次信息下屏后方可撤岗。

4. 出站作业组织

对出站旅客要及时进行疏解，遇到行动不便的旅客要做好帮扶工作，车站要保证旅客方便、快捷、畅通离站，并按规定查验车票，正确为旅客办理补票和携带品超过规定补收运费的手续。

三、综控室客运员作业要求

综控室是车站旅客运输生产的指挥中枢。

①负责旅服系统集成管理平台中到发管理、广播管理、导向管理、闸机管理等模块班计划的执行。

②对列车晚点、股道变更、候车室变更及检票口变更等特殊情况，积极与动车调度员或车站值班员进行联系，及时掌控变更信息并及时发布广播、导向、闸机等变更指令。

③按时执行各项专题广播计划，当列车晚点时，按规定时间要求向旅客致歉。

④落实与值班站长、值班员、检票员、站台客运员、上水员等相关岗位联系确认制度。

⑤按要求填写各类作业日志。

综控室工作如图 2 - 2 - 14 所示。

图 2 - 2 - 14　综控室工作

四、检票口客运员班中作业要求

1. 到岗

开车前 30 min，检票口客运员携带手持终端、喇叭或腰麦，佩戴音视频记录仪，在检票前到达指定检票口。

2. 检查

检票口客运员到岗后核查检票闸机、显示屏或检票通道等候乘信息（如列车车次、运行区间、到开时刻、停靠站台等）、设备设施状态，发现信息有误或显示不全，及时汇报处置。

3. 宣传

1）宣传检票车次、到站、检票闸机使用方法及乘车站台

组织旅客顺队，主动挑出重点旅客。引导持身份证以外有效证件的旅客在人工检票口等候，组织重点旅客（老、幼、病、残、孕及带小孩的旅客）在半自动检票闸机口等待检票。

2）乘车宣传

按规范的广播词用语向旅客宣传防滑、防随车奔跑、防坠落等方面的安全宣传。

3）乘梯宣传

作业期间使用便携式喇叭向旅客不间断地宣传乘梯安全要求。

4. 检票

列车检票开始前，检票口客运员与站台客运员检查显示屏幕信息是否正确，确认检票车次具备检票条件，使用手持终端互控后，方可开始检票。停止检票后，及时关闭半自动检票闸机通道，防止旅客强行进站。接送站人员杜绝上车，与相关岗位做好安全互控及信息通报工作。

1）检票时

按照先重点旅客、后团体旅客、再一般旅客的顺序进行。对需要特殊照顾的重点旅客与站台客运员办理交接。客运员站在靠近人工检票口处，组织引导持身份证的旅客通过自动检票闸机检票进站，组织引导持其他有效证件的旅客通过半自动检票闸机检票进站。当持减价票旅客通过闸机时，根据闸机提示，核对旅客减价凭证。发现因错误使用闸机报警，立即帮助旅客处理通过。当自动检票闸机发生故障时，立即处理，并引导旅客通过其他自动检票闸机或半自动检票闸机进站。当全部闸机都发生故障时，改为用车站手持移动检票终端检票进站。在检票过程中，间隔 2 min 进行一次宣传，引导后续旅客检票，提示候车室内候车旅客注意检票车次、时间，防止旅客耽误乘车。

2）遇晚点列车

按照客运值班员要求，加强广播宣传组织，并适时采取预检、押队等措施，同时稳定旅客情绪。根据客流变化及时汇报，做好宣传解释。

3）复兴号列车检票作业

严格落实查验制度，杜绝无票及未签证公免人员乘车，杜绝列车超员。

4）停检

列车开车前按规定时间停止检票，与站台联系确认。

5）锁门

停检确认无赶车旅客后，关闭半自动检票闸机口，引导来晚的旅客到售票处办理车票改签、退票手续。

6）无检票作业盯岗

当候车室无检票作业时，定时对商务候车室进行巡视，对候车区域进行巡视，耐心回答旅客提出的问题。

五、出站口客运员班中作业要求

1. 到岗

出站检票人员应提前到岗，检查自动检票闸机、出站显示屏状态和内容。

2. 检查

①开启出站口大门，清理出站口通道，对出站通道进行检查，发现问题及时上报，做到通道畅通，方便旅客出站。

②检查出站口检票机、到达显示屏、检斤秤等设备设施，确认状态良好、显示正确。

3. 引导

引导旅客使用自动检票闸机或通过半自动检票闸机验票出站。

4. 处理

①发现因旅客错误使用而导致自动检票闸机报警时，应立即帮助旅客处理通过。

②当自动检票闸机出现故障时，及时引导旅客通过其他自动检票闸机或半自动检票闸机检票出站；当全部闸机都出现故障时，改为用车站手持移动检票终端检票出站。

5. 补票

对无票、减价不符或无购票记录的旅客，按规定补票。

6. 离岗

确认全部旅客出站完毕，锁闭出站口大门后方可离岗。

7. 遗失物品保管

对旅客遗失物品做好登记，并按规定交客运值班员。

8. 应急处置

对突发事件的处置过程及时汇报并进行录音录像，做到反应迅速、处置得当。

9. 安全互控

接送站人员杜绝上车，与相关岗位做好安全互控及信息通报工作。

任务训练

实训项目	电子客票进出站检票作业训练
实训目标	1. 结合实际，加深对电子客票进出站检票的认识与理解 2. 增强电子客票进出站检票服务的意识
实训内容及组织	由教师组织，学生自愿组成小组，每组6~8人，选择以下题目进行电子客票进出站检票作业训练。 1. 帮助旅客使用自动检票机检票乘车 2. 使用半自动检票机为旅客办理检票乘车 3. 使用手持检票机为旅客办理出站检票
实训考核	1. 每组提交一份分析报告 2. 各组进行汇报 3. 教师根据各组的分析报告与课堂汇报进行评估

任务三

高速铁路车站候车服务工作

思政素质目标

热爱党、热爱社会主义祖国、爱人民、爱集体；具有良好的职业道德和职业素养；爱岗敬业，具有精益求精的工匠精神。

知识目标

掌握高速铁路车站候车服务内容及要求。

能力目标

能够做好高速铁路车站候车服务、旅客遗失物品处理等工作。

相关知识

候车室是旅客休息和等候乘车的场所，旅客流动性很大，车站必须为旅客创造一个良好的候车环境。候车室一般实行凭票候车的方法，较大的车站可按旅客去向设置候车室或按车次、席别等客流性质设置候车室。

候车室工作人员应保证候车室有良好的秩序，要主动、热情、诚恳、周到地为旅客服务。

一、扶梯岗位监护

随着高速铁路车站建筑的发展，电梯已成为广大旅客在进站、出站过程中必不可少的垂直交通工具。高速铁路车站根据站场规模、站房建筑结构、旅客流线安排和客流量大小设置不同用途的电梯。高速铁路车站中的电梯，按种类分为乘客电梯和自动扶梯两种；按用途分为客运电梯和办公电梯两种。站内商业商品、列车备品、垃圾清运等进出工作主要依靠乘客电梯来完成。

车站中的电梯应能正常启用，作用良好，安全标志醒目，当遇故障、维修时有“停止使用”等提示。自动扶梯警示标识设置在自动扶梯的入口和侧面，用于提示旅客正确使用扶梯，内容包括“请站稳扶好”“乘梯须知”“紧急停止按钮”“当心碰头”。

1. 正确使用自动扶梯

①儿童和老弱病残人员应由有行为能力的成年人一手拉紧或搀扶搭乘，婴幼儿应由上述成年人抱住搭乘，成年人也应用手扶握扶手带，以免发生意外事故。依靠拐杖、助行架、轮椅行走的乘客应去搭乘无障碍电梯。

②切忌将头部、肢体伸出扶手装置以外，以防受到障碍物、天花板、相邻的自动扶梯或倾斜式自动人行道的撞击，并造成人身伤害事故。

③禁止将拐杖、雨伞尖端或高跟鞋尖跟等尖利硬物插入梯级边缘的缝隙中或梯级踏板的凹槽中，以免损坏梯级或梳齿板，并造成人身意外事故。

④禁止沿扶手带运行的反方向故意用力回拉扶手带企图阻止其运行；禁止让手指、衣物接触两侧扶手带以下的部件；禁止用手翻抠扶手带的下缘。否则，会影响扶手带的正常运行，损坏扶手装置部件或擦伤、挤伤手指。

⑤禁止儿童搭乘电梯时攀爬于扶手带或内盖板上，禁止将扶手带或内、外盖板当作滑梯玩耍，以防发生人员擦伤、夹伤或坠落事故。

⑥禁止在运动的梯级上蹦跳、嬉戏、奔跑。

⑦禁止沿梯级运行的反方向行走与跑动，以免影响他人使用或跌倒。禁止倚靠扶手侧立，以防衣物挂拽或损坏扶手装置。

⑧禁止在梯级上丢弃烟蒂，以防发生火灾；禁止在梯级上丢弃果核、瓶盖、雪糕棒、口香糖、商品包装等杂物，以防损坏梳齿板；乘客勿脚穿鞋底沾有水、油等易使人滑倒的鞋子搭乘。

⑨当自动扶梯或自动人行道运行时，梳齿板是较为危险的部位，乘客应尽量避免手、身体、鞋子、衣裙、物品、尖利硬物触及此处，以免发生危险。

⑩禁止用手或其他异物触及扶手带入口处，以防卷入；禁止儿童在扶手带转向端附近玩耍、嬉戏，以防头部、手臂或身体被扶手带和地板之间夹住。

⑪发生意外紧急情况（如乘客摔倒或手指、鞋跟被夹住）时，应立即呼叫位于梯级出入口处的乘客或值班人员立即按动红色紧急停止按钮，使运行中的自动扶梯或自动人行道停止，以免造成更大伤害。正常情况下勿按动此按钮，以防突然停止而使其他乘客因惯性而摔倒。

2. 扶梯监护客运员班中作业要求

1）到岗

按列车预报提前到岗，检查手持终端、电梯、语音提示器的状态。

2）扶梯监护

及时到岗，检查电梯运行情况、检查电梯语音提示器是否正常使用；立岗防护，引导老、幼、病、残、孕及携带长大行李的旅客乘坐直梯，严禁幼儿自己乘坐电梯，必须有大人陪同，严禁赤脚者乘坐扶梯；接待旅客问询，解答旅客提出的购票、候车、进站、上车及中转换乘等旅行相关方面的问题，遇有疑难问题时与值班员联系后给予解答；当旅客问询时，应面向旅客站立，目视旅客，有问必答，遇有失误应向旅客表示歉意；发生电梯运行异常或乘坐电梯旅客发生意外，应立即关闭电梯，做好防护，引导其他旅客乘坐其他扶梯，电台通知值班员到现场。

3）作业质量标准

电梯无异音，电梯语音提示器音量适宜，设备设施作用良好。使用文明用语，宣传防护到位。解答耐心，准确无误，落实首问负责制。若电梯出现异常，应及时关闭电梯，防护到位。

二、客服中心工作

一般车站都会设置问询处，主要解答旅客在乘车前不清楚或不明白的事。大型的高速铁路车站作为城市的交通枢纽，与地铁站、公交车站或机场等交通设施交汇在一起，因此车站的面积扩大，功能趋于复杂化、多样化。对旅客来说，醒目的标识成了行路的指南。尽管如此，人工服务依然必不可少。大型的高速铁路车站一般会设置客服中心或服务站，为旅客提供乘车方面的问询服务。

1. 高速铁路车站客服中心工作内容

高速铁路车站客服中心主要提供咨询、站内改签、重点旅客服务、失物招领、行李搬运、医疗救助、便民托运等服务。有些乘客错过火车，不用出站改签，直接可以在客服中心改签。

此外，客服中心还提供爱心服务，为老、弱、病、残、孕等特殊旅客提供候车、乘降、出站等帮助。同时，客服中心还设置哺乳室，室内有专门的换洗台、座椅、婴儿床，方便妈妈们照顾孩子，充分体现了高速铁路服务细致化、人性化的特点。

高速铁路车站客服中心如图 2－3－1 所示。

图 2－3－1　高速铁路车站客服中心

2. 车站客服中心客运员工作

客服中心设立服务备品柜，内有胶带、胶棒、老花镜、剪刀、针线、放大镜、尼龙绳、条格纸、信封、小工具盒，方便旅客应急使用。当旅客使用时，将使用情况在《服务备品使用登记簿》进行记录。

受理旅客咨询、求助、投诉，实行首问首诉负责制。正确回答旅客候车、中转换乘、购票、退票、改签等内容，对旅客问询应做到有问必答，回答准确；当对旅客提出的问题不能解决时，应将旅客指引到相应岗位并做好耐心解释。当接听电话时，向旅客通报单位和姓名。

①熟练掌握规章制度、列车编组、时刻表、候车地点及站内服务旅客的各种设施，对传达的文电命令及加开、停运列车等有关注意事项掌握清楚，做到心中有数。

②熟练使用查询终端各种功能，向旅客介绍车站售票、退票、列车到发、中转换乘规定，以及车站所在地区水陆交通等情况，做到主动热情、简洁明了、规范准确、解释到位。

③熟悉车站联网票、代售点、网上订票等服务项目，全面掌握服务数据内容，快速准确查询，为旅客提供满意答复。

三、商务候车室客运员岗位工作

高速铁路客运站应该向VIP旅客提供快速通道及舒适、完备的服务环境和条件。在站内设置绿色通道，方便旅客快速地直接进入商务候车室；为方便VIP旅客购票，在站内适当的位置设置专门的售票窗口（或售票处）；为给VIP旅客创造良好的候车环境，商务候车室配备高档沙发、自动擦鞋机、各种报纸刊物、精美的餐饮、个人专用衣架、传真电话等服务设备与设施。商务候车室客运员岗位职责如下。

①在客运值班员的领导下，服从命令，听从指挥，负责本岗位工作。

②使用文明用语，准确、耐心解答旅客问询，接听电话及时，用语规范。

③保持岗位卫生整洁，及时清洗、消毒服务用具。

④做好客运车站的重点旅客接待工作，要热情接待，讲究礼仪。

⑤对涉外旅客要举止大方，热情友好，细心周到，以礼相待，不卑不亢，尊重旅客的风俗习惯和信仰。

⑥严格执行商务候车室的管理、使用、安全制度，旅客来前、走后要及时整理，发现遗失物品应及时交还或与有关部门联系，防止无关人员随意进入。

⑦准确掌握本站列车时刻，及时通告商务候车室的旅客，必要时可以引导进站。

⑧正确处理问事服务过程中出现的各种问题，及时向上级汇报。

四、旅客遗失物品处理工作

1. 旅客物品在列车上或车站遗失处理规定

旅客在发现自己随身携带的物品遗失时，应第一时间向铁路客运工作人员（列车上为列车长）或铁路执勤民警（列车上为随车乘警）报告，告知自己乘坐的车厢号，座位号（卧铺号），丢失物品的名称、数量、特征，候车区域和上下路线等有关线索，以便工作人员及时帮助查找。

铁路客运工作人员发现旅客丢失的物品应设法查找失主并归还。如旅客已经下车、列车长应编制客运记录，说明遗失物品的品名、件数等，移交旅客下车站；当不能判明时，应移交当次列车终点站。对于列车移交和车站拾到的现金，车站负责填写客运杂费收据，并在《遗失物品登记簿》上注明收据号码。

铁路的主要车站都设置旅客遗失物品招领处。车站对旅客遗失物品要加强管理、定期查点、妥善保管。如旅客无法来取，铁路部门在向失主所在车站转送时应做好包装，内附清单（一件整体物品除外），物品加封，填写客运记录和行李、包裹交接证，并与列车办理交接手续。物品在 5 kg 以内可以免费转送，如超过 5 kg 则要按物品种类到站补收运费。危险品、国家禁止或限制运输的物品、机要文件应立即移交公安机关或有关部门处理，不得办理转送。鲜活易腐物品和食品不负责保管和转送。

失主在领取时应携带相关有效证件。铁路工作人员应核对时间、车次、地点、品名、件数、重量，确认无误后由失主签收。

2. 旅客遗失物品登记

旅客可登录 12306 网站进行遗失物品在线登记或在铁路 12306 手机客户端上进行登记（我的→温馨服务→遗失物品查找→填写信息）。

遗失物品登记界面如图 2－3－2 所示。

图 2－3－2 遗失物品登记界面

工作人员可在“工单流转平台”查看丢失物品旅客的留言，根据提供的线索进行查找，并以电话或短信方式回复旅客是否找到遗失物品。

在车站拾到的遗失物品或者列车工作人员拾到并移交给车站的遗失物品，工作人员应在系统中录入详细描述的信息，以方便旅客查询。如有旅客领取遗失物品，工作人员应把领取人员的身份证等信息录入系统，防止冒领。

3. 遗失物品工单处理

站车单位在明确查找结果后，登录“客管系统”遗失物品工单回复模块，根据查找结果，可选择“未找到”“部分找到”“找到”选项。遗失物品工单如图 2－3－3 所示。

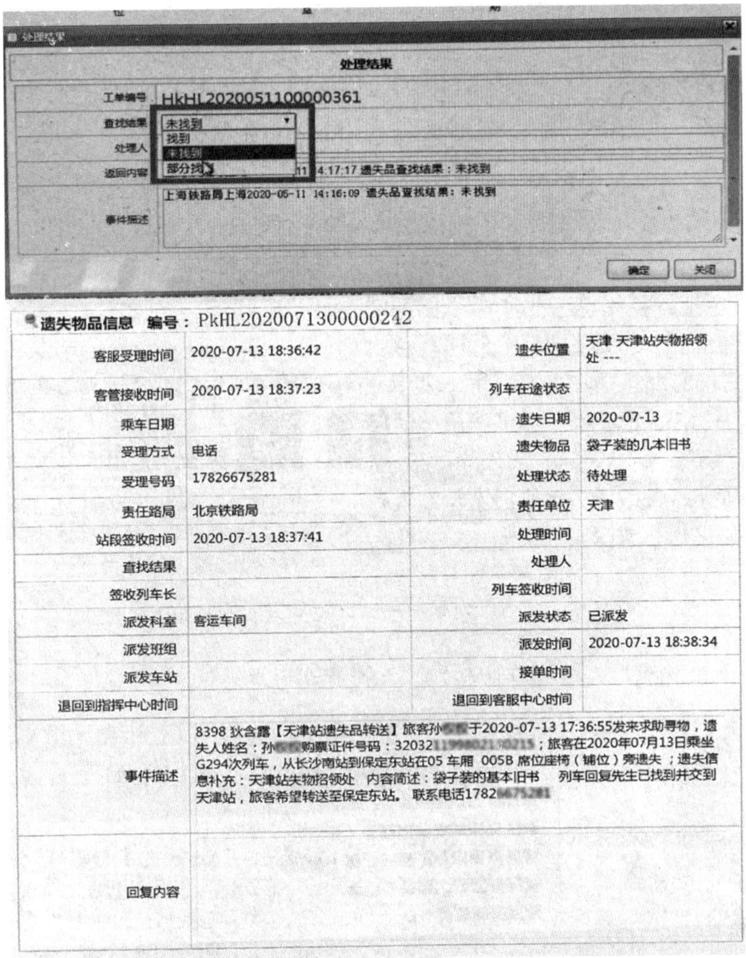

图 2－3－3　遗失物品工单

（1）“未找到”处理

“未找到”处理（如图 2－3－4 所示）：选择“待接单”选项，在“查找结果”列表中选择“未找到”，单击“确定”按钮。

（2）“部分找到”“找到”处理

“部分找到”“找到”处理：选择“待接单”选项，在“查找结果”列表中选择“部分找到”或“找到”，同时在“事件描述”栏中录入旅客领取信息，单击“确定”按钮 。

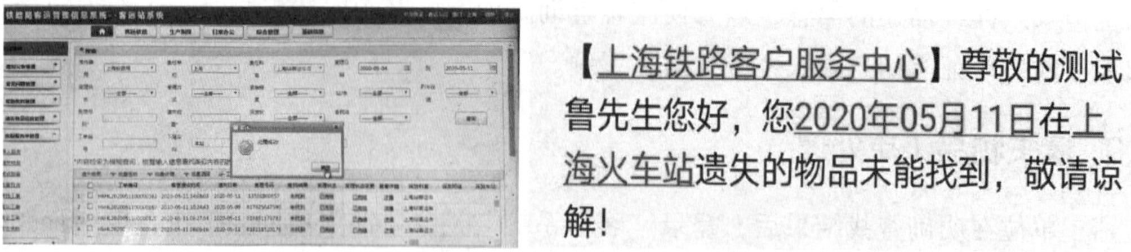

图 2－3－4 “未找到”处理

车站录入内容：“请到××站××处领取，联系电话××××××××，领取时间××：××—××：××”；

列车录入内容：“物品已由××次列车（实际交站车次）移交××站，请与××站联系，联系电话××××××××”。

列车和车站以短信方式回复旅客，如图 2－3－5 所示。

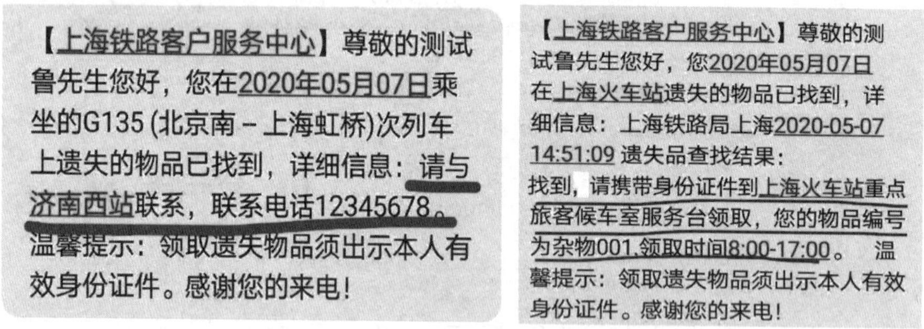

图 2－3－5 列车和车站以短信方式回复旅客

（3）回复“未找到”后又重新“找到”的处理

当回复“未找到”后又重新找到遗失物品时，可选择“已完结”重新录入，重新选择“找到”并且删除之前未找到的回复内容，重新修改内容（如图 2－3－6 所示）。

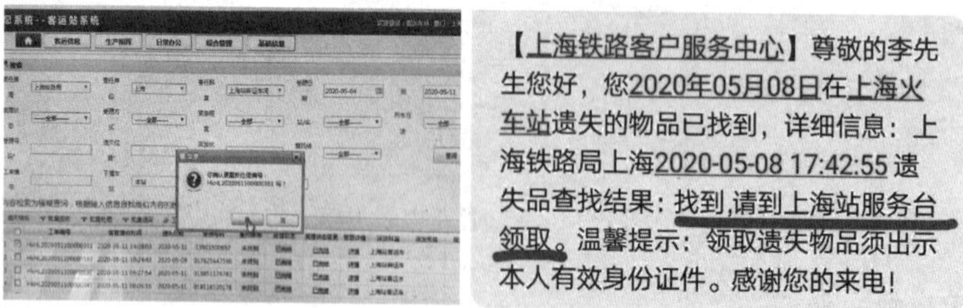

图 2－3－6 回复“未找到”后又重新找到的处理

4. 旅客领取遗失物品

旅客向铁路工作人员说出要找寻的物品详情、遗失地点等信息，待信息核对成功、确认无误后，可领取遗失物品（如图 2－3－7 所示）。

图 2－3－7　旅客领取遗失物品

5. 车站遗失物品客运员工作

（1）失件受理

①负责接收车站、列车移交的旅客遗失物品及经公安检查无人领取的捡拾物品的保管和处理，做到手续严密、账物相符，严禁任何人私自挪用。

②认真清点、核对，详细登记《遗失物品登记簿》，开具遗失物品收据，并将物品按编号摆入货架，以便查找。

③认真答复、处理旅客查找遗失物品的来信、来访及电话，对危险品、管制刀具、易腐物品及逾期无人认领的遗失物品，按规定正确处理，贵重物品及现金要放入保险柜妥善保管。

④对拾到的现金，要开具客运杂费收据，并在《遗失物品登记簿》上注明“客杂”收据号码。

（2）失件保管

①在对保管时间达半年而无人认领的遗失物品进行折价处理时，由主管站长在请示报告和《出售遗失物品清单》上签字、盖章后，请示有关部门处理，将折价处理后的钱款和无人认领的钱款一起交客运总账。

②坚守岗位，严守纪律，加强库房管理，对遗失物品进行安全检查，做好防火、防盗、防爆工作，对不宜保管的物品要及时向领导汇报，及时处理。

③认真、准确填记遗失物品招领牌，落实卫生责任制，货架上的遗失物品要摆放整齐。

④对遗失物品库房应做到离人加锁，严禁闲杂人等进入库房，库房内严禁吸烟。

旅客遗失物品库房如图 2－3－8 所示。

图 2－3－8　旅客遗失物品库房

五、购票信息查询打印终端

行程信息自助办理终端设置于候车室内、检票口附近，供旅客自助查询其购票和席位信息。购票信息查询打印终端只能打印行程信息提示，有需要的旅客可在候车期间自行刷证查询购票信息、打印行程信息提示。

购票信息查询打印终端如图 2－3－9 所示。

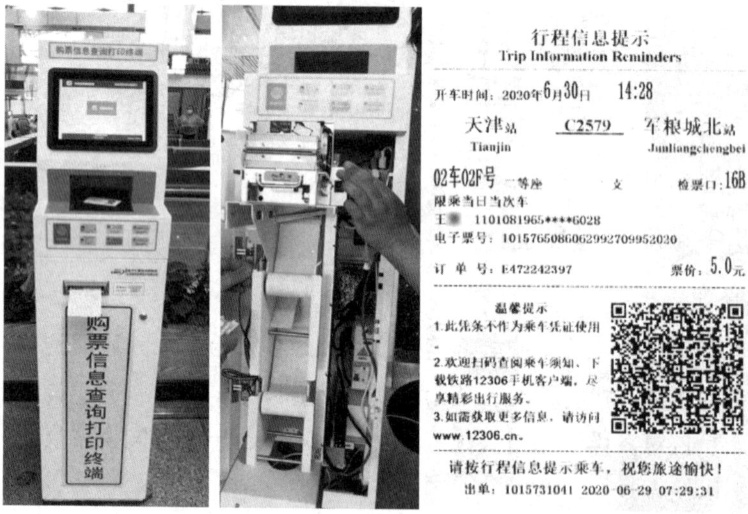

图 2－3－9　购票信息查询打印终端

任务训练

实训项目	高速铁路车站候车服务工作训练
实训目标	1. 结合实际，加深对高速铁路车站候车服务工作的认识与理解 2. 提高高速铁路车站候车服务工作的能力
实训内容及组织	由教师组织，学生自愿组成小组，每组6～8人，选择以下题目进行高速铁路车站候车服务工作训练。 1. 高速铁路车站客服中心问询解答训练 2. 高速铁路车站自动扶梯监护训练 3. 高速铁路车站商务候车服务训练 4. 高速铁路车站旅客遗失物品处理训练
实训考核	1. 每组提交一份分析报告 2. 各组进行汇报 3. 教师根据各组的分析报告与课堂汇报进行评估

任务四

站台旅客乘降作业组织

思政素质目标

热爱党、热爱社会主义祖国、爱人民、爱集体；具有良好的职业道德和职业素养；爱岗敬业，具有精益求精的工匠精神。

知识目标

掌握站台旅客乘降作业组织的过程及要求。

能力目标

能够做好重点旅客服务组织、站台旅客乘降组织工作。

相关知识

高速铁路车站站台是旅客乘降必需的设备。旅客乘降站台数量应与列车到发线数量相适应，应设置基本站台和中间站台。采用高站台，站台高度应高于轨面1.25 m，站台长度一般按450 m设置，站台宽度应根据车站性质、站台类型、客流密度、安全退避距离、站台出入口宽度来确定。站台应设置安全标线、停车和车厢位置标志，站台两端应设置防护栅栏和禁行标志。

一、站台旅客乘降作业组织

旅客站台防护栅栏不得侵限。站台设有响铃设备，作用良好；地面标示站台安全线或安装安全门（屏蔽门），内侧铺设提示盲道；安全线内侧或安全门（屏蔽门）左侧设置上下车指示线标志，位置准确，醒目易识；设置的座椅、垃圾箱（桶）、广告灯箱等设备设施须安放牢固，不影响旅客通行。

站台标识为旅客提供登乘和下车出站等相关信息服务。站台标识应准确告知旅客站名、站台编号，引导旅客出站，根据旅客流线和中转换乘需要设置相关的导向标识及必要的警示标识。无安全屏蔽门动车指示线标识如图 2－4－1 所示。

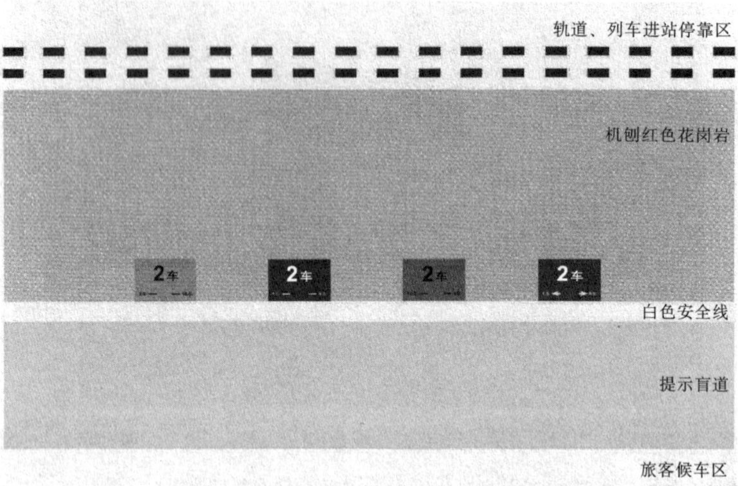

图 2－4－1　无安全屏蔽门动车指示线标识

1. 未安装安全门（屏蔽门）的站台作业组织

当已检票放客上车或列车到达、旅客出站时，站台客运员应坚守岗位，维护好站台秩序。在检票放客、列车到达之前，站台客运员应清理站台，劝离闲杂人员，保证通道畅通，防止客流交叉、相互干扰。同时，对天桥、地下通道、平过道等关键部位要加强防护，提醒旅客注意安全。站台上应设置进出站引导标志、列车编组情况的指向牌。在检票放客时，站台客运员应引导旅客上车。对路过列车，当提前放客时，应组织旅客站在安全白线内并按车厢位置排队等候。当同一站台有两趟列车同时乘降作业时，应加强组织与宣传，防止旅客误乘。

1）站台客运员岗位职责

①在客运值班员的带领下落实上级要求，对班前安全、服务工作预想要落实到位，消除安全问题及服务责任投诉。

②掌握客流变化及列车运行情况，做好乘降组织，随时注意站台旅客动向，确保列车安全正点。

③熟练掌握客运规章制度及业务知识，做好接送列车、乘降引导、站台闲杂人员清理、出站组织等旅客服务工作。

④熟练掌握客运非正常情况下的应急预案，协助客运值班员做好突发事件的应急处置。

⑤负责本岗位相应区域设备的巡视检查，确保设备设施运用状态良好。

⑥当遇特殊情况时及时汇报站台值班员，完成上级交给的其他任务。

⑦积极、主动防控，在岗在位在状态，行为主动，作用突出，确保作业过程有序可控。

未安装安全门（屏蔽门）的站台作业组织如图 2 –4 –2 所示。

图 2 –4 –2　未安装安全门（屏蔽门）的站台作业组织

2）站台接送车作业组织方案（以某站为例）

（1）接送车位置

①上行单编列车接送车位置（如图 2 –4 –3 所示）。站台西侧停车标位置为保洁员，动车 4 车位置为客运员，动车 8 车位置为客运员。

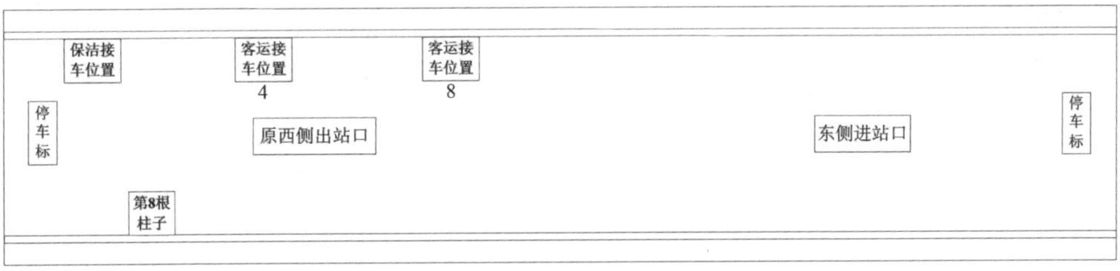

图 2 –4 –3　上行单编列车接送车位置

②上行重联列车接送车位置（如图 2 –4 –4 所示）。动车 4 车位置为客运员、动车连接处位置为保洁员、站台东端头为客运员。

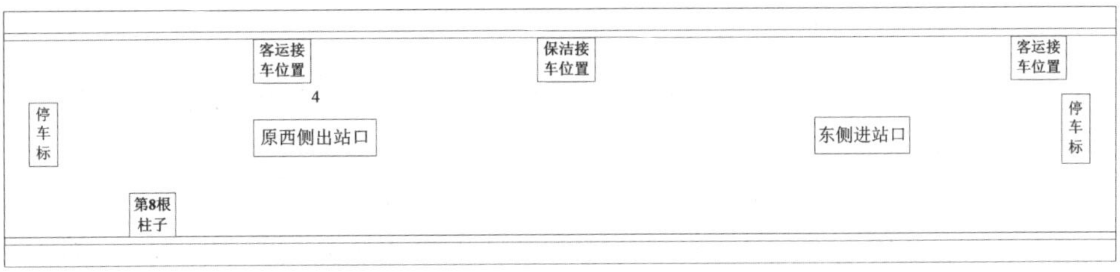

图 2 –4 –4　上行重联列车接送车位置

③下行单编列车接送车位置（如图 2 –4 –5 所示）。站台东侧停车标位置为保洁员、动车 4 车位置为客运员、动车 8 车位置为客运员。

④下行重联列车接送车位置（如图 2 –4 –6 所示）。动车 4 车位置为客运员、动车连

接处为保洁员、站台西端头为客运员。

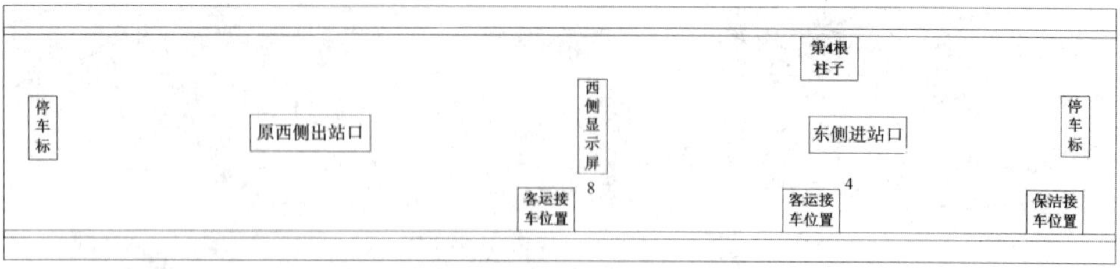

图 2-4-5　下行单编列车接送车位置

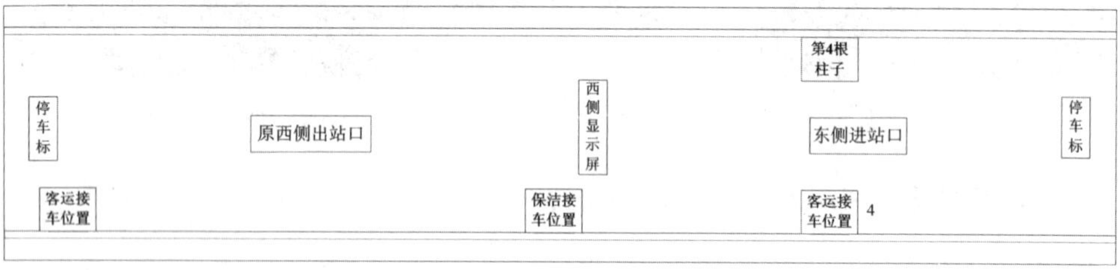

图 2-4-6　下行重联列车接送车位置

（2）责任区域划分

①上行单编列车。

西部客运员：负责动车第 1～2 车；站台区域为站台西端头至站台西侧第 8 根柱子位置。

中部客运员：负责动车第 3～5 车；站台区域为站台西侧第 8 根柱子位置至原西侧出站口位置。

东部客运员：负责动车第 6～8 车；站台区域为原西侧出站口位置至站台东端头。

②上行重联列车。

西部客运员：负责动车第 1～5 车；站台区域为站台西端头至原西侧出站口位置。

中部客运员：负责动车第 6～11 车；站台区域为原西侧出站口位置至东侧进站口位置。

东部客运员：负责动车第 12～16 车；站台区域为东侧进站口位置至站台东端头。

③下行单编列车。

东部客运员：负责动车第 1～3 车；站台区域为站台东端头至东侧进站口位置。

中部客运员：负责动车第 4～6 车；站台区域为东侧进站口位置至站台西侧显示屏位置。

西部客运员：负责动车第 7～8 车；站台区域为站台西侧显示屏位置至站台西端头。

④下行重联列车。

东部客运员：负责动车第 1～5 车；站台区域为站台东端头至东侧进站口位置第 4 根柱子位置。

中部客运员：负责动车第6～11车；站台区域为东侧进站口位置第4根柱子位置至原西侧出站口位置。

西部客运员：负责动车第12～16车；站台区域为原西侧出站口位置至站台西端头。

2. 安装安全门（屏蔽门）的站台客运员班中作业内容

1）客流预测

（1）掌握客流信息

站台客运员要时刻掌握本班作业各次列车、上下车人数等基本信息，确保信息准确。

（2）掌握文件电报

站台客运员要认真学习客运值班员传达的相关文件电报，结合客调命令、客流变化明确本班作业的重点列车。同时，作业前准确掌握重点列车的上下车人数、上下车旅客较多的重点车厢，做到提前组织、平稳有序。

（3）做好客流预测

按照文件电报、客调命令的客流信息，及时掌握本岗区重点客流，明确本岗区关键处所，卡控关键安全项点，及时做好安全防护，遇突发情况及时启动应急，做到处置有序。

2）出场准备

（1）带齐相关备品

每名接发车客运人员上岗后必须随身携带手持终端、站台门钥匙（4把）、音视频记录仪、喇叭等用品。上岗后要打开音视频记录仪，作业过程保持常开状态。当处理重点事件时，必须进行全过程拍摄记录。

（2）明确出场时间

列车开车前30 min出务，按照客运值班员布置的岗区预警、客流预测及本岗区列车运行、客流变化和商务座旅客情况，全面掌握上级命令、指示，根据列车预报及时上岗，做到心里有数、落实有依、组织有序。确认站台具备放行旅客的条件后，站台客运员通知检票口客运员和进站电梯监护客运员可以开始检票。

（3）防控关键位置

分别在站台前端就地控制盘附近、进出站口及其他需要特别防护的岗区接送车，按照接送车作业标准立岗接送车，确保旅客乘降安全。

3）预警盯控

（1）明确岗区预警

站台客运人员到岗后，根据客运值班员要求明确出勤趟预警，明确车次、上下车人数、重点事项（重点车厢、接车人员位置及范围、恶劣天气、调度命令、编组变化、重点交接等），提前做好相关防护，确保突发情况处置有序。

（2）防控乘降安全

重点防控旅客坠落、跳下站台，旅客漏乘、误乘，旅客滞留等情况，一旦出现上述情况，及时向客运值班员或车站值班干部汇报，启动应急，做到处置有序。

①严防旅客坠落、跳下站台。一是要严格防控精神异常、行为异常的旅客是否有坠落、跳下站台的倾向；二是要严格防控站台安全门开启时旅客是否有坠落的危险；三是严格防控车门即将关闭时穿过站台安全门跳下站台的旅客；四是严格防控因一名旅客不慎坠落、其他旅客跳下站台实施救助的行为；五是严格防控携带儿童的旅客与儿童分离或儿童在站台奔跑玩耍。

②严防旅客漏乘、误乘。一是与检票口客运员、电梯监护客运员做好联系互控，防止错检车次，停检后严禁将旅客放入站台；二是加强站台值岗区域的隐蔽处所盯控，防控旅客等车时间较长或精神状态不佳而错过乘车。

③严防旅客滞留。一是严格防控与乘降方向相反的行为异常旅客；二是严格防控带有酒气、精神不振的旅客；三是严格防控因无票而有逃票行为的旅客。

（3）严控异常旅客

对于站车交接的无票、酗酒、精神异常、强行闯口、持非本次列车车票、未按正常径路行走（如旅客出站时，向出站口相反方向行走）等行为异常的人员，必须严密盯控、及时汇报、请求支援、有效控制，防止扒乘列车、跳下站台、进入区间等现象发生，提醒站台吸烟旅客及时上车，防止发生漏乘问题。一旦发生此类问题，及时向客运值班员或车站干部汇报，及时启动应急，做到应急有序、处置到位。

4）宣传引导

（1）加强巡视检查

确认线路内无侵入机车车辆限界的障碍物、人员；确认站台安全门内无闲杂人员、障碍物；确认站台安全门显示屏正确，设备运行正常；确认站台电子显示屏正确显示本次列车信息，停靠站台的列车车次准确；检查站台广播、照明等设施设备状态，确认状态良好；巡查站台环境卫生、站台秩序；检查站台有无滞留旅客，及时清理；确认地面平整、地下通道的墙面无明显异物。

（2）乘车宣传引导

按规范的广播词用语向旅客宣传列车车厢顺位，进行防滑、防随车奔跑、防坠落等方面的安全宣传。密切关注旅客动态，尤其对老、幼、病、残、孕及特殊情况旅客进行重点关注和防控，加大宣传力度。及时发现老、幼、病、残、孕等重点旅客，引导优先上车、出站。

（3）出站宣传引导

引导到站旅客按照导向标识有序出站。当遇大客流时，应及时疏散，防止发生旅客拥堵踩踏事件。

5）乘降组织

（1）帮扶重点旅客

站台工作人员在组织旅客乘降过程中，要帮扶重点旅客，协助坐轮椅、行走不便、携带行包较多的旅客乘车；注意小孩不要与大人分离，注意列车车厢与站台间隙，不要在站台奔跑，注意乘梯安全等危及人身安全的行为。

（2）加强旅客疏导

要在站台人员聚集处、隐蔽处等重点部位加强旅客疏导，确保关键处所无旅客滞留、无旅客拥挤、无旅客对流等安全隐患现象；放行前先确认列车停靠站台、到达时刻等，在确认列车具备放行条件后及时联控检票口，用语："××次可以检票"。

（3）排除安全隐患

积极组织旅客按车厢位置标识有序排队，使用喇叭加强提示引导。当旅客较多时，利用多列、划定区域等多种方式排队，确保旅客上下车径路通畅。

（4）落实接车标准

密切关注旅客动态，尤其对老、幼、病、残、孕及特殊情况旅客进行重点关注和防控。当迎送列车时，立岗于站台安全门外侧，面向列车方向目迎目送，以列车进入站台开始、开出站台为止。做到站立姿势端正，当列车头部经过面前时，转体面向列车。

当列车进站时，中部客运员及时通知出站口、出站扶梯监护客运员，并听取复诵。

6）送车清理

（1）确认作业完毕

站台工作人员应提示站台上的旅客排队上车，先下后上，不要在站台逗留。对于老、幼、病、残、孕等重点旅客做好帮扶工作，对于接送站人员应拒绝其上车，并做好防范互控工作。当列车停止检票时，应确认已得到进站电梯监护客运员关于最后一名旅客到达站台的联控，组织站台旅客及时上车。

在列车开车前30 s系统播放开车铃，站台工作人员组织站台上的旅客退到站台安全门外，在确认站台两端旅客乘降及其他作业完毕、列车乘务人员已上车、站台安全门与站台边缘间无人员或行包等障碍物后，两端客运员分别用电台通知中部客运员，中部客运员收到后回复，并电台联控列车长汇报乘降，听取复诵（短编：前部为第1～3车厢、中部为第4～5车厢、尾部为第6～8车厢；长编：前部为第1～6车厢、中部为第7～10车厢、尾部为第11～16车厢）。

列车车门关闭后，站台接车组确认站台安全门内外无异常，向指定的站台客运员汇报，将就地控制盘手动关闭。

（2）落实送车标准

列车启动后，站台送车人员要认真盯控，时刻警惕有人扒站台安全门。如发现危及旅客人身安全和列车运行安全的突发事件，要及时叫停列车、妥善处置。

（3）落实“一车一清”

旅客乘降作业完毕后，站台工作人员必须落实“一车一清”制度，站台工作人员从站台两端督促旅客出站，对拐角、楼道口等处所要加强确认，确保站台无旅客、闲杂人员后才能撤岗，对重点旅客要组织工作人员盯控出站。当接续车作业时，要合理安排人员，做好兼顾。

（4）做好应急处置

按规定配备音视频记录仪，并保持常态开机状态，一旦发现有影响旅客人身安全和列车运行安全的现象发生，就要立即喊停列车，直接联控司机。当发生非正常突发情况时，立即向客运值班员报告，协助客运值班员及时处理，对突发事件的处置过程进行录音录像，做到反应迅速，处置得当。杜绝接送站人员上车，与相关岗位做好安全互控及信息通报工作。

（5）统一列队退勤

当列队退勤时，按规定线路行走，步伐一致。当多人行走时，两人成排，三人成列。安装安全门（屏蔽门）的站台作业组织如图 2 - 4 - 7 所示。

图 2 - 4 - 7　安装安全门（屏蔽门）的站台作业组织

二、动车组列车给水、吸污作业

1. 动车组列车上水、吸污

1）动车组列车上水

动车组的注水口处有盖板，需要使用专用钥匙打开；上水时需要按压盖板，盖板自动打开后上水。动车组列车上水作业人员在上水作业完毕后，必须将动车组列车注水口盖板关闭，严格按规定锁闭到位并进行确认。如果动车组列车注水口盖板未关闭到位，经列车高速运行，注水口盖板会松动弹开，并造成盖板变形，影响以后的锁闭效果。同时，动车组列车在高速运行时，如注水口盖板松动弹开，往往会造成与站台边沿的刮碰，甚至脱落等问题，这对高速铁路运行安全都是极大的隐患。

2）动车组列车给水原则

①当日第一趟车始发时应辆辆满水。

②单程运行时间在 10～14 h 的，途中安排重点车厢补水 1 次。16 辆编组的，优先安排紧邻餐吧车的前部 2 辆、后部 2 辆车厢补水；8 辆编组及重联的，优先安排紧邻餐吧车的前部 1 辆、后部 1 辆车厢补水；紧邻餐吧车而车厢没有厕所的部分车型，向邻近车厢顺延。

③单程运行时间在 14 h 以上的，途中（运行 7 h 前后）安排 1 次全列满水。

④车底连续套跑 10 h 以上的，中间（运行 6 h 前后）安排 1 次折返站全列满水。

⑤在给水站停时 8 min 及以上时，辆辆满水；停时 6～8 min，辆辆补水；停时 4～5 min，重点车厢补水；停时 3 min 及以下的，不安排给水作业。

⑥库内不具备给水条件或库外停留的旅客列车，终到后由车站为全列 3 个车厢（座车、卧车、餐车各一个）进行给水，以用于车内保洁用水。

⑦入库整备且库内具备给水条件的，应在库内给水，出库保证辆辆满水。

3）动车组列车吸污

动车组上水的同时安排吸污作业，吸污的地点、位置与上水作业相同，长编组动车增加 1 车、16 车。

2. 车站给水作业

1）给水设备概况

给水作业站给水设备的供水能力，应满足同一时间最高聚集客车列数的给水需要。

①水井数量应满足图定旅客列车最大编组需要。水井间距以 25 m 为宜。

②给水量较大的车站还应配置一井双栓、一栓一管（仅停靠动车组列车线路实行一井一栓）。

③客车给水站的水栓应设置检查井。

④在给水管路的适当位置设置水表。

⑤给水设备应设置相应的防寒措施。

客车给水系统不得接引其他用水，确保水压、流量的稳定性。车站给水设备的管道、水井、水阀由给水设备管理单位负责；给水皮管、上水连接器由车站负责。

地上给水设备安装示意图如图 2－4－8 所示。

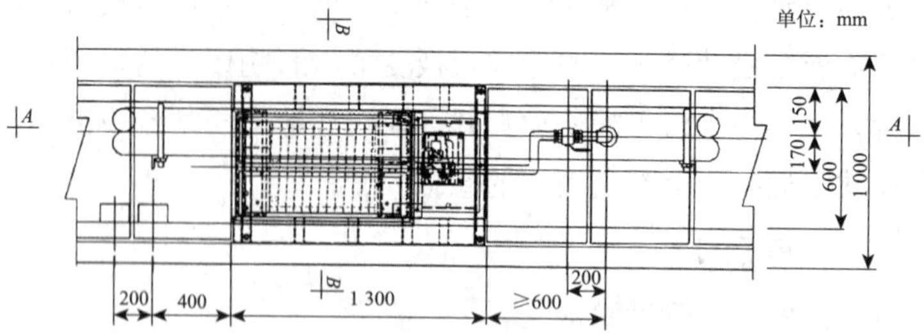

(a) 平面图

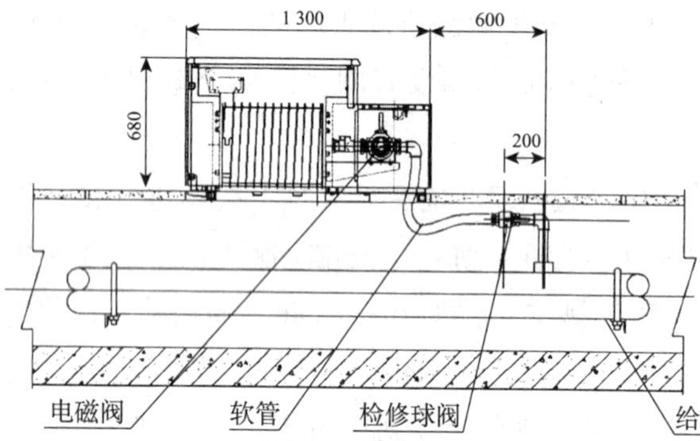

(b) A—A剖图

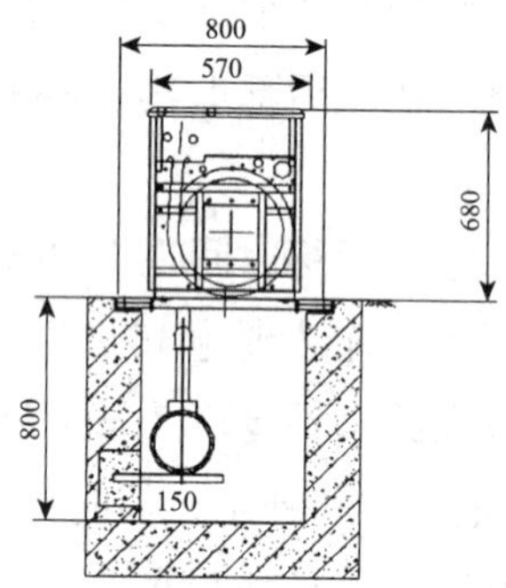

(c) B—B剖图

图2-4-8 地上给水设备安装示意图

2）给水站上水、吸污作业

给水站根据给水方案配备给水人员，防护用具齐全，按规定程序及时上水，始发列车辆辆满水，中途站按给水方案补水。给水人员作业流程如下。

①列车到站前按指定线路提前上岗，着装统一，配品齐全，列队上岗，有人防护，同去同回。

②检查线路有无障碍物。

③检查上水设备良好。

④上水作业前与综控室进行车次、股道（站台）、到开时刻确认，确认完毕后方准上线作业。列车进站面向客车列队迎车。

⑤列车停稳，立即上水；列车水满，及时关闭水阀，拔掉水管。锁闭有注水口的挡板，将水管回卷到位（管头插入上水井内）。

⑥开车前3 min停止作业。

⑦上水完毕，及时汇报综控室客运员。

⑧整理上水设备定位，水管应摆放整齐。

上水作业完毕后，上水小组长须通过对讲机向综控室报告：“××次上水作业完毕，汇报人××”，综控室应答：“××次上水作业完毕，综控室明白”。综控室得知现场上水作业完毕后，须立即通过对讲机向客运值班员（客运员）报告：“××次上水作业完毕”，客运值班员（客运员）应答：“××次上水作业完毕，客运值班员（客运员）明白”。

吸污站按规定进行吸污作业，保持作业清洁。作业完毕，向站台客运人员报告。

三、重点旅客服务组织工作

1. 特殊重点旅客服务组织

特殊重点旅客是指依靠辅助器具才能行动等需特殊照顾的重点旅客，如盲人、使用担架或轮椅行动的旅客、需要工作人员特殊照顾及全程护送的旅客。

1）进站候车

（1）验证口

验证口工作人员发现特殊重点旅客后，应通知服务组值班员。服务组值班员安排专人到验证口，引导特殊重点旅客经无障碍电梯至重点旅客候车区，在《重点旅客登记簿》上登记旅客所乘车次、到站等信息，并根据需要填写《特殊重点旅客服务交接簿》。

《特殊重点旅客服务交接簿》主要用于与列车交接12306预约工单的服务内容。

服务流线为验证口→无障碍直升电梯→重点旅客候车区。

（2）候车区

候车区工作人员发现特殊重点旅客后，应将特殊重点旅客引导至重点旅客候车区。在《重点旅客登记簿》上登记旅客所乘车次、到站等信息，并根据需要填写《特殊重点旅客服务交接簿》。

2）检票乘车

服务组值班员指派专人服务，按照旅客所乘车次经专用通道护送至站台，使用《特殊重点旅客服务交接簿》与列车长办理交接。

进站流线为重点旅客候车区→无障碍电梯→相应站台→列车长。

3）中转换乘

①当列车移交特殊重点旅客时，站台客运值班员、客运员与列车长办理交接，并通知服务组值班员，服务组值班员安排专人将特殊重点旅客引导至高架候车区重点旅客候车区。

②当旅客下车后打电话或找到站台工作人员要求服务时，值班室应告知相关站台客运值班员与旅客接洽，同时联系服务组值班员，由服务组值班员安排专人将特殊重点旅客引导至高架候车区重点旅客候车区。

接站流线为站台→相应站台的无障碍电梯→检票口→重点旅客候车区。

4）到达出站

①当列车移交特殊重点旅客时，站台客运值班员、客运员与列车长办理交接，并通知服务组值班员，服务组值班员安排专人将特殊重点旅客引导出站。

②当旅客下车后打电话或找到站台工作人员要求服务时，值班室应告知相关站台客运值班员与旅客接洽，同时联系服务组值班员，由服务组值班员安排专人将特殊重点旅客引导出站。

③当特殊重点旅客有人接站时，接站旅客按实际需要从相应出口进站，由出站口工作人员按规定开具“接站卡”，列车打点后引导接站人员至相应站台。

接站流线为站台车厢→站台的无障碍电梯→相应检票口→相应无障碍电梯→出站。

2. 重点旅客服务组织

重点旅客是指老、幼、病、残、孕旅客。对于有同行人的重点旅客，只需提供优先服务，无需工作人员全程护送。

1）无接、送站人的重点旅客

（1）验证口客运员

当发现重点旅客时，验证口客运员应通知服务组值班员，服务组值班员安排专人将重点旅客引导至重点旅客候车区。

（2）服务组客运员

当重点旅客乘车时，服务组客运员应将其引导至相应检票口并与检票员做好交接，必要时服务组应派专人护送重点旅客至站台乘车。

（3）检票口客运员

检票口客运员应在检票前做好宣传，对服务组交接和排队等候检票的重点旅客优先安排检票，并通知站台客运值班员。

（4）站台客运员

站台客运员应引导上车的重点旅客到相应车厢乘车；引导下车的重点旅客出站，必要时联系服务组值班员做好引导出站服务。

（5）值班室客运员

值班室客运员在接到旅客要求服务的电话后，应联系相应站台客运值班员或客运员与旅客接洽，进行引导出站服务，必要时联系服务组值班员做好出站服务。

2）有接、送站人的重点旅客

（1）验证口客运员

当发现重点旅客时，验票口客运员应允许一名送站人员进站并为其发放“爱心送站卡”，必要时将重点旅客引导至重点旅客候车区。

（2）服务组客运员

当重点旅客乘车时，服务组客运员应将其引导至相应检票口并与检票员做好交接，必要时服务组应派专人护送至站台乘车。

（3）检票口客运员

检票口客运员应在检票前做好宣传，对持“爱心送站卡”和排队等候检票的重点旅客优先安排检票，并通知站台客运值班员。

（4）站台客运员

站台客运员应引导上车的重点旅客到相应车厢乘车；引导下车的重点旅客出站，必要时联系服务组值班员做好引导出站服务。

（5）出站口客运员

出站口客运员应为重点旅客接站人员发放“爱心接站卡”，按规定收回“爱心接站卡”“爱心送站卡”。

3. 军人候车

候车区客运员应对进入军人候车专区的军人旅客及携带家属进行实名制登记，将相应信息填记在《军人候车室候车台账》上。检票前，提示军人旅客到相应检票口优先进站乘车。同时，通知检票口客运员军人所乘列车车次，确保军人优先进站乘车。

4. 重点旅客预约工单管理

①值班室客运员在接到12306重点旅客预约服务工单时，应将预约工单传真至值班站长室，并在《客运车间12306重点旅客预约工单登记簿》上详细记录授令人、值班室接收人和回复情况、是否销号等信息。

②值班室接到预约工单后，授令人与重点旅客进行联系，核实出行日期、车次、所需帮助等信息，并将值班站长室电话告知旅客，便于联系。同时在《值班室12306工单登记表》中进行详细登记后，回复车间与重点旅客联系情况。

③预约工单服务当日，当班值班室客运员将工单内容再次通知当班服务组值班员，服务组值班员在提供服务2小时前与重点旅客进行第二次联系，确定接送站事宜，并将联系情况汇报车间。服务组值班员负责按照预约的服务项目填写《特殊重点旅客服务交接簿》，按照特殊重点旅客服务流程进行接送站服务。服务结束后，回复车间服务情况，进行销号。

重点旅客预约服务工单如图2-4-9所示。

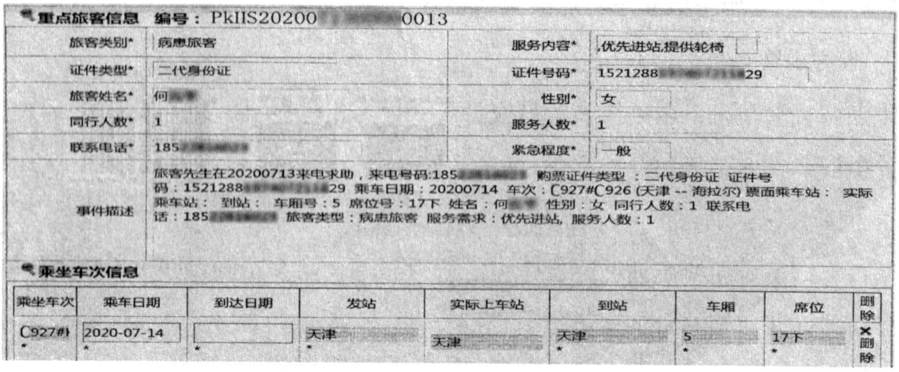

重点旅客信息　编号：PkIIS20200　0013

旅客类别*	病患旅客	服务内容*	,优先进站,提供轮椅
证件类型*	二代身份证	证件号码*	1521288　29
旅客姓名*	何	性别*	女
同行人数*	1	服务人数*	1
联系电话*	185	紧急程度*	一般
事件描述	旅客先生在20200713来电求助，来电号码:185　购票证件类型 ：二代身份证 证件号码：1521288　29 乘车日期：20200714 车次：C927#C926 (天津 -- 海拉尔) 票面乘车站： 实际乘车站： 到站： 车厢号：5 席位号：17下 姓名：何　性别：女 同行人数：1 联系电话：185　旅客类型：病患旅客 服务需求：优先进站，服务人数：1		

乘坐车次信息

乘坐车次	乘车日期	到达日期	发站	实际上车站	到站	车厢	席位	删除
C927#I*	2020-07-14*	*	天津*	天津	天津*	5*	17下*	✕删除

图 2－4－9　重点旅客预约服务工单

四、高速铁路客运值班员工作

1. 客运值班员岗位职责

①严格执行高速铁路车站的生产计划和管理要求，协调组织各岗位职工保质保量完成各项生产任务，对班前安全、服务工作预想要落实到位，消灭安全问题及服务责任投诉。

②负责传达文电命令、调配人员、实名验票、检票放行、扶梯盯控、站台乘降、出站组织等旅客运输工作。

③掌握客流变化及列车运行情况，做好旅客运输组织，确保列车安全正点。

④熟练掌握客运规章制度及业务知识，掌握客运非正常情况下的应急预案，做好突发事件应急处置。

⑤负责本班站区网格化区域设备巡视检查，对设备、卫生、节支降耗等工作负有责任。客运值班员要按照巡视巡查制度和岗位作业标准，负责对候车室、站台、出站口等网格区域内的设备设施、运输安全、乘降秩序、旅客服务、环境卫生、应急处置等情况进行巡视巡查，认真执行接班后、作业中、交班前的检查规定。其中，作业中的检查应不少于两小时一次，并将巡查情况及发现问题填记在《网格巡查记录表》中。

⑥负责本班人员的作业、安全、服务、卫生等日常管理工作。

⑦完成好上级交办的各项任务。

⑧客运人员对现场人力车辆自停装置的制动效果、安全防护、作业人员两纪等情况进行监督检查，发现问题，立即查扣，及时上报。

⑨积极、主动防控，在岗在位在状态，行为主动、作用突出，确保作业过程有序可控。

客运值班员相关岗位关联图如图 2－4－10 所示。

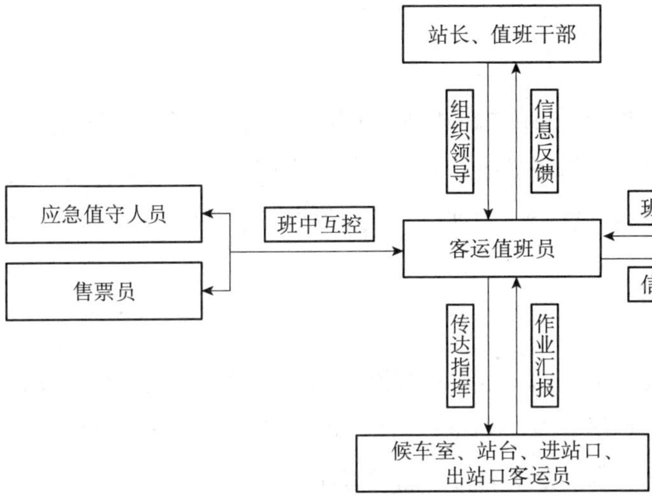

图 2-4-10　客运值班员相关岗位关联图

2. 客运值班员主要作业内容及质量标准

1）班前准备

整装：身着统一制服，佩戴职务标志，按照仪容仪表标准上岗。

2）班前点名

报到：按规定时间参加点名会，对班组人员仪容仪表、携带备品、禁止饮酒情况进行检查。

传令：传达上级文电、指示、调度命令、重点摘记。

学习：学习业务知识，对班组人员进行提问考试。

手机管理：负责收取本班组人员手机，按规定集中保管。

3）对岗接班

到岗：固定径路，列队上岗。

检查：检查设备设施是否良好、卫生是否符合标准、资料是否完整、有无闲杂人员。

交接：对携带备品、设备设施、列车运行情况、客流情况、重点旅客等进行交接。

记录：填写《客运值班员交接班簿》，写明交接事项并签字确认。

4）客流预测

通过客运营销辅助决策支持系统，掌握本班作业各次列车、上下车人数等基本信息，确保信息准确；同时，结合客调命令、客流变化明确本班作业重点列车。在重点列车作业前通过客票系统计划管理模块准确掌握上下车人数、上下车旅客较多的重点车厢，并及时传达至站台客运人员，做到提前组织、平稳有序。

5）出场准备

（1）带齐相关备品

客运值班员上岗后必须随身携带手持终端、口哨、喇叭和音视频记录仪等用品，并对所有站台客运员的备品进行检查，确保备品电量充足、作用良好。上岗后要打开音视频记录仪检查设备，作业过程中保持常开状态（待机）。当处理重点事件时，必须进行全过程拍摄记录。

（2）明确出场时间

与站台客运员联控到位，提前掌握列车运行、客流变化和到达商务座旅客情况，全面掌握上级命令、指示，根据列车预报上岗（列车开车前30 min）并传达至本班客运人员，合理安排各岗区人员，做到心里有数、落实有依、组织有序。

（3）防控关键位置

按照本站岗区责任制要求，合理安排各岗区人员对本岗区重点位置进行重点防护，特别是直梯或扶梯口、站台端头、站台进站口、出站口及其他需要特别防护的岗区。按照接送车作业标准立岗接送车，确保旅客的乘降安全。

（4）抓好作业组织

①盯控验证口客运员作业标准的落实，发放接送站爱心卡，客流高峰时段加开验证通道。接送站人员杜绝上车，与相关岗位做好安全互控及信息通报工作。

②盯控检票口客运员作业标准的落实，组织旅客排队预检，与站台联控到位，加强宣传引导。盯控检票口客运员对复兴号动车组列车的规范作业。

③盯控电梯值守人员对重点旅客和携带大件行李的旅客进行引导，必须使用直梯或安排人员护送。加强列车停靠站台的宣传引导。

④盯控站台客运员作业标准的落实，列车预报上岗，按规定对站台及相关设备进行巡视；组织旅客安全线内排队候车，对老、幼、病、残、孕等重点旅客加强关注和防护，加强列车停靠站台、车厢位置的宣传引导；盯控站台两端、大缝隙处、重联处等关键部位便捷换乘作业办法的落实；按规定位置办理站车交接；落实好旅客乘降制度。盯控上站台手推车作业是否符合标准。

⑤检查出站口是否开足自动检票闸机，按规定组织旅客有序出站，及时清理闲杂人员，确保出站秩序良好，妥善处理各类违章行为，按章补票，做到实事求是。

⑥盯控安检人员作业制度的落实，加强与公安沟通协作。

⑦列车到达后，及时向旅客告知列车车厢顺位，宣传组织旅客快上快下并注意脚下安全，引导到达旅客经出站口有序出站，并做好现场安全监护工作。对晚点列车、客流集中到发时段列车进行重点监控。

⑧列车开车前，认真巡视车厢关键部位，对可能藏人部位进行重点检查，及时阻止旅客抓车、钻车、跳车和横越线路的行为。开车铃响后，采取有效措施督促站台旅客尽快上车，防止旅客漏乘，送站人员退在安全线以内，接送站人员杜绝上车，与相关岗位做好安全互控及信息通报工作。列车关门后及时确认站台门与列车间隙内无闲杂人员及障碍物后，关闭站台门。

⑨作业中要随时关注行为异常旅客的走行方向并及时提示其周围作业人员密切关注。利用广播、喇叭向旅客进行精准宣传与提示，尤其要关注行为异常的旅客，在站台上行走和上下车过程中，防止其从站台与列车间缝隙处、车厢连接处掉下站台。

⑩当遇临时停车列车需开启车门时，客运值班员应做好与列车工作人员的作业配合及安全盯控工作。当遇旅客列车停靠在站台曲线处时（车门处站台间隙大于300 mm），必须指派专人进行现场看守，重点对曲线处乘降旅客进行宣传、提示、帮扶。

6）交班准备

清理：清理各处所闲杂人员，确认无滞留人员。加强应急通道门巡查及钥匙管理，对本班组职工进行应急疏散培训。

自查：检查显示设备、消防设施、电梯等运行状态；确认客运资料、备品齐全完好。

整理：定置摆放设备备品，打扫休息室卫生。

7）对岗交班

面对面交接，交清列车运行情况、客流情况、设备备品及其他重点事项。

签认：填写《客运值班员交接班簿》，写明交接事项并签字确认。

离岗：交接完毕，列队离岗。

8）班后总结

组织召开班后会，收集本班各岗位作业情况，点评当班工作，提出改进意见。

当班组发生违章违纪问题时，组织召开分析会，查明原因，明确责任，制定整改措施，按规定考核。

车站客运岗位作业关键点及岗位间联控用语见表2－4－1。

表2－4－1　车站客运岗位作业关键点及岗位间联控用语

	作业情况	作业关键点	岗位间联控用语					
			站台客运员	检票口客运员	进站电梯监护客运员	通道岗客运员	出站电梯监护客运员	出站口客运员
作业准备	各岗位出场时间	站台客运员、检票口客运员、进站电梯监护客运员均在开车前30 min出场。检票口客运员重点做好设备检查、检票宣传引导、重点旅客挑选。站台客运员重点检查站台设备及股道情况。进站电梯监护客运员重点检查扶梯、直梯设备情况						

续表

	作业情况	作业关键点	岗位间联控用语					
			站台客运员	检票口客运员	进站电梯监护客运员	通道岗客运员	出站电梯监护客运员	出站口客运员
检票	开始检票	站台客运员确保站台具备放行条件后，通知检票口客运员和进站电梯监护客运员	××次可以检票	检票口收到	进站电梯收到			
		检票口客运员按照先重点、后团体、再一般的原则组织旅客排队等候检票，当确认具备检票条件时，通知进站电梯监护客运员和站台客运员	站台收到	××次开始检票	进站电梯收到			
	停止检票	列车开车前停止检票，停检确认无误后，检票口客运员与进站电梯监护客运员联系确认。检票口停检后，由进站电梯监护客运员负责该区域旅客的引导，确保无旅客滞留		××次停检	进站电梯收到			
		进站电梯监护客运员确认最后一名旅客安全下梯后，通知通道客运员			××次列车长，大扶梯上已无旅客	明白		
		通道客运员盯控并确认最后一名旅客出清进站扶梯（楼梯），并通知站台客运员	收到			××站台，通道内已无旅客		
乘降完毕		停止检票后，客运人员确认客运有关作业完毕和站台门与站台边缘间无人或行包等障碍物后，通知列车长“客运有关作业完毕”，列车长再次确认站台门与站台边缘间无人后，通知司机关闭动车组门。短编：前部1～3车、中部4～5车、尾部6～8车；长编：前部1～6车、中部7～10车、尾部11～16车	前部客运员“××次×～×车客运有关作业完毕” 中部客运员“收到，××次×～×车客运有关作业完毕” 尾部客运员“××次×～×车客运有关作业完毕”					

续表

	作业情况	作业关键点	岗位间联控用语					
			站台客运员	检票口客运员	进站电梯监护客运员	通道岗客运员	出站电梯监护客运员	出站口客运员
发车	与列车联控	站台中部客运员确认客运有关作业完毕，站台安全门内外无旅客、行李物品后，使用手持终端记录仪通知列车长，并在开车前 30 s 吹响口笛（打响开车铃）	中部客运员：“××次，××站客运有关作业完毕”					
发车	平移式站台门作业	列车车门关闭后，站台接车组确认平移式站台门内外无异常，汇报前部客运员，前部客运员操作就地控制盘人员手动关闭滑动门。动车组开车前滑动门关闭后，如发现站台门与站台边缘间有人，客运人员要立即通知司机“××次司机，站台门内有人，请停车”。同时操作就地控制盘上“开门”按钮，打开滑动门，及时将人清理出滑动门后，通知司机“××次司机，站台门内闲杂人员清理完毕”	××站台尾部确认好；××站台中部确认好；收到，××站台前部确认好（前部客运员执行关门操作）					
出站	出场	出站电梯监护客运员、出站口客运员在列车到达前 10 min 出场	出站口、出站电梯，××次列车到达				出站电梯收到	出站口收到
出站	出场	列车进站停稳后，站台客运员应与出站电梯监护客运员、出站口客运员进行联控						
出站	引导	站台客运员要组织旅客有序出站，站台客运员确认站台至出站通道区域无旅客滞留，汇报出站电梯监护客运员	出站电梯，××站台旅客已出清				出站电梯收到	
出站	出站	出站电梯监护客运员应密切关注出站旅客乘梯情况，出站电梯监护客运员确认最后一名旅客出清电梯后，汇报出站口客运员					出站口，出站旅客已出清	出站口收到
出站		待最后一名旅客验票出清后，锁闭出站口大门						

任务训练

实训项目	站台旅客乘降作业组织训练
实训目标	1. 结合实际，加深对站台旅客乘降作业组织的认识与理解 2. 提高站台旅客乘降作业组织工作的能力
实训内容及组织	由教师组织，学生自愿组成小组，每组6～8人，选择以下题目进行站台旅客乘降作业组织训练。 1. 重点旅客服务组织工作训练 2. 未安装安全门（屏蔽门）站台作业组织训练 3. 安装安全门（屏蔽门）站台作业组织训练
实训考核	1. 每组提交一份分析报告 2. 各组进行汇报 3. 教师根据各组的分析报告与课堂汇报进行评估

复习思考题

1. 简述高速铁路车站的特点。
2. 简述高速铁路车站客流组织内容。
3. 简述高速铁路车站流线组织内容。
4. 简述旅客物品在列车上或车站遗失的处理规定。
5. 简述高速铁路检票口客运员班中作业要求。
6. 简述高速铁路出站口客运员班中作业要求。
7. 简述高速铁路扶梯监护客运员班中作业要求。
8. 简述高速铁路站台客运员作业要求。
9. 简述高速铁路客运值班员作业要求。
10. 简述高速铁路重点旅客工作内容。

项目三

高速铁路动车客运乘务工作组织

项目描述

动车组是高速铁路旅客运输生产任务中的重要移动设备。动车组将列车的牵引动力装置和载客的装置固定为一体，具有机车和客车车底双重性质。高速铁路客运乘务是指在动车组列车上组织、服务旅客的工作。高速铁路客运乘务组织的实质是有序完成旅客的运送任务。高速铁路客运乘务组织主要包括列车运行组织、乘务计划编制、乘务作业组织、餐饮作业组织及快运作业组织等内容。本项目主要介绍动车组列车客运乘务作业组织、动车组列车电子客票查验工作和“复兴号”智能动车组列车员与列车长作业的相关知识。通过本项目的学习，使学生掌握高速铁路动车客运乘务工作组织的基本技能。

任务一

动车组列车客运乘务作业组织

思政素质目标

热爱党、热爱社会主义祖国、爱人民、爱集体；具有社会责任感和参与意识；爱岗敬业、恪尽职守；严格遵守规章制度和劳动纪律。

知识目标

掌握高速铁路动车组列车客运乘务作业组织的内容和基本要求。

能力目标

能做好动车组列车客运乘务作业组织工作。

相关知识

高速铁路的乘务模式应该和列车的运行方式相协调，可以根据动车组维修周期性质分别采用固定交路轮乘制和不固定交路轮乘制。采用不固定交路轮乘制有利于提高乘务人员的劳动效率。高速铁路客运乘务作业组织包括出乘准备作业、出乘作业、始发作业、途中作业、终到（折返）作业几个乘务阶段的作业组织。下面以列车长的岗位职责和作业内容为例，介绍动车组列车客运乘务作业组织。

一、乘务组人员组成

1. 人员组成

动车组列车乘务组由客运乘务人员、随车机械师、司机、公安乘警、随车保洁和餐饮服务人员组成，简称“六乘人员”（或“六乘一体”）。若列车上的保洁、餐饮工作由社会专业公司承担，则其员工视同列车乘务组成员。列车乘务组人员应当各司其职，在为旅客服务上，接受列车长的统一领导。

目前，动车组列车的餐饮和保洁人员基本都由专门的餐服公司和保洁公司配备管理，要满足列车运行过程中客运服务的基本要求。

2. 乘务工时

乘务工时是指高速铁路动车乘务交路中所涉及的“时间”，主要有出勤和退勤时间、值乘时间、换乘时间、便乘时间。

1）出勤和退勤时间

出勤和退勤时间是指开始值乘前及值乘工作结束后乘务人员（组）需要完成一些出乘准备、退乘等工作的时长，其主要目的是保证乘务交路完成的质量。

2）值乘时间

值乘时间是指乘务人员（组）担当乘务任务的工作时长。

3）换乘时间

换乘时间是指乘务人员（组）在担当乘务任务的过程中，根据乘务交路计划更换值乘车次列车而发生换乘，在换乘阶段乘务人员（组）完成工作交接所需要的时间。若乘务交路计划无换乘计划则不产生换乘时间。

4）便乘时间

便乘时间是指当乘务交路段开始或者结束的车站与乘务人员（组）所属高速铁路车队（或休息公寓）所在地车站不是同一车站时，乘务人员（组）将通过搭乘“便车”的形式到相关车站担当值乘任务，或者值乘任务结束后通过搭乘“便车”的形式返回所属高速铁路车队（或休息公寓）所在地车站所需要的时间。该阶段乘务员不进行任何乘务工作，其主要目的是确保乘务交路计划的可实施性。

二、出乘准备作业

动车组列车良好的设备设施及卫生状况是顺利完成乘务工作的基本保障，因此动车组列车出乘准备作业主要包括车底整备、车底保洁和广播准备。

1. 车底整备

动车组车底整备工作在动车段（所）完成。整备作业主要有车体硬件设备设施整备和服务备品整备两部分。

1）车体硬件设备设施整备

车体硬件设备设施整备的目标首先是保证车辆设备设施齐全，符合动车组出所质量标准。其次是车辆外观要整洁，内外部油漆无剥落、褪色、流坠；车内顶棚不漏水，内外墙板及车内地板无破损、无塌陷、不鼓泡；渡板及各部位压条、压板、螺栓不松动、无翘起；脚蹬安装牢固，无腐蚀破损；手把杆无破损、松动；各部位金属部件无锈蚀。另外，列车内的广播、空调、电茶炉、饮水机、照明灯具、电子显示屏、电视机、车载视频监控终端、控制面板、电源插座、车门、端门等服务设备设施齐全，作用良好，正常使用，故障、破损及时修复。

2）服务备品整备

车底服务备品整备主要是各个车厢的服务备品要齐全到位，保证能够正常使用。

①车内各种服务图形标志的型号一致，位置统一，安装牢固，齐全醒目。

②服务备品齐全，干净整洁，定位摆放。布制、易耗备品备用充足，保证使用。布制备品按规定的时间使用和换洗，有启用时间（年、月）标志。

③卧车、座车、餐车分别按照备品配备标准整备到位，保证干净整洁。

④列车配有补票机、站车客运信息无线交互系统手持终端和 GSM－R 通信设备；乘务人员配置具备录音功能的手持电台及音视频记录仪。设备电量充足，作用良好。站车客运信息无线交互系统手持终端在始发前登录，途中及时更新信息。

2. 车底保洁

目前动车组列车的保洁工作基本都由专门的保洁公司来完成，车底每次出库前都需要进行全面保洁，车体外部保洁主要依靠自动流水线作业，车内保洁主要依靠人工。出乘前车底的保洁作业是乘务及旅客旅行环境的基本保障。

车体深度保洁结合检修计划安排在白天作业，范围包括车厢天花板、板壁、遮阳板（窗帘）、灯罩、连接处、车梯、商务座椅表面、座椅（铺位）缝隙、座椅扶手及旋转器卡槽、小桌板、脚踏板、暖气罩缝隙、洗手液盒、车厢边角、电茶炉及饮水机内部。出库时要求车底外车皮、站台补偿器内外、窗门框及玻璃、扶手等各部位干净、无污渍，车底内部天花板、板壁、地板等各部位清洁、无尘、无垢、无杂物。

车内保洁服务作业的整备基本要求如下。

①厕所和客室卫生清扫工具分开定位，隐蔽存放。

②清洁袋、洗手液、卫生纸、擦手纸、一次性坐便垫圈、服务指南、免费读物、商务座专项服务等备品补足配齐，定位放置。

③卫生达到出库标准，垃圾小推车等保洁工具及售货车等备品定位放置，不影响旅客使用空间。

④途中、终到及折返等整备要达到规定的标准。

3. 广播准备

出乘前广播设备要保证能正常使用，视频系统性能良好。车厢外部的电子显示屏显示列车运行区间、车次、车厢顺号等信息，车内电子显示屏显示列车运行区间、车次、车厢顺号、停站、运行速度、温度、中国铁路客户服务中心客户服务电话（区号＋电话号码）、安全提示等信息，显示要及时、准确。

广播常播内容录音化，确保途中能正常自动广播。录音一般使用普通话，经停少数民族自治地区车站的列车可根据需要增加当地通用的民族语言播音，过港列车可增加粤语播音，直通列车可增加英语播报客运作业信息。

三、出乘作业

出乘时客运乘务人员须按规定统一着装，佩戴职务标志，仪容整洁（女士淡妆上岗），着装得体。按规定时间到规定地点进行出乘作业。

1. 出乘点名、学习

①按规定时间到总值班室（或值班分室）报到（热备等特殊情况电话联系），接受命令、指示，确认乘务内容，填写《客运乘务工作日志》，登录客管系统，做好出乘设置，录入相关数据。做到按时出乘，命令、指示清楚，记录准确，乘务任务明确。

②组织召开班组出发会，传达命令、指示，布置本趟乘务工作重点，检查乘务员仪容仪表、职务标志、各类证件。做到仪容整洁，证件齐全有效，命令、指示传达准确，工作重点布置清楚。

2. 请领备品、票据

①请领票据，检查移动补票机、对讲机、视频巡检仪、GSM－R手持终端、客管系统（含站车交互系统）及其他信息化作业终端等设备情况，确保各类设备状态良好，数据下载及时准确。

②重设保险箱的密码，备用票据、票卷等入柜存放。

3. 接车作业

①按规定提前组织乘务组人员列队上站台接车，做到按时接车、精神饱满、列队整齐。

②召开乘务会，向餐饮、保洁人员传达命令、文件及重点工作安排，核对餐饮、保洁人员出乘名单，检查餐饮、保洁人员的健康证、上岗证携带情况，进行对讲机频道调试和时间校对。

③列车进站停稳后，组织客运、餐饮、保洁人员由指定车厢登车（途中交接班的要与对班班组做好交接）。与司机、随车机械师、公安乘警进行对讲机频道调试和时间校对，并确认车次等信息。

④巡视车厢，检查验收列车出库卫生保洁质量，检查列车上部设施情况、列车应急备品的设置情况，核对保洁备品、低值易耗品配置等情况，填写出库卫生验收记录，办理交

接。重点做好商务座、一等座车厢巡视，确认服务备品配置、摆放到位。做到检查认真细致，记录翔实准确。

⑤检查餐车商品进货单，检查食品、商品是否合格，检查商务座、一等座旅客免费赠品配备情况，及时在商品进货单上签字确认。

⑥督促列车员检查列车自动广播及车内显示屏等信息系统，确认运行车次的旅客信息系统（PIS）信息及语音、文本信息录入完整，布置广播及车内显示屏播放作业。

⑦办理高速铁路快运装车集装件的交接工作，督促中铁快运作业人员按要求进行交接、装卸和堆码。若为有押运员跟车作业的列车，应布置相关车厢列车员对押运员的证件进行检查和登记。

⑧了解列车上水、吸污情况，做好与车站的联控与交接。

四、始发作业

根据作业时间，通知乘务人员按规定位置立岗。检查列车员（含安全员）、餐饮人员、保洁人员立岗执标和列车广播情况，指导岗位人员按标准作业。

①按照不同编组规定的位置与车站客运值班员（客运员）办理站车交接。当重联时（运行方向前组为前联、后组为后联），前后联列车长应加强信息沟通，做到交接清楚、掌握重点、信息畅通。

②引导重点旅客上车。做到引导准确、安排妥善。

③登录站车客运信息无线交互系统，下载客流数据，及时反馈，填记相关数据。

④督促相关列车员做好开车前的广播作业。

⑤在开车铃响前，通过对讲机与车站客运值班员（客运员）确认客运作业完毕。

⑥在开车铃响时登车，加强旅客乘降组织，确认旅客上车完毕后，按开车时间通知司机或随车机械师关闭车门。当重联时，由后联列车长向前联列车长报告，再由前联列车长负责通知。做到确认准确、用语规范、不提前关门。

⑦车门关闭后，在车门处面向站台方向行注目礼，直至列车起动离开站台。

五、途中作业

1. 服务作业

1）文明服务

①始终保持仪容整洁，着装统一，整齐规范。

②始终做到表情自然，态度和蔼，用语文明，举止得体，庄重大方。

③在列车运行途中按照广播及显示屏的播放规范，督促列车员及时进行广播和车内显示屏的播放作业，及时通告途中到站信息。做到内容准确、通报及时、语音清晰、音量适中。

④巡视车厢，检查人容仪表、车容车貌、车内卫生等情况。做到车容整洁、行李摆放平稳牢固、通道畅通。

⑤检查餐饮供应和商品销售工作，做到规范经营、文明售货。

⑥督促列车员做好商务座、一等座旅客的服务工作和赠品发放。

⑦在用餐时段，组织餐售人员做好供应工作，督促保洁人员回收餐饮包装物，做到供应充足、回收及时、保持整洁。

⑧检查随车保洁质量，督促随车保洁人员加强厕所、洗脸间等重点部位的卫生保洁，跟踪保洁问题的整改情况。填写“动车组列车保洁作业互控单”。做到检查仔细、填写规范、质量达标。

⑨掌握重点旅客动态，尽力解决旅客困难，对旅客问询、意见、投诉及时进行处理。

2）广播显示屏管理

①客运班组是广播显示屏（内显）的操作主体，客运班组应根据列车停站及宣传（安全、业务、广告）要求，按照流程做好操作及管理。

②列车运行途中客运班组应关注动车组列车广播显示屏（内显）的内容，当出现错误时应及时使用列车广播进行更正，避免误导旅客。

3）食品卫生管理

①动车组列车餐食应按照餐食标签标注的保存温度及时限进行存储和销售。

②餐食使用微波炉加热时中心应达到75℃及以上，加热后的餐食如超过保存时限，应销毁处理。

4）设备设施管理

在推行和使用小推车时，应避免撞伤、划伤、损坏列车设备设施，停放小推车时应保持制动状态。

2. 票务作业

①通过客管系统（站车客运信息无线交互系统）了解运行车次的售票信息，组织列车员按规定查验车票。与列车员核对商务座、一等座旅客人数和到站情况。

②组织列车员办理旅客补票业务，对不符合乘车条件的旅客进行处理，票据现金应及时入保险柜存放。

③客运班组在接车后应重新设置保险箱的密码，并将备用补票机、票据、现金等存放入保险箱。列车终到后应将保险箱密码清零。

④列车运行途中应及时将票款存入保险箱。开闭保险箱时注意避免泄露开启密码。

⑤列车终到需要到车站指定的解款点进行缴款时，不得独自一人。

3. 安全应急

①按规定巡视车厢，检查高速铁路快运集装件码放、外包装、施封等状况，做到快件

码放整齐、外包装施封良好，妥善处理相关事宜。

②当发现无人认领的可疑物品和包裹时，应及时联系乘警（无乘警时联系安全员）处置，做好登记，妥善处理。

③当遇列车晚点超过15 min时，应通过广播向旅客说明原因及预计晚点时间，遇铁路责任造成晚点时应向旅客致歉。广播每次间隔不超过30 min，做好宣传解释工作。

④当发现上部设施故障时，应及时通知机械师处理。如不能及时修复，则与随车机械师共同确认，在上部设施记录单中或信息系统中记录，必要时悬挂设备设施故障提示牌。做到报修迅速、通告及时。

⑤当运行中发生非正常突发情况时，立即将情况通报司机、随车机械师、乘警和餐饮、保洁人员，指挥列车乘务人员按应急预案岗位职责和分工全力处置。做到应急处置迅速、处理得当、分工明确。

⑥按照火灾爆炸、重大疫情、食物中毒、空调失效、设备故障和列车大面积晚点、停运、变更径路、启用热备车底等非正常情况下的应急处置预案规定，做好应急处置工作。

⑦当发生其他危及铁路安全、旅客安全、劳动安全的情况时，应及时进行有效处置。

⑧接班前必须充分休息，保持精力充沛。不在接班前或工作中饮酒。在接班点名时，开展劳动安全预想预防活动，作业中携带和使用劳动安全防护用品。

⑨当上下车时，应注意车门与站台缝隙，防止踩空坠落、跌倒摔伤，不飞乘飞降。

⑩当在折返站停留需外出时，必须严格执行请销假制度。

⑪当出退乘时，应按固定径路行走，集体出退乘。

4. 停站乘降作业

①办理高速铁路快运装车集装件的交接工作，督促中铁快运作业人员按要求进行交接、装卸和堆码。若为有押运员跟车作业的列车，应对押运员的证件进行检查和登记。

②列车长（重联时为运行方向前组列车长）接到车站发来的与客运有关的作业完毕通知后，应按规定通知司机或随车机械师关闭车门。做到确认准确、用语规范、不提前关门。

③车门关闭后，在车门处面向站台方向行注目礼，直至列车启动离开站台。

5. 站车交接作业

列车进站前，在车厢门口面向站台方向位置立岗，停站时在规定位置与车站客运值班员（客运员）办理站车交接；需要进行途中上水、吸污作业的，与车站做好联控和交接，在进行吸污作业时通知乘务人员锁闭厕所。做到掌握重点、交接清楚。

六、终到（折返）作业

1. 终到前作业

①终到前组织列车员进行列车上部设施检查，途中修复的问题应予以销号，发现问题应做好记录和上报。做到检查全面、上报及时。

②到站前3 ~5 min，督促列车员广播通报站名，无自动广播的应进行口播，提醒旅客提前做好下车准备。做到播放准确及时、内容准确、音量适中。

2. 终到作业

①列车到站后，帮助重点旅客下车，在规定交接位置与车站客运值班员（客运员）办理业务和重点事项交接。做到交接清楚、手续完备。

②与中铁快运办理交接手续，督促做好卸货工作，避免影响旅客。

③巡视车厢，检查有无旅客遗失物品或其他特殊情况。若有旅客遗失物品应及时交车站处理。

④检查验收列车折返保洁质量，对折返保洁质量进行鉴定，认真填写折返保洁验收单。做到验收认真细致、鉴定准确客观。

⑤终到后，做好对商务座、一等座旅客赠品使用情况的审核确认工作，督促相关车厢列车员与旅服公司配送人员办理备品及赠品的退库工作。

3. 退乘作业（退乘交票款、总结等）

①组织乘务组召开退乘会，点评当趟列车工作，填写“客运乘务工作日志”。做到点评全面、记录翔实、批注及时。

②检查保险箱，密码清零。当需要解款时，指定专人到规定地点缴款，做到有人护送、账款相符、票据现金无遗漏。

③确认旅客全部下车，上水、吸污作业完毕，商品、备品卸车完毕后通知司机（或随车机械师）。重联时（终到时前组列车为前联），由后联列车长向前联列车长报告，再由前联列车长负责通知。

④登录客管系统等相关信息系统，填报反馈数据，做好退乘设置。做到信息上报准确及时。

⑤带领乘务组列队退乘。做到精神饱满、仪容整洁、着装统一。

⑥列车补票、通信、药箱等设备、备品按规定封存保管或移交。做到设备状态良好、数量交接清楚、手续完备。

⑦组织召开班后总结会，点评本趟乘务工作情况。

⑧通报违章违纪情况，按规定组织召开分析会，制订整改措施并进行相应考核。

动车组列车客运乘务作业如图 3－1－1 所示。

图 3－1－1　动车组列车客运乘务作业

任务训练

实训项目	动车组列车客运乘务作业训练
实训目标	1. 结合实际，加深对动车组列车客运乘务作业的认识与理解 2. 培养对动车组列车客运乘务作业的学习兴趣
实训内容及组织	由教师组织，学生自愿组成小组，每组 6～8 人，选择以下题目进行动车组列车客运乘务作业训练。 1. 动车组列车始发作业训练 2. 动车组列车途中作业训练 3. 动车组列车终到（折返）作业训练
实训考核	1. 每组提交一份分析报告 2. 各组进行汇报 3. 教师根据各组的分析报告与课堂汇报进行评估

任务二

动车组列车电子客票查验工作

思政素质目标

热爱党、热爱社会主义祖国、爱人民、爱集体；树立中国特色社会主义共同理想，爱岗敬业、恪尽职守；严格遵守规章制度和劳动纪律。

知识目标

掌握高速铁路动车组列车电子客票查验工作的内容与要求。

能力目标

正确使用高速铁路列车电子客票查验设备；能够做好动车组列车电子客票查验工作。

相关知识

高速铁路各班组本、异地出乘前，列车长要检查乘务人员的站车交互终端，确认设备状态良好、电量充足。高速铁路列车站车交互终端按岗位全员配备。乘务员在工作中要爱护使用、正确操作设备，交接班时做好设备检查，发现故障立即向列车长汇报。列车乘务人员中途做好设备充电工作，充电时必须有专人盯控，确保设备安全、正常使用。

一、高速铁路列车电子客票查验设备

站车客运信息无线交互系统是车地协作的信息平台。地面售票情况可通过该系统及时报送到指定列车，列车工作人员可以精确掌握每个席位的使用情况、乘降区段，包括旅客实名信息和互联网电子客票信息，使客运组织和管理准确、有序，提高了服务水平，同时也可以向地面系统及时汇报列车上的客运信息、实现车地信息一体化和铁路列车客运作业无纸化办公。

1. 系统组成

站车客运信息无线交互系统由地面系统、无线传输平台及移动系统组成。

(1) 地面系统

地面系统包括信息发布服务器、GPRS 接口服务器、安全隔离系统、路由器及防火墙。地面系统设置在国铁集团，负责从客票系统获取乘车人数通知单、列车席位、电子客票等信息，并通过无线传输通道，推送给指定的移动终端设备。

(2) 无线传输平台

无线传输平台是利用中国移动无线通信网络和铁路 GSM－R 网络构建的无线传输通道，用以完成列车与地面车站之间的信息传递。

(3) 移动系统

移动系统是指配备专用 PSAM 卡、具备接收指定无线信息功能的列车手持移动终端设备，在列车上使用。列车手持移动终端设备主要提供乘车人数通知单统计、列车席位信息查询及车票查验等功能。

列车手持移动终端设备主界面如图 3－2－1 所示。

图 3-2-1　列车手持移动终端设备主界面

2. 车站相关工作

列车开车前 5 min，客票系统自动将信息发送给指定的列车手持移动终端设备。遇有列车晚点，车站应在客票系统中做“晚点”调度命令。

3. 列车乘务担当单位相关工作

列车乘务担当单位使用列车手持移动终端设备掌握担当列车的车内人数，查询各次列车的密度表，并结合列车补票信息编制相关报表。同时负责为列车配置系统手持设备，作为接收终端。

列车手持移动终端设备常用功能，如图 3-2-2 所示。

二、高速铁路列车电子客票查验

1. 电子客票作业标准

1）始发准备

列车长登录站车客运信息无线交互系统下载客票数据，掌握折返始发客流情况。检查各岗位人员始发准备工作，准备完毕后组织乘务人员按始发要求立岗迎接旅客上车。

2）列车查票标准

高速铁路列车实施电子乘车信息核验，对旅客进行无干扰查票。

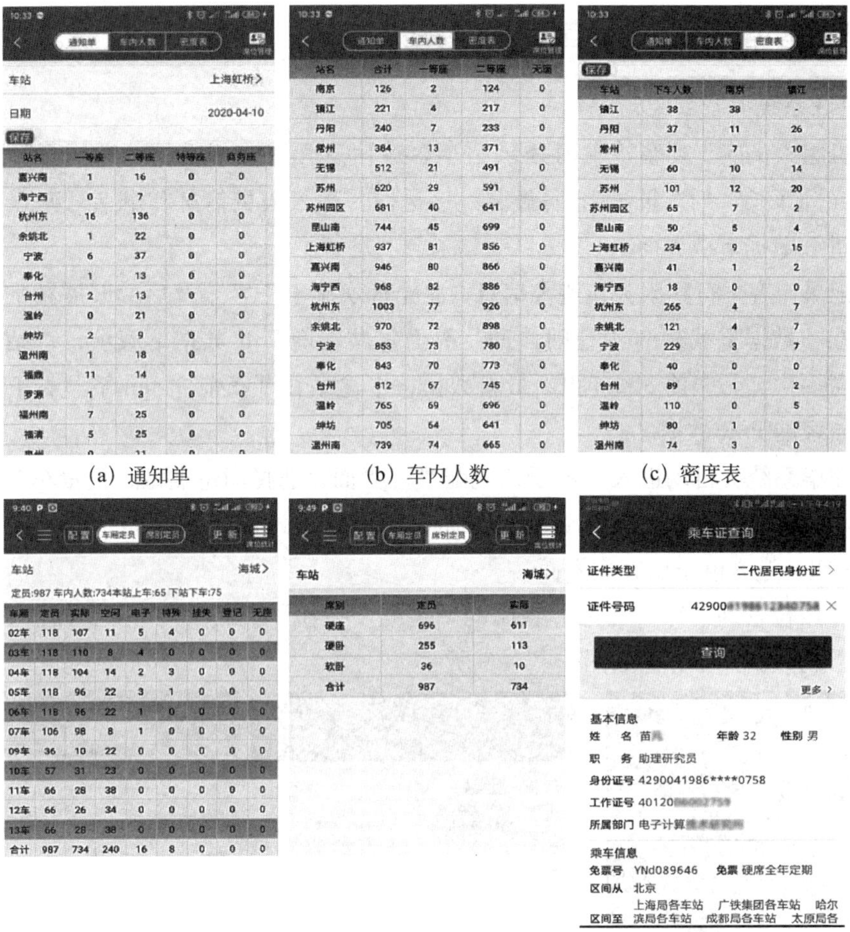

(a) 通知单　(b) 车内人数　(c) 密度表

(d) 车厢定员　(e) 席别定员　(f) 乘车证查询

图 3－2－2　列车手持移动终端设备常用功能

(1) 复兴号列车

乘务员结合席位显示系统或站车交互终端（席位显示系统故障时）进行有针对性的查票，红色显示席位的旅客免扰，只对橙色和绿色显示席位的旅客和站立的旅客核验车票。对无票、延长、漏检、减价不符及其他需要办理补票的旅客，引导办理补票手续。对违规使用票、证的行为，按收入管理规定处理。对符合失信人条件的，列车长应及时汇报并录入征信系统。对商务座、一等座，乘务员根据席位显示系统或站车客运信息无线交互系统准确掌握旅客的车票信息，不再核验旅客的票、证。

(2) 其他高速铁路列车

乘务员根据站车客运信息无线交互终端下载的客票信息进行有针对性的查票。对未发售席位及站立的旅客进行重点查验，对挂失补、特殊票种的乘车证件、减价证件进行核对。对无票、延长、漏检、减价不符及其他需要办理补票的旅客，引导办理补票手续。对商务座、一等座，乘务员根据站车客运信息无线交互系统掌握旅客车票信息，不再核验旅客的票、证。

2. 站车客运信息无线交互系统手持终端查验

1）登录系统下载数据

列车班组人员应于列车始发前登录站车客运信息无线交互系统，选择登乘日期、车次、职位（列车长、列车员），选择路局、客运段，填入人员信息和电话号码。点击“登乘”按钮进入数据下载界面。

PSR 记录旅客全行程服务轨迹及信息，是全面实施电子客票及后续开展精准服务的重要数据。在“数据下载”→“基础数据”界面每站新增 PSR 数据下载项，首站在开车前 30 min 下载一次，开车前 3 min 更新最新数据；中途站在开车前 3 min 下载，下载数据为该站上车旅客的 PSR 数据。

下载完毕系统会自动进入“电子票夹配置”界面，选择岗位类型、负责车厢；输入餐车车厢号和餐车总席位数；选择到站提醒席别，设置到站前提醒时间。设置完成，点击“保存”按钮，进入电子票夹主界面。

点击“席位管理”→“车厢”视图的“更新”按钮，下载全列车厢最新的 PSR 数据。登录系统下载数据操作界面如图 3－2－3 所示。

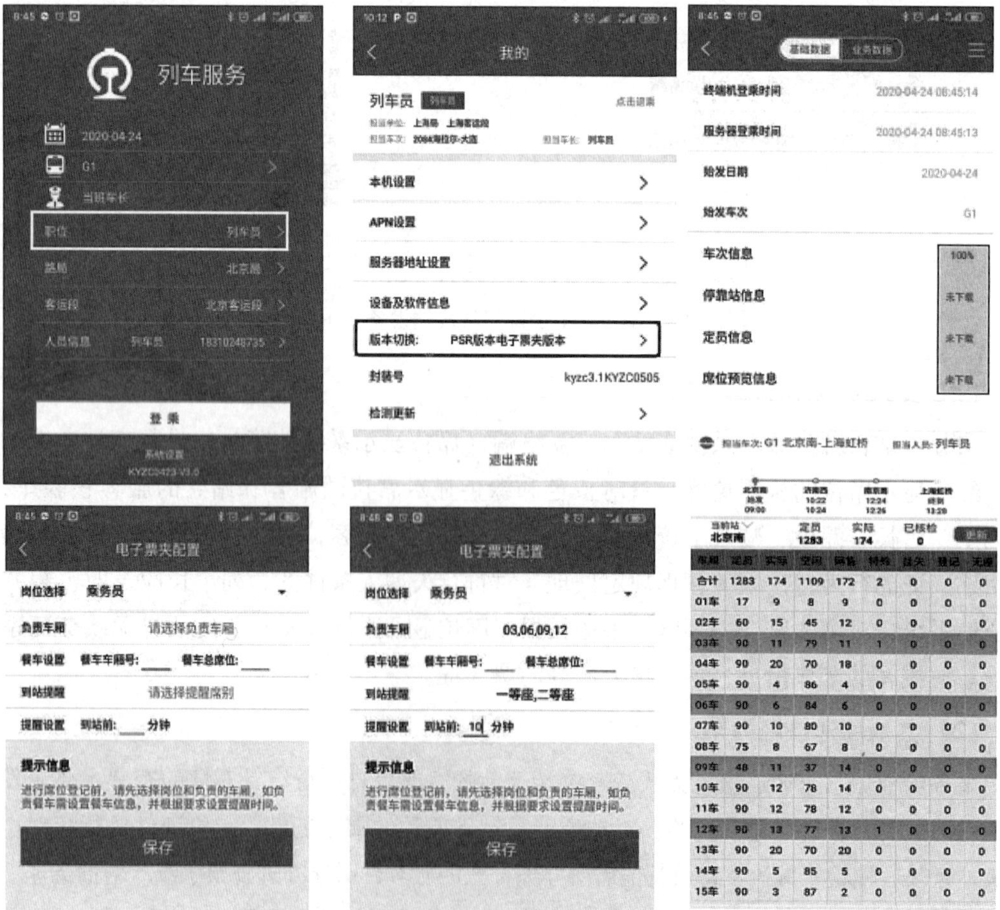

图 3－2－3　登录系统下载数据操作界面

2）电子客票席位可视化界面与登记

（1）电子客票席位可视化界面

根据旅客的不同状态显示不同的背景颜色，包括已检查、未检查、新上旅客、空闲席位、补票旅客、重点旅客；点击标题栏中的“上传”按钮，提交本车厢登记信息；点击标题栏中的“更新”按钮，下载所有车厢席位登记信息。车厢可视化界面如图3－2－4所示。

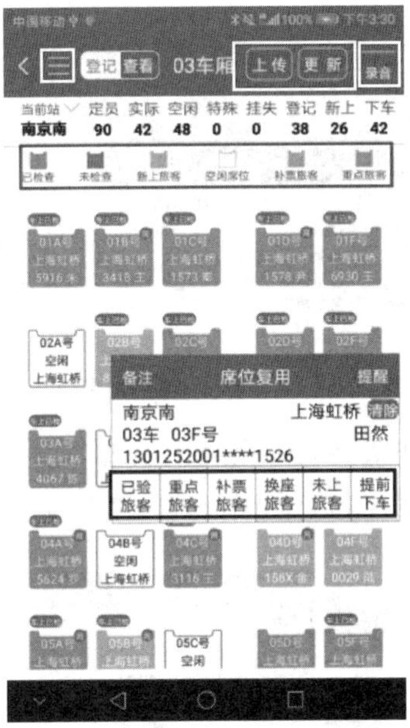

图3－2－4　车厢可视化界面

（2）电子客票登记

①登记换座旅客。点击其中一位旅客的席位，弹出席位复用框，点击“换座旅客”，弹出登记框，选择另外一位旅客的车厢号、席位号，输入该旅客的信息，点击“确定”即登记换座成功，两个席位左上角都有个红色“换”字。

例如，06车厢01F号换到06车厢01D号。点击席位01D号，弹出席位复用框，点击“换座旅客”，弹出登记框，选择原车厢号06、席位号01F号，点击“确定”，完成换席位登记。登记有座旅客换到空席位的操作方法与此相同。登记换座旅客界面如图3－2－5所示。

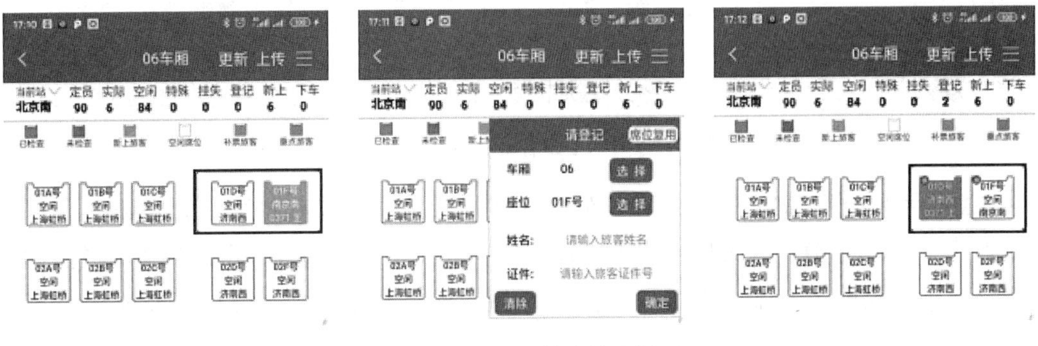

图3－2－5　登记换座旅客界面

②登记重点旅客、补票旅客和未上旅客。例如，04F 号席位旅客是重点旅客，点击该席位，弹出席位复用框，点击“重点旅客”，弹出重点旅客类型选择框，点击选择的类型，即可标记为重点旅客。重点旅客登记界面如图 3－2－6 所示。

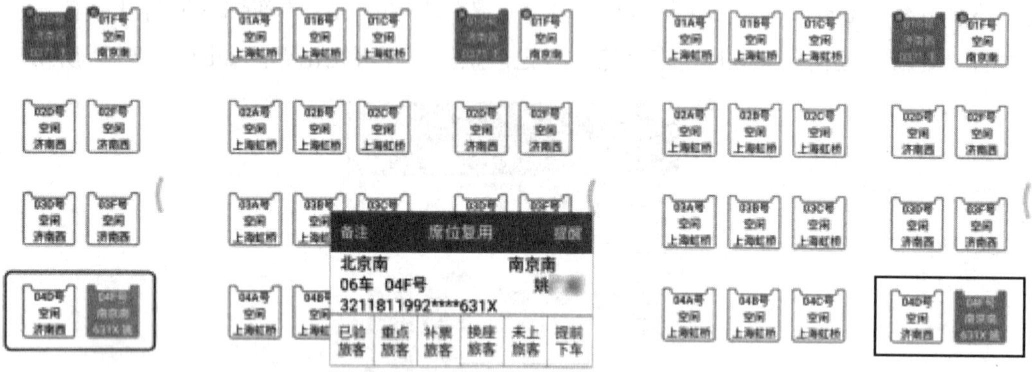

图 3－2－6　重点旅客登记界面

补票旅客和重点旅客会有补票类型和重点类型选择，选择的类型会在席位复用框上显示。补票旅客和重点旅客类型选择界面如图 3－2－7 所示。

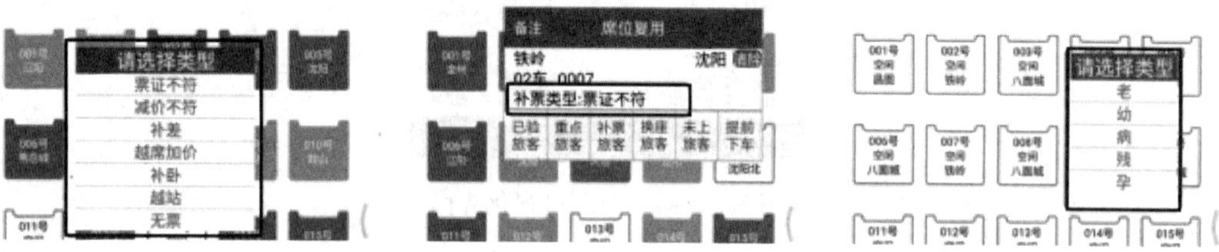

图 3－2－7　补票旅客和重点旅客类型选择界面

登记未上旅客（席位左上角有红色“未”字）为已上旅客。点击该席位，弹出席位复用框，点击“已上旅客”，该旅客标记为已上车旅客；标记为已上车旅客的席位左上角有红色“已”字。未上旅客登记为已上旅客界面如图 3－2－8 所示。

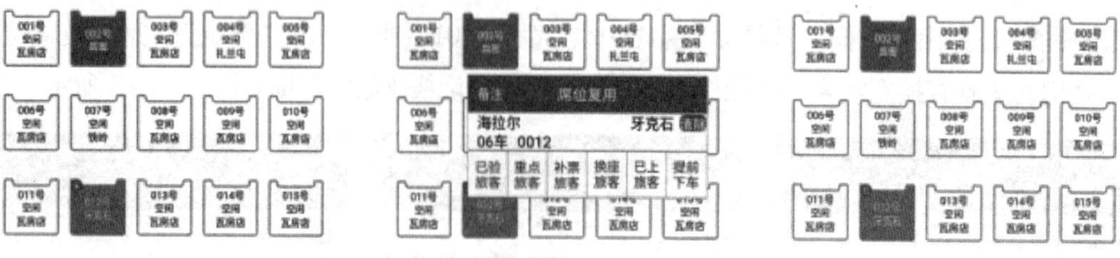

图 3－2－8　未上旅客登记为已上旅客界面

③登记提前下车旅客。例如，12 车 01A 号席位旅客，要在济南西提前下车，并且是重点旅客。点击 01A 号席位，弹出席位复用框，点击“提前下车”，会弹出提前到站登记框，选择提前下车站，点击“重点”按钮，即可登记完成。提前下车旅客登记界

面如图 3－2－9 所示。

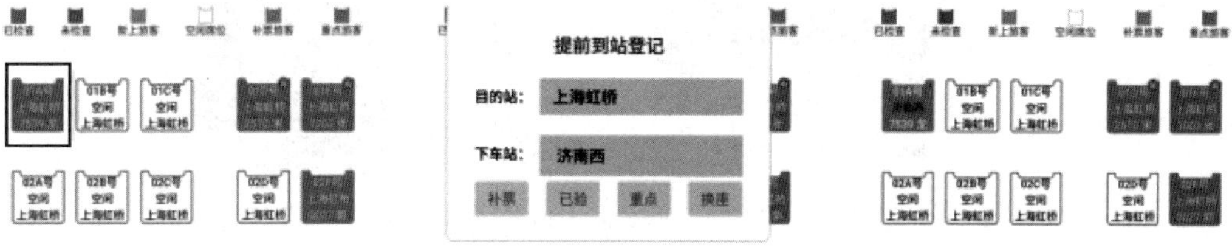

图 3－2－9　提前下车旅客登记界面

④登记儿童票同行家长备注信息。点击“儿童席位”，弹出席位复用框，点击“备注”，进入备注登记界面，可添加家长登记。非儿童席位，备注登记界面会显示同行儿童，保存成功，再次点击该席位，会显示备注信息。例如，12 车 01D 号旅客有同行儿童；点击 01D 号席位，弹出席位复用框，点击“备注”，跳转到备注登记界面，输入同行儿童信息，点击“保存”，返回到席位可视化界面。01D 号席位的左上角会有一个红色“注”字，点击该席位，弹出席位复用框，证件号码下面会有同行儿童的信息。点击儿童票席位，席位复用框会有同行家长的信息。儿童票旅客登记界面如图 3－2－10 所示。

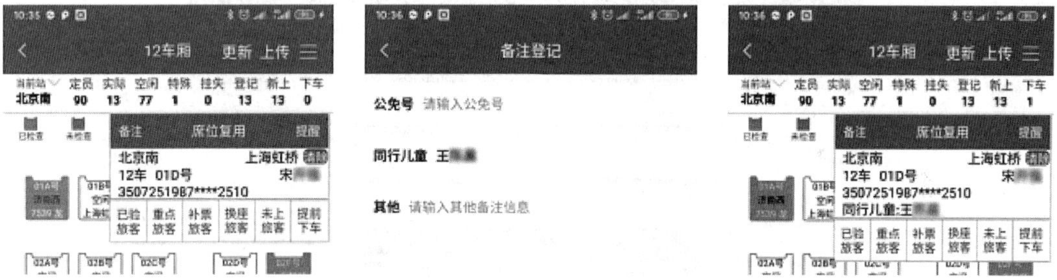

图 3－2－10　儿童票旅客登记界面

⑤登记已提醒。点击旅客席位按钮，弹出席位复用框，点击“提醒”按钮，登记提醒成功，该席位会有对勾显示。上述旅客信息登记后，应点击“上传”按钮，及时上传信息。旅客登记提醒界面如图 3－2－11 所示。

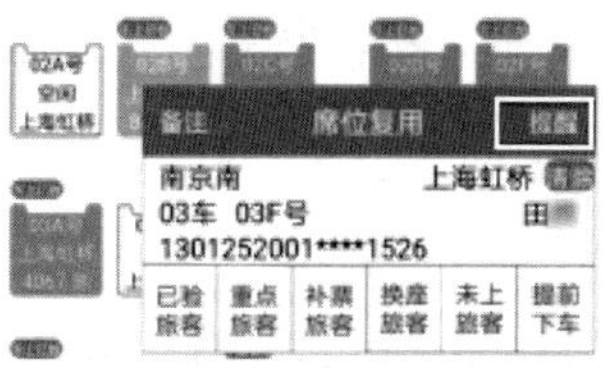

图 3－2－11　旅客登记提醒界面

⑥清除登记信息。点击旅客席位，弹出席位复用框，若为已登记信息的旅客，席位复用框会有“清除”按钮；点击“清除”按钮，会弹出确定删除框，点击“确定”按钮，清除成功。旅客登记信息清除界面如图 3－2－12 所示。

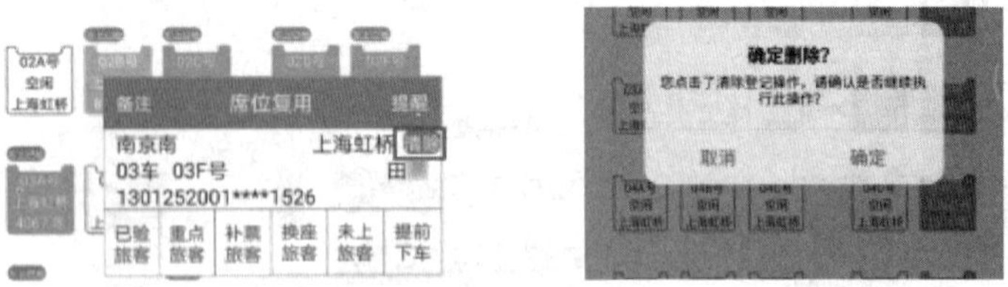

图 3－2－12　旅客登记信息清除界面

（3）手动登记

点击主界面“手动登记”按钮，进入手动登记界面，登记列车上“无票”“本列票”“非本列票”的旅客信息（除其他证件外都可点击小相机，进入文字识别扫描界面，扫描证件号）。点击右上角的“已登记旅客”按钮，进入已登记旅客列表界面。在搜索框中输入证件号或证件号的一部分，点击“搜索”按钮，可精确筛选查询登记的旅客信息。点击“登记旅客”按钮，弹窗提示“是否删除登记信息”，点击“确定”按钮，可删除登记旅客信息。手动登记旅客信息界面如图 3－2－13 所示。

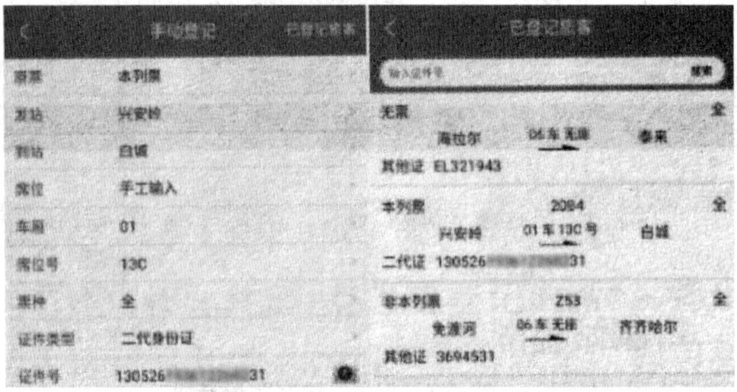

图 3－2－13　手动登记旅客信息界面

（4）中途下车旅客登记和提醒功能

席位闪烁提醒：在车厢可视化界面，对快到站的商务座、一等座、卧铺和提前下车旅客进行标记，席位会变大变小、闪烁提醒。点击该旅客席位，弹出席位复用框，点击“提醒”按钮，登记已提醒即可停止闪烁。

（5）到站提醒

到站提醒：根据列车实际到站时间，更新提醒时间从而提醒乘务员。例如，列车 11:00 到站，设置提前 10 min 提醒旅客。若列车晚点 20 min，11:20 到，则优化前是 10:50 提醒乘务员；优化后是 11:10 提醒乘务员。

3）到站提醒服务录音

①车厢可视化界面右上角有“录音”按钮，点击则开始录音；录音完毕再次点击“录音”按钮，则停止录音并保存录音文件到指定文件存储路径，有弹窗提示。一个车站

可多次录音，文件用时间后缀来区分。

②点击主界面“录音”按钮，进入录音列表界面。点击想要播放的条目，即可播放该条录音；点击“×”，即可删除录音。

③点击右下角的话筒按钮，打开录音功能，点击“开始”按钮，即可开始录音；点击“停止”按钮，则完成录音，并把该录音添加到录音列表。到站提醒服务录音界面如图 3－2－14 所示。

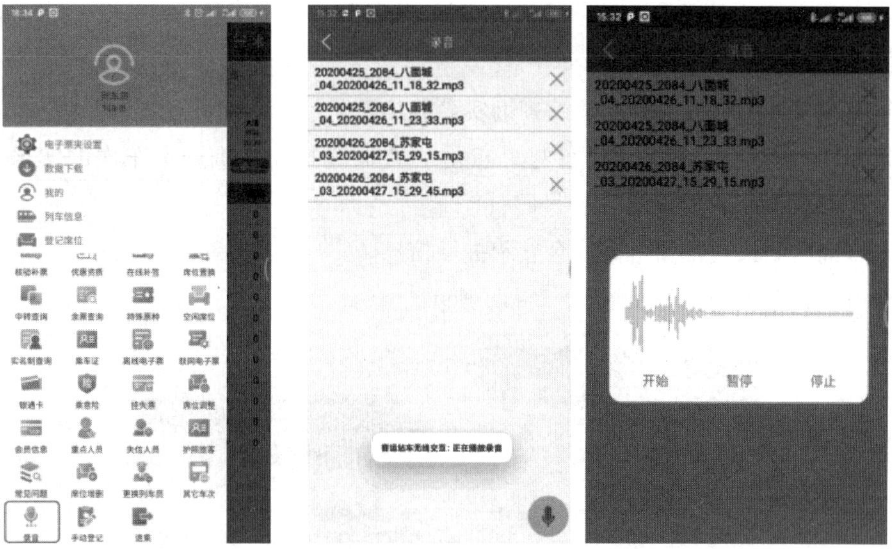

图 3－2－14　到站提醒服务录音界面

4）联网电子客票查询

点击主界面“联网电子客票”按钮；手动输入被查询旅客的购票“证件号码”，点击“查询”按钮，被查询旅客的乘车信息会在此处显示；如查询该旅客其他相关信息，则选择“更多”按钮，在此界面最上方可选择查询的类别；可通过此模块进行乘车证、乘意险等相关信息的查询。联网电子客票查询如图 3－2－15 所示。

图 3－2－15　联网电子客票查询

5）离线电子客票查询

点击首页“离线电子客票”按钮，可查询本次列车全部电子客票的旅客乘车信息；点击“进入”后，可查看相关信息，常见显示内容有“进站未检，车上已验”“进站检票，车上已验”“实名验证”“未进检”“进站未检，到站已检”“已进检”“已出检”等。

如查询中显示“未进检”字样，说明该旅客已进站但未检票，列车应重点关注、查验。

如查询旅客具体相关信息，点击“证件号”并输入被查询旅客购票证件“后六位”号码，即可进行查询。

根据乘车日期、证件号、始发站查询实名制信息：

①选择“乘车日期”，输入证件号，点击“查询”按钮，查询本车次的实名制信息。点击“×”按钮，可直接清空证件号码；

②未查询出结果或查询出错将会显示提示信息。

离线电子客票查询界面如图 3－2－16 所示。

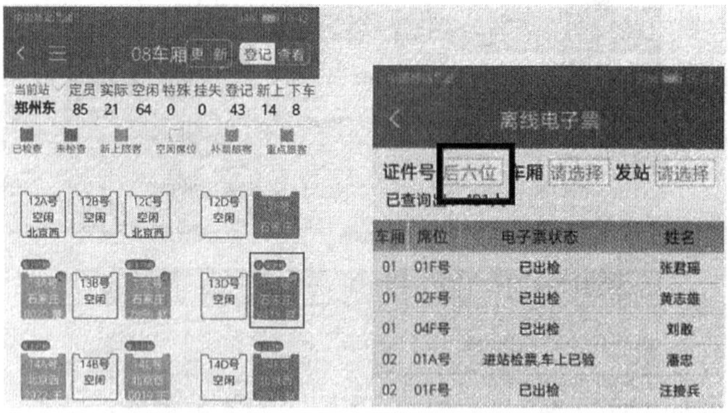

图 3－2－16　离线电子客票查询界面

3. 便携式蓝牙证件识读器查验

便携式蓝牙证件识读器查验如图 3－2－17 所示。若是本趟车的旅客，蓝牙证件识读器将会显示身份证信息、票面信息，同时还会显示该旅客的席位信息等。若非本趟车的旅客，将会弹出提示。

三、旅客列车特殊票种查验

在验票时，常见的特殊票种包括儿童票、铁路乘车证、残疾军人（伤残人民警察）票和学生票等。

1. 儿童票查验

儿童票查验应核对购票信息、本人或同行成年人的有效身份证件原件。

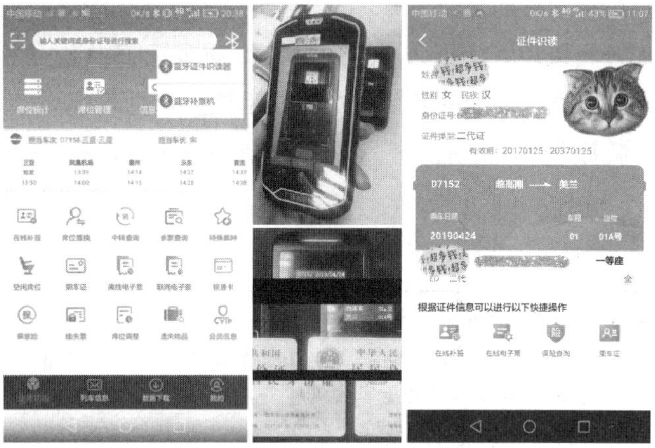

图 3－2－17　便携式蓝牙证件识读器查验

2. 铁路乘车证查验

铁路乘车证查验应核对签证信息、本人有效身份证件原件和工作证、乘车证。

3. 残疾军人（伤残人民警察）票查验

残疾军人（伤残人民警察）票查验应核对购票信息、减价凭证和本人有效身份证件原件。

4. 学生票查验

在学生票发售期内，应核对购票信息、学生证（区间、优惠卡、注册情况等）和本人有效身份证件原件。

5. 优惠资质查询

对于持有学生票和残疾军人（伤残人民警察）票的旅客，应首先查验其优惠资质。

输入学生、残疾军人（伤残人民警察）的身份证号码，查询该人员是否有优惠资质，没查到会提示；查到会显示相关信息。

当列车上无法判别学生、残疾军人（伤残人民警察）旅客是否具备优惠（待）资质时，应办理补收票价差额手续，并开具电子客运记录（特殊情况可开具纸质客运记录）与车站办理交接。学生、残疾军人（伤残人民警察）旅客到站后可凭后补车票、减价优惠（待）证件和购票时所用有效身份证原件（列车如开具纸质客运记录，还应携带纸质客运记录），在 30 日内到全国任意车站退票窗口办理资质核验和退票手续。

旅客购票后，在列车上丢失购票身份证件时，须先办理补票手续并按规定支付手续费，列车核验席位使用正常的，开具电子客运记录（特殊情况可开具纸质客运记录）与车站办理交接。旅客应在乘车日期之日起30日内，凭该有效身份证件发证机构办理的身份证明和后补车票（如开具纸质客运记录，还应携带纸质客运记录），到列车的经停站退票窗口办理后补车票与原票乘车区间一致部分的退票手续。当办理退票手续时，如核查丢失证件有出站记录的，后补车票不予退票；无出站记录的，不收退票费，已核收的手续费不予退还。

任务训练

实训项目	动车组列车电子客票查验工作训练
实训目标	1. 结合实际，加深对动车组列车电子客票查验的认识与理解 2. 增强掌握动车组列车电子客票查验要求的意识
实训内容及组织	由教师组织，学生自愿组成小组，每组6~8人，选择以下题目进行动车组列车电子客票查验工作训练。 1. 使用站车客运信息无线交互系统手持移动终端查验训练 2. 使用便携式蓝牙证件识读器查验训练 3. 旅客列车特殊票种查验训练
实训考核	1. 每组提交一份分析报告 2. 各组进行汇报 3. 教师根据各组的分析报告与课堂汇报进行评估

任务三

“复兴号” 智能动车组列车员与列车长作业

思政素质目标

热爱党、热爱社会主义祖国、爱人民、爱集体；爱岗敬业、恪尽职守；严格遵守规章制度和劳动纪律。

知识目标

掌握“复兴号”智能动车组列车员与列车长的作业要求与标准。

能力目标

能够做好“复兴号”智能动车组列车员与列车长的工作。

相关知识

“复兴号”智能动车组配备了 CTCS-3 + ATO 列控系统，在全球首次实现 350 km/h 速度等级的自动驾驶，自动速度控制功能精度在 2 km/h 以内，停车精度可控制在 0.5 m 以内；通过灯光智能调节、人机工程学、车内噪声控制等方面优化，可实现智能化环境调节；利用智能点餐、Wi-Fi 增值业务服务等也可拓展乘客旅行体验空间；根据大数据技术进行关键零部件的健康评估，提高车辆安全性和效率。

“复兴号”智能动车组 CR400BF－C 有标准版和奥运版两种不同的编组形式和内饰布局。标准版 CR400BF－C 采用复兴号动车组 576 人定员的标准布局，全列 8 节车厢包括 1 节一等/商务合造车、1 节二等/商务合造车、1 节二等/餐车合造车和 5 节二等座车，与 CR400AF 和 CR400BF 完全相同。奥运版则将原本的 5 号车厢（定员 63 人的二等/餐车合造车）改为了定员 48 人的“多功能车”，全车定员也调整为 561 人。多功能车不仅将餐车吧台大幅改进，还专门设置了媒体办公区，用于及时报道奥运赛事。

CR400BF－C 智能动车组车辆设施如图 3－3－1 所示。

图 3－3－1　CR400BF－C 智能动车组车辆设施

一、列车员作业流程、作业内容及质量标准

1. 出乘作业

①按照车队规定，出乘前一天 17:00 准时到达车队，在学习室集合，落实请销假制度。

②整理人容着装，妆容标准符合《复兴号动车组服务质量标准》。

③参加出乘会，听取列车长传达当趟重点工作内容、乘务工作要求，掌握当趟安全预

警。在列车长带领下进行业务学习，重点练习英语、手语。

④检查出乘备品，电台、耳机、站车客运信息无线交互系统手持移动终端、音视频记录仪、录播器、车门钥匙、医药箱、反恐防暴备品等携带齐全，作用良好；红十字救护证、上岗证、健康证等证件有效。

⑤上交手机，填写《手机管理台账》。在列车长带领下登录电子考勤系统进行出乘作业。

2. 接车作业

1）站台接车

①到分拨中心请领服务备品，数量齐全，包装完好。检查小食品、饮品生产日期及有效期，数量充足，包装完好，交接清楚，签字确认。

②开车前一小时与分拨中心配送人员一同在值乘车厢站台盲道外 1 m 处标准站姿等候接车。长编组在 1 车、16 车，短编组在 1 车、8 车，重联动车组分别在 1 车、8 车、9 车、16 车。航空车统一放在身体右侧，与站台平行，制动停放。

2）登乘列车

①将服务备品放置在规定位置。

②旅客放行前，将商务车端门处于手动开启状态，打开商务广播设备。

3）出库验收

①对所负责车厢的灭火器、紧急破窗锤等消防设备，电茶炉、座椅、婴儿护理台、大件行李处行李放置架等服务设施，车厢内标识顺序等进行检查，检查防护网、渡板、乘降梯等应急设备，确保配置齐全、作用良好、定位放置，发现问题向列车长汇报。

②依据出库卫生质量标准对出库列车各部位卫生清洁情况进行全面验收检查，检查头枕片、座套、网袋的清理情况，服务指南、杂志、清洁袋的定位摆放情况，卫生间、洗面间卫生纸、抽纸、坐便垫、洗手液的定型定位情况，剩余消耗品的数量及定位存放情况，配备齐全，定位放置，定型统一。对存在的问题要求保洁人员立即整改并及时向列车长汇报。检查顺序与设备检查同步进行。

3. 始发作业

1）始发立岗

①立岗位置。原则上短编组车位于 1 车 1 位、8 车 2 位，面向旅客登乘车门车内立岗，重联车位于 1 车 1 位、8 车 2 位、9 车 1 位、16 车 2 位，面向旅客登乘车门车内立岗，迎接旅客上车。如列车长始发期间有其他要求，按照列车长指示落实。

②始发立岗期间，应站姿规范、面带微笑。向旅客示意问好，手势指引旅客乘坐位置方向，致欢迎词。当遇重点旅客、常旅客乘车时，主动迎候引导至席位，妥善安排。

③开车前 10 min 对负责车厢行李架、大件行李进行巡视检查，重点关注车厢行李架旅客行李物品的码放是否牢固稳妥并及时纠正。

2）汇报乘降

①始发前 5 min，按照规定在车门口位置的开启车门处盯控站台旅客登乘情况，提示车门口旅客及时上车。

②站台铃响后，听从列车长指令，按照由小号至大号车厢的顺序依次用电台向列车长汇报站台旅客乘降情况。用语："G××次列车长，×车至×车旅客上下完毕。"列车开启后，应在车门口按规定标准立岗，行注目礼出站。

3）始发巡视

确认值乘车厢车门关闭情况，发现异常应及时汇报。

4）商务座车厢作业

使用列车手持移动终端掌握商务座旅客信息，通过询问了解旅客对赠品、服务备品的需求，根据实际情况使用航空车或托盘按 A、C、F 的顺序逐排发放赠品，同时提供一次性小毛巾。服务完毕后，提示旅客妥善保管手机，防止掉入座椅缝隙，将商务座广播系统调至静音，将商务自动门调整为自动状态。如需赠餐服务，可在发放赠品期间登记旅客用餐需求。同步对旅客行李进行妥善整理，对重点旅客在站车客运信息无线交互系统中进行标注，并悬挂中国结进行提示。

5）一等座车厢作业

使用列车手持移动终端掌握一等座旅客信息，对一等座旅客进行赠品发放及到站提示服务。使用小推车按 A、C、D、F 的顺序逐排发放赠品。对旅客需要越站、升舱等需要票务处理的情况及时向列车长汇报。按照人身安全卡控项点进行巡视，做好提示。同步对行李架、大件行李进行整理，对重点旅客在站车客运信息无线交互系统中进行标注，并悬挂中国结进行提示。

重点旅客座位悬挂中国结如图 3－3－2 所示。

图 3－3－2　重点旅客座位悬挂中国结

6）二等座车厢作业

对行李架、大件行李进行整理，同步使用列车手持移动终端掌握二等座旅客信息，对席位显示绿灯、黄灯及特殊票种的旅客进行有针对性的核票，减少对其他旅客的干扰。对座席实际使用与系统不符的旅客、车厢连接处的旅客及无座旅客进行重点查验。对旅客需要越站、升舱等需要票务处理的情况及时向列车长汇报。同时按照人身安全卡控项点进行巡视，做好提示。对重点旅客在站车客运信息无线交互系统中进行标注，并悬挂中国结进行提示。

复兴号对应的座位号有三个指示灯，代表着座位的使用情况，可通过颜色进行识别：红色代表该席位当前站有旅客（已售）；绿色代表该席位当前站没有旅客，下一站也没有旅客（未售）；黄色代表该席位当前站没有旅客，但下一站会有旅客（预售）（如图 3－3－3 所示）。

图 3－3－3　座位号指示灯

4. 途中作业

1）适需服务

①按照有需求有服务、无需求不打扰的原则，对商务座、一等座、二等座每半小时巡视一次，观察旅客乘车需求，适需主动提供服务。检查车内安全重点部位，盯控设备使用情况，发现问题及时汇报。

②盯控车内环境卫生质量，随时收取车内垃圾。对车厢、卫生间、洗面间、电茶炉、垃圾桶等位置的清洁状态进行检查，对卫生纸、擦手纸、坐便垫、清洁袋、纸杯等消耗品及时补充，垃圾装袋定位放置。关注车厢温度，保持车内温度令体感舒适。

③落实首问首诉制度，准确解答问询，及时处理问题。

④当商务旅客呼唤铃响时，应及时响应并提供适需服务，用语："您好，请问您有什么需要？"

⑤关注常旅客乘车情况，及时向列车长反馈常旅客乘车需求及建议。

⑥进入隧道前根据列车广播及视频内容向旅客宣传"耳鸣操"，缓解耳鸣不适反应。

⑦巡视中遇突发情况应开启视频记录仪进行录制，并及时向列车长汇报。

2）乘务用餐

根据列车长安排分班到餐车用餐，餐食统一由餐服人员负责加热，其他人员不得擅自使用餐车设备加热餐食，用餐期间用规定挡帘遮挡。用餐完毕向列车长汇报，回到值乘车厢。

5. 站停作业

1）到站前准备

①协助指导乘服人员及时恢复车厢内的卫生并进行消耗品补充，垃圾装袋封口定位放置。

②到站前 5 min，轻声提示商务座到站旅客做好下车准备，使用专用托盘收取垃圾，空余座席卫生、座椅角度、靠背袋恢复到位，头枕片做到一客一换（如图 3－3－4 所示）。

③进站前，在规定位置车门口立岗，组织旅客做好下车准备，协助引导重点旅客优先下车。

图 3-3-4 头枕片一客一换

④列车进站，首车乘务员用电台向列车长汇报列车停靠站台方向，尾车乘务员汇报列车尾部车厢进站情况。

2）组织乘降

①确认值乘车厢车门开启情况，发现异常及时汇报，立即组织等候旅客从邻近车门下车。

②遇司机换乘站，做好针对旅客的解释引导工作，确保司机优先上车。

③列车开门后，在车门外面向旅客出站方向立岗，手势指引出站方向，引导旅客有序乘降，加强车门口安全提示，扶老携幼，先下后上，有序乘降，避免拥挤。

3）联控汇报

站台铃响后，确认车门口无上下车旅客，听从列车长指令按照由小号至大号车厢的顺序用电台向列车长汇报站台旅客乘降情况。用语："G××次列车长，×车至×车旅客上下完毕。"列车开启后应在车门口按规定标准立岗，行注目礼出站。

4）立岗出站

车门关闭后，在车门口面向站台立岗，盯控车门关闭，行注目礼出站。

6. 折返站作业

1）到站前准备

①最后一个运行区间或终到前 30 min，按照终到卫生作业标准对车厢卫生进行恢复清理，做到地面清洁无杂物，垃圾装袋存放在不开门一侧的车门处，洗面间、卫生间地面干净无污水，镜面光亮，洗手盆清洁畅通。

②到站前 5 min，提示商务座旅客做好下车准备，用语："您好，列车终点站就要到了，请您检查随身携带的行李物品，手机不要遗忘，做好下车准备。"使用专用托盘收取垃圾。

③进站前按规定位置立岗，组织旅客做好下车准备，协助引导重点旅客优先下车。

④列车进站，首车乘务员用电台向列车长汇报列车停靠站台方向，尾车乘务员汇报列车尾部车厢进站情况。

2）组织乘降

①确认值乘车厢车门开启情况，发现异常及时汇报。

②车门开启后退回至不开车门一侧立岗，引导旅客有序下车，加强安全宣传，做好车门口缝隙的有关提示，扶老携幼，避免拥挤。

3）终到检查

①确认所有旅客下车完毕，车内无闲杂人员，检查旅客遗失物品，向列车长汇报。

②对全列车内设备、阴暗部位进行检查，确认无安全隐患。

4）折返整备

①配合折返保洁班组作业，消耗品、杂志、指南均应整形到位。

②盯控垃圾投放情况，垃圾袋须封口、无渗漏，向站台指定位置投放。

③更换商务座头枕片，补充商务座、一等座的小食品、饮品，做好折返始发工作准备。

5）折返退乘

①在站台中部列队集合，听取列车长点评趟工作。

②按规定线路行走，集体列队入住异地公寓。

③保持公寓卫生，服从公寓管理制度，杜绝两纪问题，外出落实请销假制度。

7. 终到站作业

1）到站前准备

①最后一个运行区间或终到前 30 min，按照终到卫生作业标准对车厢卫生进行恢复清理，做到地面清洁无杂物，垃圾装袋存放在不开门一侧车门处，洗面间、卫生间地面干净无污水，镜面光亮，洗手盆清洁畅通，收起小桌板和遮光帘。收取整理旅客不使用的备品、消耗品。

②到站前 5 min，提示商务座旅客做好下车准备，使用专用托盘收取垃圾。

③整理商务座剩余小食品、饮品及消耗品，做好登记，向列车长汇报。

④进站前在始发立岗位置立岗，组织旅客做好下车准备，协助引导重点旅客优先下车。

⑤列车进站，首车乘务员用电台向列车长汇报列车停靠站台方向，尾车乘务员汇报列车尾部车厢进站情况。

2）到站作业

①确认值乘车厢车门开启情况，发现异常及时汇报。及时组织旅客从邻近车门下车。

②车门开启后退回至不开车门一侧立岗，面向旅客下车方向，手势引导并与下车旅客道别，致送别语。对行动不便的重点旅客做好帮扶和站车交接准备。

③确认所有旅客下车完毕，车内无闲杂人员，检查旅客遗失物品，登记污渍座椅套，向列车长汇报。

④对全列车内设备、阴暗部位进行检查，确认无安全隐患。

⑤收取服务备品，清点数量，整理到位，脏品、净品分开存放，做好与分拨中心交接

的准备。

⑥与库内保洁员进行脏、净头枕片交接和入库重点卫生提示。

3）退乘点评

在站台中部列队集合，听取列车长点评趟工作。

4）交接备品

①受列车长指派，协助配送接车人员一同前往分拨中心清点备品数量、更换脏品。

②受列车长指派，入库后清点服务备品，与库管员或交接人员交接准确，签字确认。

③按指定路线与班组汇合，返回车队。

8. 退乘作业

①在列车长的带领下按照规定路线列队出站。

②在列车长的带领下登录电子考勤系统进行退乘。

二、列车长作业流程、作业内容及质量标准

列车长作业流程、作业内容及质量标准见表 3－3－1。

表 3－3－1　列车长作业流程、作业内容及质量标准

作业流程	作业内容	质量标准
出乘作业	1. 接受命令	着装规范，出乘前一天 16：00 到达车队，接受命令，听取重点工作要求，掌握 VIP 旅客信息，确认班组职工出勤情况
	2. 制定计划	1. 制定班组趟重点工作。按照上级工作要求，结合近期工作重点、上级安全预警信息，有针对性地制定工作计划、安全预想。 2. 登录客运管理信息系统，录入电子《乘务工作日志》，填写当趟乘务信息
	3. 召开出乘会	1. 检查乘务员人容着装，落实《复兴号动车组乘务作业质量标准》。 2. 检查红十字救护证、上岗证、健康证等证件，齐全有效。 3. 布置趟重点工作，安全预警。趟重点符合当前重点工作要求，能够结合本趟实际，重点交接，调度命令传达清楚，确保将上级安全预警传达到位。 4. 组织职工学习业务知识，进行业务知识抽考。组织职工练习服务英语、手语。 5. 收取手机，填写《手机管理本》
	4. 检查备品	检查车门钥匙、备品柜钥匙、医药箱（指定专人）、站车客运信息无线交互系统、对讲机、录播器、音视频记录仪、反恐防暴备品。做到数量齐全，电量充足，作用良好
	5. 出乘点名	带领职工登录电子考勤系统进行人脸识别出乘
	6. 请领票据	到票据室领取票据，移动补票机、票剪、卷尺、备用金、票据请领齐全。填写“票据进款交接簿”“客货票据领发单”“列车取存票据登记簿”

续表

作业流程	作业内容	质量标准
接车作业	1. 接车准备	1. 开车前 1 h 带领乘务员到达站台。组织客运乘务员、餐服员、乘服员于站台中部列队集合（重联在 5 车、13 车，短编在 5 车）。 2. 重点检查餐服员、乘服员人容着装，上岗证件及备品携带等准备工作，收取手机，填写手机集中管理记录本。 3. 向餐服员、乘服员传达趟工作要求
	2. 联控开门	车底进入站台，使用对讲机通知本务司机打开全列车门，用语：“××次司机：乘务班组站台接车，请打开全列车门。”组织乘务人员集体登车
	3. 核对信息	与司机、随车机械师核对姓名、时间及 GSM - R 通信设备号码，确认通话设备正常，核对后调至 2 频守候
	4. 存储票据	票据、补票机存入保险柜，加锁加密
	5. 设备检查	1. 组织乘务员按照分工对列车上部服务设施、应急备品进行巡检，汇总巡检发现问题，与随车机械师办理始发设备检查交接。 2. 列车长与乘（辅）警交接反恐防暴器材（防割手套、束缚带、警用伸缩棍），如乘警自带则不需要与其交接，按照车型定位放置。 3. 与随车机械师、乘（辅）警就本趟重点工作进行对接
	6. 卫生检查	列车长依据出库卫生质量标准和《保洁重点作业提示卡》对出库列车基础卫生清洁工作，头枕片、座套、网袋的清理情况，服务指南、杂志、清洁袋的定位摆放情况，卫生间、洗面间卫生纸、抽纸、座便垫、洗手液的定型定位情况，剩余消耗品的数量及定位存放情况进行卫生质量检查，在《库内保洁验收单》中做好记录
	7. 检查餐食	餐车始发准备完毕后，与餐服长对接，掌握商务座赠餐、餐食、商品数量、品种等信息。抽查餐食、商品生产日期、有效期、外包装、价签及餐吧定型商品摆放情况
始发作业	1. 掌握客流	1. 开车前 20 min 及时登录站车客运信息无线交互系统。 2. 遇列车编组临时发生变化应及时与车站取得联系，掌握列车编组席位、车票售卖情况，根据《席位换乘通知单》、站车客运信息无线交互系统终端和临时变更事项，准确及时做好旅客席位安排
	2. 迎接旅客	1. 按规定位置立岗。原则上，短编列车在 5 车立岗；重联列车，前列在 7 车、8 车之间立岗，后列在 9 车、10 车之间立岗。 遇重联动车组后列车长在此位置立岗，前列在 8 车门口立岗，立岗期间重点关注旅客乘降情况，遇突发特殊情况应及时到场，妥善处置；开车前 5 min 尾部立岗，列车长巡视至列车中部车厢上车，做好发车准备。 2. 根据车站放行时间，及时组织、检查乘务员在规定位置立岗迎客、解答问询、巡视车厢、整理行李和处理突发情况。指定一名乘服员在设有残疾人卫生间的车厢车门内立岗站门；遇有乘轮椅旅客，及时电台通知该乘服员，做好引导工作，妥善安置轮椅
	3. 站车交接	与车站客运值班员（客运员）办理站车交接。交接内容包括《特殊重点旅客交接簿》《客运记录》《席位换乘通知单》《调度命令》等交接凭证，要求内容清楚、有签收，交接期间开启音视频记录仪

续表

作业流程	作业内容	质量标准
始发作业	4. 快件交接	1. 列车长对高速铁路快件情况进行检查并确认安检标识，签字交接，交接期间开启音视频记录仪。 2. 当有押运人员时，列车长应对押运人员的证件进行检查和登记
	5. 盯控广播	开车前10 min，站台巡视至5车乘务室进行开车前广播提示，播放安全乘车提示，开车前5 min进行开车前宣传提示，遇重联列车由前列车长播放，并播放列车重联广播提示
	6. 发车作业	1. 听取各车厢乘务员汇报乘降情况（汇报顺序由小号车厢至大号车厢）。 2. 听取车站有关客运作业完毕的报告。在安装站台门的车站，应确认站台门与站台边缘无人后，联控司机关闭车门。 3. 列车长通知司机关闭车门，用语：“××次司机，旅客上下完毕，请关闭车门。”待司机答复“××次列车长，是否可以关闭车门?”列车长答复“××次司机，可以关闭车门。”关门后列车长将对讲机调至2频守候。 4. 列车关门后在上车处车门位置立岗，行注目礼出站。 5. 开车后盯控列车自动预报广播，播报欢迎词、下一站预报和禁烟宣传。触发文明出行和安全宣传、设备设施介绍、征信宣传广播，遇广播系统故障，采用录播器播放或直播
途中作业	1. 列车长巡视作业	1. 巡视频次。按照每1 h巡视一次，长编按2 h巡视一次，运行时间在1 h以内的，每30 min巡视一次。 2. 检查商务座、一等座车厢乘务员作业及服务情况。开车后按照从小号至大号顺序，先对商务座、一等座车厢进行检查，检查广播音量、自动门状态、商务备品定型及发放情况、乘务员服务用语使用情况，感受车厢温度，掌握重点旅客信息和服务需求，对重点旅客温情提示问候，解答旅客询问。 3. 检查二等座车厢乘务人员作业及服务情况。检查行李架、大件行李处行李码放情况，乘务员免干扰核验车票落实情况。利用交互系统全面掌握特殊票种及补票信息。 4. 关注旅客动态。落实首问首诉，解答旅客问询，对旅客不文明乘车及各类违规行为及时劝阻。掌握重点旅客信息，对重点旅客做到“三知三有”（知座席、知到站、知困难，有登记、有服务、有交接），在站车客运信息无线交互系统中核对乘务员的标注。 5. 检查卫生动态保持情况。检查各车厢、卫生间、洗面间、电茶炉、垃圾桶的途中卫生保洁工作，卫生纸、擦手纸、坐便垫、清洁袋、纸杯等消耗品的补充情况，垃圾装袋规定位置的放置情况。发现问题及时提示责任车厢乘服员及时恢复，补充消耗品，要求乘务员督导落实。 6. 监督餐车服务及作业。检查餐车备品、餐食、商品的定位情况，吧台商品的摆台情况，航空车、备品箱定位食品卫生标准的落实情况
	2. 安全提示	对车门、电茶炉、餐车后厨等安全重点部位进行安全检查，对旅客行李码放、外接电源、倚靠车门、接打开水、地面水渍等可能造成旅客挤伤、烫伤、砸伤、滑倒摔伤等隐患问题进行重点提示

续表

作业流程	作业内容	质量标准
途中作业	3. 广播作业	1. 盯控列车自动广播播放情况。遇设备故障及时采用录播器播放或采用直播方式播放。 2. 按时播报安全、服务、文明乘车、设备介绍、征信宣传等广播，视情况播报“座席升级”“儿童乘车”“便捷换乘”等宣传广播提示。 3. 根据车次运行时间进入隧道前播放“耳鸣操”广播视频
	4. 票务作业	1. 利用站车客运信息无线交互系统及现场查验，对特殊票种、乘车证件、减价证件进行核对。对无票、延长变更座席、减价不符及其他需要办理补票的旅客，按规定办理补票业务。 2. 每站及时掌握车内客流情况及旅客补票信息
	5. 安排乘务员用餐	1. 根据列车运行交路及时段，合理安排乘务人员用餐时间。 2. 按计划在后厨倒班用餐，餐食统一由餐服人员负责加热，其他人员不得擅自使用餐车设备加热餐食，用餐期间用规定挡帘遮挡。 3. 列车长对用餐时段乘务员的工作进行合理调整，保证用餐期间车内有人盯控
中途站作业	1. 到站前准备	1. 对需办理站车交接事项做好到站交接准备，按规定填写《客运记录》《电报》《特殊重点旅客交接簿》。 2. 盯控到站前自动广播到站通报，通报后播放前方停靠站的广播宣传介绍。如设备出现故障可采用直播方式通报，换乘站应播放便捷换乘广播。 3. 列车进站，听取首尾车乘务员用电台汇报列车停靠站台方向及列车尾部进站情况
	2. 站车交接	1. 在规定位置办理交接。短编列车在 4 车、5 车之间立岗；长编列车在 8 车、9 车之间立岗；重联动车组列车在列车运行方向前组 7 车、8 车之间立岗。 2. 开启音视频记录仪与车站客运值班员办理站车交接。交接内容包括《特殊重点旅客交接簿》《客运记录》《席位换乘通知单》《调度命令》《电报》等交接凭证，内容清楚、有签收
	3. 联控关门发车	1. 根据旅客乘降情况，及时组织各车厢乘务员逐车汇报乘降情况。 2. 听取车站电台：“××次列车长，××站客运有关作业完毕”的报告。在安装站台门的车站，列车长应确认站台门与站台边缘无人后，联控司机关闭车门。 3. 在上车位置处车门立岗，行注目礼出站，至车底驶出站台。 4. 遇客流较大车站，开车后进行安全文明乘车和征信宣传广播
折返站作业	1. 终到准备	1. 终到前最后一个运行区间或终到前 30 min，组织各车厢开展终到卫生恢复和备品整理工作。重点盯控餐吧车和商务车厢，不得干扰旅客，不得影响旅客使用卫生间，餐吧保持正常服务，满足旅客需求。 2. 对需办理站车交接事项做好到站交接准备，按规定填写《客运记录》《电报》《特殊重点旅客交接簿》。 3. 盯控播放终到广播。 4. 列车进站，听取首尾车乘务员用电台汇报列车停靠站台方向及列车尾部进站情况

续表

作业流程	作业内容	质量标准
折返站作业	2. 核对票款	1. 清点票据票款，及时入柜加锁，确保票据票款安全。 2. 填写收入台账、票据使用数量及款额，填写准确
	3. 站车交接	1. 列车进站后在规定位置办理交接。原则上短编列车在4车、5车之间立岗；长编列车在8车、9车之间立岗；重联动车组列车在列车运行方向前组7车、8车之间立岗。 2. 开启音视频记录仪与车站客运值班员办理站车交接。交接内容包括:《特殊重点旅客交接簿》《客运记录》《倒号通知单》《调度命令》《电报》等交接凭证，要求内容清楚、有签收
	4. 终到巡视	1. 确认所有旅客下车完毕，车内无闲杂人员，当发现旅客遗失物品时与车站办理交接。 2. 对全列车内设备、阴暗部位进行检查，确认无遗留物品及安全隐患
	5. 折返整备	1. 检查车厢终到卫生，登记脏座椅套，检查垃圾投放情况。检查商务座头枕片更换、座椅网袋清理、指南及杂志定位摆放情况，检查卫生纸、擦手纸、清洁袋、纸杯等各种消耗品补充情况。 2. 对存在的问题在《折返保洁验收单》上进行记录，督促保洁班组整改，对主要问题及时汇总向车队汇报
	6. 折返站退乘	1. 遇有上水、吸污作业的车站，电台通知站方值班员，乘务员下车完毕。无上水、吸污作业的车站，通知司机关闭车门。 2. 组织客运乘务员、餐服员、乘服员、乘（辅）警站台列队点名，组织召开退乘会，总结本趟工作，按照规定线路行走入住公寓。 3. 乘（辅）警护送票据和单程票款锁入公寓保险柜，入住期间专人看管。 4. 入住期间落实公寓管理制度，不得私自外出。需外出时严格遵守请销假制度
终到站作业	1. 终到准备	1. 终到前最后一个运行区间或终到前30 min，组织各车厢开展终到卫生恢复和备品整理工作。 2. 对需办理站车交接事项做好到站交接准备，按规定填写《客运记录》《电报》《特殊重点旅客交接簿》。 3. 盯控到站前广播通告。通告内容包括列车前方到站、安全提示、终到广播。 4. 列车进站，听取首尾车乘务员用电台汇报列车停靠站台方向及列车尾部进站情况
	2. 核对票款	1. 清点票据票款，及时加锁，确保票据票款安全。 2. 填写收入台账、票据使用数量及款额，填写准确
	3. 站车交接	1. 列车进站后在规定位置办理交接。原则上短编列车在4车、5车之间立岗；长编列车在8车、9车之间立岗；重联动车组列车在列车运行方向前组7车、8车之间立岗。 2. 开启音视频记录仪与车站客运值班员办理站车交接。交接内容包括《特殊重点旅客交接簿》《客运记录》《倒号通知单》《调度命令》《电报》等交接凭证，要求内容清楚、有签收

续表

作业流程	作业内容	质量标准
终到站作业	4. 终到巡视	1. 确认所有旅客下车完毕，车内无闲杂人员，当发现旅客遗失物品时与车站办理交接。 2. 对全列车内设备、阴暗部位进行检查，确认无遗留物品及安全隐患。 3. 检查垃圾投放情况，汇总乘务员上报的污渍座椅套座席号、破损服务标识、服务指南缺失等情况，向车队汇报。对列车需重点保洁的作业问题登记重点保洁部位提示卡，并与库内保洁做好交接。 4. 盯控乘务员收取剩余消耗品，与库内保洁交接，按规定开具次日消耗品领取清单
	5. 联控关门	1. 遇有上水、吸污作业的车站，用电台 3 频通知车站客运值班员："××次终到客运乘务作业完毕。"组织乘务员退乘，由车站客运值班员确认上水、吸污作业完毕后联控司机关闭车门。 2. 无上水、吸污作业的车站，用电台 1 频通知司机关闭车门
退乘作业	1. 退乘总结	组织客运乘务员、餐服员、乘服员于列车中部召开退乘会，对当趟工作情况进行汇总点评，发还手机，签字确认
	2. 终到缴款	由乘警（辅警）护送到车站收款室缴款，至少有一名乘务员陪同
	3. 缴票退乘	1. 带领乘务班组列队整齐，按规定线路至车队。 2. 到票据室下载数据，锁闭票据，填写收入资料。 3. 登录客运管理信息系统填写电子乘务日志，带领职工登录电子考勤系统进行退乘

三、"复兴号"智能动车组客运服务细节与用语

1. 立岗服务

1）始发立岗

（1）服务细节

标准站姿，面带微笑，示意点头，主动问好，手势引导旅客车厢方向。遇重点旅客应引导帮扶入座，稳妥安置行李。当有常旅客时，与车站配合，在车外迎接并引导入座。遇外宾应主动用英语问好，如有询问则解释准确，引导到位。

（2）服务用语

"您好，欢迎您乘车！"

2）途中到站、终到站立岗

（1）服务细节

面向出站方向，手势引导旅客出站。帮扶重点旅客提拿行李，提示下车旅客注意脚下安全，以每 3～5 人下车提示一次的频率执行。途中到站提示站台吸烟、停留旅客及时上车。

（2）服务用语

"请注意脚下安全，欢迎再次乘车！""列车就要开车了，请您抓紧时间上车！"

2. 始发服务

1）商务座车厢

（1）服务细节

通过站车客运信息无线交互系统掌握旅客乘车信息。根据旅客人数选择推车服务或托盘服务；逐人问候、发送赠品、询问饮品和用餐需求，有特殊需求的旅客应重点标注提示；主动询问旅客是否需求防寒毯、眼罩、耳塞，适需提供；冬季提示旅客使用座椅电加热功能；向使用手机的旅客主动介绍商务座无线充电功能，并提示旅客防止手机掉入座椅缝隙；如旅客处于休息状态，则在不干扰旅客的情况下将赠品摆放在一旁，视情况主动帮助旅客盖防寒毯，途中择机询问餐饮需求；在站车客运信息无线交互系统中标注重点旅客，遇外宾主动沟通，满足需求；整理车厢旅客行李，妥善安置在大件行李处或车厢最后一排座椅后。服务期间说话语气柔和，音量适宜。

（2）服务用语

“您好，请问您是在××站下车吗，××站到站的时间是几点几分。”“这是我们为您准备的小食品。”“我们准备的饮品有……请问您喝点什么？”“请问您在车上用餐吗？我们准备了……请问您需要哪种？”“请问您需要防寒毯吗？”“请问您需要耳塞吗？”“请问您需要眼罩吗？”“您好，我可以帮您把行李安放到……吗？”

2）一等座车厢

（1）服务细节

根据站车客运信息无线交互系统数据，在航空车台面准备赠品、饮品，推车进入车厢服务；逐人问候，使用站车客运信息无线交互系统结合席位显示进行免干扰核票，对席位不符、指特殊票种的旅客应要求其出示电子票信息进行核验，直接在站车客运信息无线交互系统席位管理模块标注“已验”。

（2）服务用语

“请出示您的电子票凭证。”“您好，这是我们为您准备的小食品。”“我们准备的饮品有……请问您喝点什么？”“您好，我可以帮您把行李安放到……吗？”

3. 途中服务

1）商务座车厢

（1）服务细节

补充饮品：巡视期间带热水壶，主动询问饮用茶水的旅客是否需要添加热水。收取垃圾：使用专用托盘，及时清理、收取旅客的废弃物，收取前主动询问旅客是否需要，如旅客休息则不予干扰。供餐服务：与餐服配合，使用专用托盘一客一餐。餐盘摆放标准为：

左侧摆餐，右上摆汤，右下摆小毛巾，最右侧摆餐具，按照旅客用餐时间，准时将餐送至席位。帮助旅客打开小桌板，放置餐盘，请旅客用餐，提示旅客注意汤品温度，防止烫伤。适需服务：呼叫铃响，先掌握旅客席位，恢复呼叫铃状态，询问该旅客的需求并适需服务。席位复用：更换头枕片，恢复卫生。

（2）服务用语

“请问您需要加点水吗?”“您好，不需要的垃圾帮您清理一下，好吗?”“您好，您的用餐时间到了，请您用餐时注意汤的温度，祝您用餐愉快。”“您好，请问您有什么需要。”“您好，××站马上到了，请您做好下车准备，不要遗忘行李和手机，下车注意站台与列车缝隙。”

2）一等座车厢

（1）服务细节

发现车厢、卫生间、洗面间存在卫生问题应及时呼叫保洁清理打扫；制止旅客不文明乘车行为；遇接打开水的旅客主动讲解新型液晶屏电茶炉的使用方法，帮助旅客取水，提示注意安全。

新型液晶屏电茶炉如图3－3－5所示。

图3－3－5　新型液晶屏电茶炉

（2）服务用语

“您好，请问您有什么需要?”“您好，请您使用耳机，不要打扰到其他旅客。”“请您不要踩踏墙壁（座椅）。”“您好，请您轻声接打电话（交谈），避免打扰其他旅客。”“您好，小桌板承重有限，请不要趴在上面休息（请不要在上面放置重物）。”

3）遇旅客水杯敞盖

（1）服务细节

巡视中加强观察，主动提示旅客盖好杯盖。

（2）服务用语

“您好，请您把杯盖改好，放入杯槽，防止烫伤。”

4）旅客询问充电口位置

（1）服务细节

引导并明示充电口位置。

（2）服务用语

“您好，电源插座在两个座椅中间，请您使用时注意安全，不要使用大功率电器。”

5）整理行李架

（1）服务细节

提示旅客取下侧面有水杯、水瓶、雨伞等易掉下物品。将垂落书包带卷起收入行李架边缘以里。需要挪动扳倒行李前要征得旅客同意。地面万向轮行李箱如要放倒，必须征得旅客同意。

（2）服务用语

“您好，请问是哪位旅客的行李？”“我可以帮您把行李放到……吗？”

6）遇坐轮椅旅客

（1）服务细节

主动询问旅客是否能坐到座位上，主动安排调换在残疾人卫生间附近的席位就座，主动介绍残疾人卫生间的使用方法，途中重点关注，主动提供帮助。

（2）服务用语

“您好，我帮您把座位调整至4号车厢好吗？4号车厢卫生间空间大一点，您使用时会更加方便。”“您好，我帮您把轮椅放置在座椅最后一排好吗？到站前我会协助您拿取。”

7）遇哺乳期旅客

（1）服务细节

主动安排调换在残疾人卫生间附近的席位就座，主动介绍婴儿护理台使用方法，询问喂奶是否需要遮挡巾，途中重点关注，主动提供帮助。

（2）服务用语

“您好，4号车厢的卫生间内设置了婴儿护理台，方便您给宝宝更换尿布。如果有需要您可以与我联系。”

8）遇有旅客倚靠车门

（1）服务细节

主动提示旅客车门紧急按钮的位置，提示旅客不要触碰，态度和蔼、音量适宜。

（2）服务用语

“您好，为了您的安全，请您不要倚靠车门，防止发生意外。”

9）遇儿童乘车

（1）服务细节

提示旅客看管好自己的孩子，不要在车厢内跑跳玩耍，耐心做好解释工作，态度和蔼，提示旅客车厢内的安全隐患部位，加强现场盯控。对单独携带儿童的旅客或生病的儿童协助旅客进行看管，及时提供便利条件。下车时引导旅客使用直梯出站。

（2）服务用语

“您好，由于列车运行速度较快，为了安全请您看管好您的孩子，防止发生意外。”“您好，站台设有直梯，为了孩子的安全，请您乘坐直梯出站。”

10）遇盲人旅客

（1）服务细节

引导旅客到座位上，帮助协调至便于出入的座位，协助放置行李物品，并告知行李放置位置，主动询问旅客需求，及时提供帮助。运行中加强巡视盯控，到站前及时做好宣传提示，帮扶旅客拿取行李物品，并引导至车门处做好下车准备。

（2）服务用语

“您好，欢迎您乘车，请问有什么可以帮您的吗？”“您好，到站前我会来帮助您，在旅途中如果有任何需要，请您与我联系，我会随时服务在您的身边。”

11）补票服务

（1）服务细节

当旅客需要补票时，要查看或查询电子票信息，确认原票信息，按照实际情况办理相关票务业务。

（2）服务用语

“您好，请问您需要办理什么业务？”“您好，请问您是需要办理延长票吗？请您在座位上耐心等候，我会通知列车长到座位上帮您办理。”

任务训练

实训项目	“复兴号”智能动车组列车员与列车长作业训练
实训目标	1. 结合实际，加深对“复兴号”智能动车组客运乘务作业的认识与理解 2. 增强掌握“复兴号”智能动车组服务要求的意识
实训内容及组织	由教师组织，学生自愿组成小组，每组6～8人，选择以下题目进行“复兴号”智能动车组列车员与列车长作业训练。 1. “复兴号”智能动车组列车员作业训练 2. “复兴号”智能动车组列车长作业训练 3. “复兴号”智能动车组客运服务细节与用语训练
实训考核	1. 每组提交一份分析报告 2. 各组进行汇报 3. 教师根据各组的分析报告与课堂汇报进行评估

复习思考题

1. 高速铁路客运乘务组由哪些人员组成?
2. 简述高速铁路客运出乘准备作业内容。
3. 简述高速铁路电子客票列车查验设备的种类及组成。
4. 简述“复兴号”智能动车组列车员作业内容及要求。
5. 简述“复兴号”智能动车组列车长作业内容及要求。

项目四

高速铁路客运站车交接工作

项目描述

站车交接是指车站与列车相互交接旅客或物品时应履行的手续和办理的作业。列车在车站停靠时，站台客运值班员（客运员）应在规定的位置与列车长办理业务交接。本项目主要介绍高速铁路客运记录与铁路电报、高速铁路站车客运业务交接和电子客票站车应急处置。通过本项目的学习，使学生能掌握高速铁路客运站车交接工作的基本技能。

任务一

高速铁路客运记录与铁路电报

思政素质目标

热爱党、热爱社会主义祖国、爱人民、爱集体；爱岗敬业，恪尽职守；顾全大局，团结互助；具有社会责任感和参与意识。

知识目标

掌握高速铁路客运记录与铁路电报的作用及编制要求。

能力目标

能正确编制客运记录，正确拍发铁路电报。

相关知识

铁路旅客在运输过程中，可能会发生一些特殊情况和运输事故，站车均要编制客运记录和拍发电报，作为特殊情况的文字纪实和向上级部门报告的材料。

一、客运记录

1. 客运记录的含义和作用

1）客运记录的含义

客运记录是指在旅客运输过程中因特殊情况，承运人与旅客之间需记载某种事项或车站与列车之间办理业务交接的文字凭证。

2）客运记录的作用

客运记录是站车办理交接的依据；是旅客至到站或有关站办理退款的凭证；是意外伤害介绍到医院治疗的凭证；是受理有关票据（单据）的依据；是有关事件纪实的材料；是其他情况说明的证据。

2. 客运记录编制要求

客运记录编制要求是目的清楚，内容准确，语言简练，书写清楚；记录事由栏应填写客运记录主要内容的关键词语；记录文本栏应填写受理站名、车次及有关部门。

①据实编制，事项齐全，内容准确、具体、详细、齐全、完整，如实反映情况，不得虚构、假想臆测、似是而非、含糊不清。

②记录措辞简明扼要、条理清楚、层次分明、述事完整、说明问题、目的明确。

③记录词句不应出现命令、质问及不尊重对方的语言。

④记录中涉及的数据、名称、单位、病情、伤势等应尽量准确，涉及旅客车票时应有票种、票号、发到站等，不得漏项。

⑤客运记录应有顺序编号，加盖编制人名章。

3. 客运记录编写的范围

①因铁路责任（甩车）造成旅客变更席别铺别，应退还票价差额，不收退票手续费。编制时应说明变更原因、变更区间、旅客车票的姓名、身份证号码、发到站、票号。

②当列车发现车站发售的卧铺重号而无法安排时，可编制客运记录交旅客，作为旅客办理退票手续的凭证。

③当发生车票误售、误购而应退还票款时，列车应编制客运记录交旅客，作为乘车至正当到站要求退还票价差额的凭证。编制时要注明姓名、身份证号码、到站和旅客的实际到站及从折返站至正当到站重新计算的车票有效期。

④旅客误乘列车或坐过了站，列车应交前方停车站免费送回。

⑤当旅客丢失身份证件而另行购票后，列车长应编制客运记录交旅客，作为在到站出站前向到站要求退还后补票款的依据。

⑥当无票乘车而又拒绝补票的人移交车站时，应注明其无票及违章乘车区间。

⑦在列车上，旅客因病不能继续旅行或发现旅客死亡，列车长可编制客运记录交中途有医疗条件的车站处理。编制记录要注明旅客姓名、身份证号、年龄、性别、单位及携带品，如旅客无同行人则应会同乘警清点旅客车票、携带品一并交站。当旅客因病需下车救治或死亡时，列车长应会同乘警收集参加救治的医生和旅客的见证证言。

⑧因铁路责任，致使旅客在中途站办理退票，应退还票价差额。

⑨当列车发现旅客携带国家禁止或限制运输的物品、危险品乘车时，应编制客运记录进行移交。

⑩当旅客携带品超过规定范围而旅客无钱或拒绝补交运费时，列车可编制客运记录移交旅客到站或换乘站处理。

⑪当列车向查找站或列车终点站转送旅客遗失物品时，可编制客运记录进行交接。

⑫当列车内发现无人护送的精神病旅客时，列车可编制客运记录移交到站或换乘站处理。

⑬当因意外伤害导致旅客伤、亡时，列车可编制客运记录移交有关车站处理。

⑭当发现违章使用铁路乘车证而需上报铁路局集团公司收入部门处理时，列车可编制客运记录进行上报。

⑮其他应与车站办理的交接事项。

4. 编写方法

①编号填在右上角，标明月份和顺号（如 1 月份第 1 张记录编号为 0101）。

②记录事由栏：注明交接主要事项。

③受理单位：站名（或车次）。

④内容：（a）日期、车次；（b）运行区段、姓名、性别等；（c）处理经过；（d）落款（所属站、段、车次、列车长印章、日期）。

5. 编写客运记录的注意事项

①内容要符合铁路的规章制度。

②当移交人员附带材料、人民币、证件、档案材料时，一定要在记录上注明。

③凡是交接的记录一定要接收人签字。

④记录存根要根据需要保存备查。

⑤客运记录保管期限为 1 年。

【案例 4－1－1】车站编制遗失物品转送客运记录样例。

【解】车站编制遗失物品转送客运记录样例如图 4－1－1 所示。

北京局集团公司　　　　客统—1

客运记录

第 0801 号

记录事由：遗失物品转送

××站：

××××年×月×日××点××分，接你站客运室（值班室）××同志电话，查找×月×日××次列车遗失物品，经查找该物品系×月×日××次列车移交，箱内物品与你站所查内容相符，现编此记录移交你站，请按章办理。

附：箱内具体物品信息

注：
1. 站、车需要编记录时均适用。
2. 本记录不能作为乘车凭证。

站段　编制人员：　　　（印）

站段　签收人员：　　　（印）
2020 年 8 月 1 日编制

图 4－1－1　车站编制遗失物品转送客运记录样例

二、列车客运记录电子化

为提升非正常情况下的列车服务质量，本着“以站保车”原则，充分发挥客运信息系统优势，特对部分客运记录实施电子化。

1. 不需要开具纸质客运记录的情况

①当因列车晚点而影响旅客接续行程时，列车不开具客运记录。由车站通过客票系统查询列车晚点运行信息后，为旅客办理相关改签、退票手续。

②当因临时更换车体、空调故障等原因使旅客需到站退还票价差额或空调费时，列车使用站车客运信息无线交互系统终端“客运记录”功能的“席位调整”或“空调故障”模块，向客票系统发送确认退差信息。

③当列车上同一旅客同时发生退票价差、退空调费等情形时，分别按指定模块确认录入。

④当同一车次途中更换乘务担当并发生退票价差、退空调费等情形时，列车长办理口头或书面交接，在旅客到站前由担当乘务的列车长录入确认信息。

2. 应编制纸质客运记录的情况

当遇站车客运信息无线交互系统无信号、手持终端故障、登记失败等情况时，应编制纸质客运记录，作为旅客到站办理退票的凭证。

3. 列车站车客运信息无线交互系统编制客运记录

1）席位调整

列车站车客运信息无线交互系统可对本车次的席别调整进行上报登记，也可根据席位调整登记记录进行登记取消的操作。

①选择“车厢号”—“故障区间”（起始站、到达站）—“席别”（原席别、调整席别）—“席位”选项，选择填写备注信息，点击“上报”按钮进行席位调整登记。

②点击右上角按钮，查看已登记的内容，如图4-1-2所示。左滑记录将显示“取消登记”按钮，点击即可进行记录取消。

2）空调故障

列车站车客运信息无线交互系统可对本车次的空调故障进行上报登记，也可根据空调故障登记记录进行登记取消的操作。

①选择“车厢号”—“故障区间”（起始站、到达站）—“席位”选项，选择填写备注信息，点击“上报”按钮进行空调故障登记，如图4-1-3所示。

②点击右上角按钮，查看已登记的内容，左滑记录将显示“取消登记”按钮，点击即可进行记录取消。

图 4－1－2 席位调整

图 4－1－3 空调故障

3）核验补票

①点击快捷区域的“核验补票”按钮进入核验补票界面。

②如果有学生、残疾军人票优惠资质且未认证，则显示所有未认证的学生、残疾军人票。

③点击“学生”或“残军”按钮可以切换到对应列表。

④学生票、残疾军人票：点击“开具客票记录”按钮，弹窗提示，通知列车长给该乘客补票，补完票点击“确认”在弹出的提示框中输入补票票号；输入补票票号并点击“确定”按钮，则生成电子客运记录，并登记本次操作；点击右上角的“核验补票记录”按钮进入核验补票记录界面，如果核验的乘客有问题，点击该乘客条目，取消登记。

在客管业务操作界面，也有核验补票功能的入口。核验补票如图 4－1－4 所示。

图 4－1－4 核验补票

【案例4-1-2】2020年10月1日，北京西至广州南G69次列车在石家庄站开车后，旅客从某找到列车长自称身份证件丢失。旅客自述在铁路12306手机客户端购买了当日当次2车1A号北京西—郑州东车票一张，列车应如何处理？

【解】列车处理过程：列车长告知旅客相关规定，按旅客实际乘车区间，使用补票机为旅客办理“车票丢失”事由车票，核收手续费。到站前，列车长确认该席位使用正常，为旅客开具客运记录。列车开具旅客丢失身份证客运记录样例如图4-1-5所示。

北京局集团公司　　　　客统—1

客运记录

第1001号

记录事由：旅客丢失身份证

××站：

××××年×月×日北京西至广州南G69次列车，石家庄站开车后旅客从某自称身份证丢失（身份证号110102××××××××1234），为旅客办理北京西至郑州东二等座车票壹张，北京西站至郑州东站间该席位使用正常，现编制客运记录交贵站，请按章办理。

附：旅客车票一张，北京西至郑州东，票号H000005

注：
1. 站、车需要编记录时均适用。
2. 本记录不能作为乘车凭证。

站段　编制人员：G69列车长（印）

站段　签收人员：　　　　（印）

2020年10月1日编制

图4-1-5　列车开具旅客丢失身份证客运记录样例

三、铁路电报

铁路电报是处理生产业务的通信工具，是办理紧急事务的公文的表现形式。铁路电报为铁路内部业务使用，当列车运行中发生临时紧急情况而需通知有关部门或本次列车不能解决而需请示立即支援或汇报领导时，均可拍发铁路电报。

1. 铁路电报等级

铁路电报按电报的性质和急缓程度分为六种。

1）特急电报

特急电报（T）是指非常紧急的命令、指示，是处理大事故、人身伤亡事故、重大事故及敌情的电报。

2）急报

急报（J）是指国铁集团、国铁集团所属公司、铁路局集团公司的紧急命令、指示，是时间紧迫的会议通知，列车改点、变更到站和收货人、车辆甩挂、超限货物运行及行车设备施工、停用、开通、限速的电报或国际公务电报及其他时间紧迫的电报。

3）限时电报

限时电报（X）是指限定时间到达的电报。根据需要与可能由用户与电报所商定，在附注栏内填记送交收电单位的时间，如限时 8∶30，应写“XS 8∶30”。

4）列车电报

列车电报（L）是指处理列车业务，必须在列车到达以前或在列车到达当时送交用户的电报。

5）银行汇款电报

银行汇款电报（K）是指银行办理铁路汇款业务的电报，按急报处理。

6）普通电报

普通电报（P）是指上述 5 类以外的电报。

2. 列车电报发报权限

列车电报发报权限为出差和执行各项乘务工作的负责人员、旅客列车列车长（加盖列车长名章）、执行各项列车乘务工作的负责人员所具有。执行列车乘务工作的负责人，在同一区段内不得重复拍发同一内容的电报。临时列车乘务工作负责人在拍发电报时应写明经由区间，并在附注栏内注明本次列车在发报站的开车时间。

3. 列车电报发报范围

①因误售、误购车票而误运行李，行李又未在本列车装运，列车须通知原到站向正当到站转运时。

②列车超员，须通知有关部门和前方停车站采取控制客流措施时。

③遇有特殊情况，列车途中发生餐料不足、电冰箱故障，须通知前方列车（客运）段补充餐料时。

④列车在中途站因车辆故障甩车或空调车故障不能修复，需通知前方各停车站并汇报有关上级部门时。

⑤列车广播设备中途发生故障，须通知前方广播工区派人前来处理时。

⑥列车运行中因发生意外伤害，招致旅客重伤或死亡，须立即向有关铁路局集团公司、车务段拍发事故速报时。

⑦列车内发生运输收入现金、客票票据丢失、被盗和短少等事故，须向铁路局集团公司收入部门和公安部门报案，通知有关单位协助查扣时。

⑧列车发生爆炸、火灾及重大刑事案件等突发事件，须迅速报告上级部门处理时。

⑨列车上发生旅客食物中毒，须向所属铁路局集团公司或前方铁路疾控所报告时。

⑩遇其他紧急情况，须迅速报告时。

4. 客运业务铁路电报的拟稿要求

①主送单位的确定：具体受理单位、责任单位。不论单位大小，应写于收报单位的最前列。

②抄送单位的确定：协助催办、督促、仲裁的单位。按上下级部门依次排列，最后是本单位。

③发报必须使用电报纸，简明扼要，通俗易懂，字迹清楚，措辞得当，标点符号正确。使用简练的语言，表达明确的意思。除主抄送单位，电文内容一般不超过500字。左上角有收、抄报单位，右下角有发报单位、日期、名章。电报编制一式两份（一份交站转报，一份签收留存）。

④列车长的电报只能发至本局和外局有关单位，电文涉及的事项必须是工作范围的内容，电文反映情况要真实，列车电报一般交有电报所的车站签收。

5. 列车业务电报的交接

①列车电报一般交有电报所的车站拍发。对所担当的列车各站是否有电报所，列车长要去了解，要做到心中有数。

②特殊情况可委托无电报所的车站代转。

③电报编制一式两份，一份交站转报，一份签收留存。

④电报发出后应设法索取电报号码。

6. 电报抄送范围

根据不同情况而定，一般情况下，铁路局集团公司管内的事务，不抄报到国铁集团；涉及两个铁路局集团公司以上的事条，应根据情况抄报有关局业务处。

涉及治安问题，应主送公安派出所、公安处、公安局；涉及路风问题，应抄送各级路风办；涉及铁路乘车证问题，应抄送劳资、财务部门；涉及行车安全问题，应抄送各级安监室；涉及急性传染病问题，应主送疾病预防控制中心及卫生主管部门；遇到涉外问题，应抄送公安和外事部门；遇到列车超员、行李车满载、超载运输、急性传染病，应传送客调。

1）列车超员

当列车超员时，应通知有关部门和前方停车站采取控制客流措施。

主送：应停售、停检的车站

抄送：铁路局集团公司客运部、客调、担当列车段；跨局时抄国铁集团运输局客运营销处、调度处（客调）

电文中应注明列车实际定员、车内实际人数、超员率。

2）空调发生故障不能修复

当列车在中途站因空调发生故障而不能修复时，影响旅客使用，应通知有关站为旅客退票，并报告列车所属铁路局集团公司客运处、收入稽查处。

主送：列车前方有旅客退票的车站

抄送：有关铁路局集团公司客运部、收入稽查处、客调列车所属局车辆处、车辆段、本段

电文中应注明发生客调故障客车的种类、车号及区间。

3）少收票价

当经车站或列车核实属车站少收票价时，应补收票价差额，并发电报通知误售车票的车站及收入稽查处。

主送：误售车票的车站

抄送：铁路局集团公司收入稽查处

4）列车中途站因车辆发生故障甩车

当列车中途站因车辆发生故障甩车时，应通知前方各停车站并汇报有关上级部门。

主送：前方各停车站

抄送：有关铁路局集团公司客运部、车辆处、客调及列车所属局车辆段、担当乘车列车（客运）段

电文中应注明甩车原因，摘下的客车种类、车号及对各停车站组织客流的要求等。

5）列车广播设备中途发生故障

当列车广播设备中途发生故障时，应通知前方站广播工区派员前来处理。

主送：前方站广播工区

抄送：有关铁路局集团公司客运部、列车广播设备所属通信段和列车广播所属广播工区

电文中应注明广播车的位置，如能确认故障部位应注明。

6）列车途中餐料不足

当遇有特殊情况，列车途中发生餐料不足时，应通知前方列车（客运）段补充餐料。

主送：前方客运段或列车段

抄送：有关铁路局集团公司客运部、列车所属列车段

电文中应注明所需餐料的品名、数量，发报时机应能保证收报段有一定的备料时间。

7）列车上有病人或旅客受伤

当列车上有病人或旅客受伤需前方站送医、送药时，应通知前方有条件的车站。

主送：前方有条件的车站

抄送：有关铁路局集团公司客运部、客调、列车所属段

电文中应注明实际需求。

8）列车内发生运输收入现金、客票票据丢失、被盗和短少等事故

当列车内发生运输收入现金、客票票据丢失、被盗和短少等事故时，应向铁路局集团公司收入检查室和公安部门报案，并通知有关单位协助查扣。

主送：发生事故有关区段各停车站、驻站公安派出所

抄送：有关铁路局集团公司客运部、公安局、客调，列车所属铁路局集团公司收入稽查处，客运段、乘警队

电文中应注明发生事故的时间、地点、区间，丢失（被盗和短少）现金款额或票据名

称、数量及起止号码。

9）旅客意外伤害

当发生旅客意外伤害（跳车、坠车、烫伤、挤伤等）时，应立即会同公安人员积极检查旅客伤害程度，采取抢救措施，收集旁证、物证，检查旅客身份证件及携带品移交车站继续抢救，并立即向上级部门拍发电报。

主送：接收受伤者、死亡者的车站及派出所

抄送：本地铁路局集团公司、事故所在地铁路局集团公司客运部，客调、公安局、事故所在站、车务段（中间站）担当列车段和乘警队（如涉及车辆应抄送车辆处、车辆段）

10）发生食物中毒、疫情

主送：直接处理的防疫站及有关车站

抄送：（国铁集团运输局）事故发生铁路局集团公司和本铁路局集团公司客运部、劳卫处、客调、担当列车段

电文内容：①事故种类；②旅客发病日期、时间、车次；③旅客发病地点；④患者人数、餐饮食物名称等。发现疫情应告知疫情。

11）列车发生刑事案件

主送：与案件有关的车站及派出所

抄送：国铁集团公安局、运输局、有关铁路局集团公司公安局、客运部、列车担当客运段、乘警队

电文内容：①事故种类；②案件发生日期、时间、车次；③案件发生地点、车站、区间里程；④被害人的姓名、性别、年龄、地址或单位、身份证号码、车票自站至站、票号、同行人情况；⑤案情概况、线索及抢救情况。

【案例 4－1－3】 列车拍发吸污铁路电报。

【解】 列车拍发吸污铁路电报样例如图 4－1－6 所示。

铁路电报
电报统-1

发报所	电报号码	组数	等级	日期	时分	附注

主送：××铁路局集团公司客调、动调

抄送：××铁路局（所属局）集团公司客运处、客调、××动车段、××客运段

××××年×月×日，××开往××的G××次列车停靠××站（运行至××站至××站间），××号车厢集便箱超容无法使用，请安排就近车站吸污。特此电告。

G××次列车长印

××××年×月×日过××站

图 4－1－6　列车吸污铁路电报样例

任务训练

实训项目	编制高速铁路客运记录与拍发铁路电报训练
实训目标	1. 结合实际，加深对高速铁路客运记录与铁路电报的认识与理解 2. 培养对客运记录与铁路电报的学习兴趣
实训内容及组织	由教师组织，学生自愿组成小组，每组6～8人，选择以下题目进行编制高速铁路客运记录与拍发铁路电报训练。 1. 车站编制遗失物品移交客运记录训练 2. 列车编制旅客丢失身份证件客运记录训练 3. 列车拍发需要上水铁路电报训练
实训考核	1. 每组提交一份实训报告 2. 各组进行汇报 3. 教师根据各组的实训报告与课堂汇报进行评估

任务二

高速铁路站车客运业务交接

思政素质目标

热爱党、热爱社会主义祖国、爱人民、爱集体；爱岗敬业，恪尽职守；诚实守信，团结互助。

知识目标

掌握高速铁路站车客运业务交接的内容及要求。

能力目标

能正确办理高速铁路站车客运业务交接。

相关知识

高速铁路站车客运业务交接是指车站与列车发生相互交接旅客或物品时应履行的手续和办理的作业。站车客运业务交接包括旅客伤害、遗失物品、重点旅客服务、乘降信息和应急处置等需要交接的事项。

一、高速铁路站车客运业务交接位置和交接凭证

客运值班员和列车长在站车交接时应行举手礼，列车员在列车进出站时应面向站台致注目礼。

1. 站车客运业务交接位置

站车交接时短编列车在4车、5车之间立岗；长编列车在8车、9车之间立岗；重联动车组列车在列车运行方向前组7车、8车之间立岗。

2. 站车客运业务交接凭证

列车长与车站客运值班员开启音视频记录仪办理站车交接。交接内容包括《特殊重点旅客交接簿》《客运记录》《席位换乘通知单》《调度命令》《电报》等交接凭证，内容清楚、有签收。

二、动车组列车始发站车客运业务交接

列车长与车站客运值班员办理交接，查看列车服务信息系统手持移动终端显示信息，掌握详细的售票情况，做到交接清楚，掌握重点；列车员在与列车长所在位置相对应的列车另一端，引导旅客，做到引导有序，妥善安排重点旅客。

1. 站车办理使用辅助工具的特殊重点旅客交接

始发站对进入本站候车区域内及到达本站的重点旅客应进行重点照顾，协助旅客办理进出站、候车、乘降等业务。对确需帮助重点照顾（需使用担架、轮椅等辅助工具）的旅客，旅客乘车站要填写特殊重点旅客服务交接簿，与列车办理交接，做好交接记录。

“特殊重点旅客服务交接簿”一式三份，填记要完整，字迹要清晰。明确专人，按局顺、日期保管，保存一年备查。特殊重点旅客服务交接簿见表4-2-1。

表 4-2-1 特殊重点旅客服务交接簿

第________号

局别：____局集团公司　　　　　　填表单位：________站（客运段）

<table>
<tr><th colspan="11">旅客服务信息</th><th colspan="2">通知到站</th><th colspan="2">签字</th></tr>
<tr><th>日期</th><th>姓名</th><th>车次</th><th>发站</th><th>到站</th><th>车厢席位</th><th>到达日期</th><th>类别</th><th>服务人</th><th>服务内容</th><th>时间</th><th>受话人</th><th>发站客运值班员</th><th>列车长</th><th>到站客运值班员</th></tr>
<tr><td></td><td></td><td></td><td></td><td></td><td></td><td></td><td></td><td></td><td></td><td></td><td></td><td></td><td></td><td></td></tr>
<tr><td></td><td></td><td></td><td></td><td></td><td></td><td></td><td></td><td></td><td></td><td></td><td></td><td></td><td></td><td></td></tr>
<tr><td></td><td></td><td></td><td></td><td></td><td></td><td></td><td></td><td></td><td></td><td></td><td></td><td></td><td></td><td></td></tr>
<tr><td></td><td></td><td></td><td></td><td></td><td></td><td></td><td></td><td></td><td></td><td></td><td></td><td></td><td></td><td></td></tr>
</table>

制表说明：

1. 编号由各铁路局集团公司统一编制，8 位数字，其中前两位为按电话会议局顺，如哈尔滨为 01、沈阳为 02 等。
2. “类别”栏为老、幼、病、残、孕五类。
3. “服务人”栏为提供具体服务的车站客运员、列车乘务员姓名。
4. “服务内容”栏，对于车站，指优先售票、优先进站、送车、接站；对于列车，指安排餐车就座、优先补票（安排席位）；须注明是否提供轮椅、担架等器具。
5. “签字”栏由车站客运值班员、列车长签名。
6. 本表供站车交接用。

发站填写时，一式三份：发站交接时，一份自存，二份交列车；到站交接时，一份列车保存，一份到站保存。

列车填写时，一式二份：一份自存，一份交到站。

站车均应按编号顺序装订、保管。原始表格保留一年。

2. 车站办理有人护送的精神病旅客交接

在车站遇有人护送的精神病旅客，应通知列车长，并协助护送人员防止发生意外。在列车上遇有人护送的精神病旅客，乘务员应向护送人员介绍安全注意事项并予以协助。

3. 高速铁路快件交接

列车长对高速铁路快件情况进行检查并确认安检标识，签字交接，交接期间开启音视频记录仪。当有押运人员时，列车长应对押运人员的证件进行检查和登记。

车站客运值班员（或指定的胜任人员）应确认列车旅客乘降、上水、吸污和高速铁路快运、餐车物品装卸作业完毕后，使用无线对讲设备通知列车长与客运有关的作业完毕。

客运值班员呼叫列车长：“××次××站客运作业完毕。”

列车长应答：“××次客运作业完毕，列车长明白。”

三、动车组列车途中站车客运业务交接

动车组途中停站，列车长与车站客运值班员办理交接，做到交接清楚，手续完备。

1. 列车到达给水站前的站车交接

①列车到站前 1 ~ 2 min，安排给水的车厢乘务员应通过水压表、水位计、液位仪核实水箱水量，在《沿途给水情况记录簿》中填写水量刻度数，为迅速办理站车交接做好准备。

②列车到达给水站后，列车长指定人员检查车站给水管连接车厢数量，在给水方案中确定的交接车厢处填写《客车给水交接单》，并与车站给水人员办理签字确认交接手续。

③站车给水交接工作要求。

列车担当单位、给水车站给水工作人员实行每天 24 h 值班，必要时做好值班电话记录。

当给水站给水后发现列车无人检查签认或不予签认时，当列车发现给水站无人给水或给水不符合规定时，当发生其他给水站或列车无法解决的问题时，均应及时向铁路局集团公司客运部反映。

遇列车严重缺水等特殊情况，列车应提前电话通知给水站，内容包括车次、缺水车厢号、缺水程度等，给水站应提前组织给水人员按规定重点保证给水。

给水站未给水应向列车说明情况，列车在《客车给水交接单》中注明。

2. 列车严重超员时的站车交接

①列车长应与车站客运值班员取得联系，组织乘务员与车站工作人员紧密配合，大力宣传，积极组织旅客安全乘降，指定专人顶岗，注意旅客乘降情况，照顾流动人员和重点旅客上车，当发现危及行车和人身安全时应采取果断措施。

②列车长应及时拍发超员电报，主送应停售、停检的车站，抄送本铁路局集团公司和有关铁路局集团公司客运部、客运段及车辆配属段。电报一式两份，交发报站客运值班员签收后各持一份。

3. 误购车票旅客要求乘车至正当到站时的站车交接

①当误售、误购车票，如旅客要求乘车至正当到站时，应编制客运记录交列车，由列车按规定处理车票。

②当列车发现误购车票旅客能够乘本车至正当到站，应补收票价时，补收票价差额；当应退还票价时，编制客运记录交旅客，作为正当到站要求退还已收票价与正当票价差额的凭证，并与正当到站客运值班员办理交接，补退票价差额均不收取手续费。

4. 旅客因误售、误购、误乘或坐过了站需送回时的站车交接

当旅客因误售、误购、误乘或坐过了站需送回时，列车长应编制客运记录交前方停车站。车站指定最近列车免费送回。在免费送回区间，站车均应告知旅客不得自行中途下车。如中途下车，对往返乘车的免费区间，按返程所乘列车等级分别核收往返区间的票价，核收一次手续费。

5. 列车发现无票或违章乘车而又拒绝补票人员时的站车交按

对无票或违章乘车而又拒绝补票的人员，列车长可责令其下车，并应编制客运记录一式两份，移交县、市所在地车站或三等以上车站处理，旅客的到站近于上述移交站时，应交到站处理，编制的客运记录应注明无票乘车的区间。

车站对列车移交或本站发现的上述人员应追补应收和加收的票款，核收手续费。

6. 旅客丢失身份证件时的站车交接

旅客在列车上、出站前丢失证件的：须先办理补票手续并按规定支付手续费，经站车核验席位使用正常的，开具客运记录交旅客。旅客应在乘车日期之日起30日内，凭客运记录、该有效身份证件发证机构办理的身份证明及后补车票，到列车的经停站退票窗口办理后补车票与原票乘车区间一致部分的退票手续。当办理退票手续时，如核查丢失证件有出站记录的，后补车票不予退票；无出站记录的，当办理退票手续时，不收退票手续费，已核收的手续费不予退还。

四、动车组列车终到站车客运业务交接

动车组列车到达终点站，列车长在规定位置与车站客运值班员办理重点旅客、遗失物品等业务交接，做到交接清楚，手续完备。

1. 列车严重晚点，影响旅客后续乘车

当由于列车晚点影响旅客后续乘车时，列车长应编制客运记录，注明列车图定运行时刻、晚点时分、旅客所持联程票接续乘车时刻等事项，与车站值班员签认交接后，交旅客办理改签、退款手续。

2. 列车接到寻找旅客遗失物品通知并找到物品

当列车接到寻找旅客遗失物品通知并找到物品时，应与查找站取得联系，同时编制客运记录，与客运值班员签认交接后各持一份。记录应详细注明品名、件数等并移交列车前方停车站，在客运记录中须注明转送查找站。

3. 重点旅客服务交接

到达站对客调通知或列车移交的重点旅客，要认真及时地做好旅客出站、救助等协助工作，对处理情况做好记录。

高速铁路站车客运业务交接如图4－2－1所示。

图4－2－1　高速铁路站车客运业务交接

【案例4－2－1】新冠肺炎疫情站车交接应急处理

列车长××，向××车站值班人员、××车站卫生防疫人员、××地区疾病防控工作人员移交疑似新冠肺炎患者旅客，密切接触旅客共49名，其中包括2号车厢乘务员一名、乘警一名的相关资料。

××地区疾病防控工作人员①：现已签收！

××地区疾病防控工作人员②向当地客运段报告：我疾病防控中心已对D××次列车移交的疑似新冠肺炎患者旅客、密切接触旅客和本次列车的乘务员②与乘警进行接收，密切接触者现已到指定场所进行隔离观察，疑似患病旅客已上交至本次定点医疗机构进行结果检测（现已初步确诊为新冠肺炎患者）。我部门已对本次移交旅客废弃物进行严格处理。

列车长：报告客调员（××段客运调度中心），D××次列车2号车厢已全面封闭消毒，2号车厢从××车站上车的旅客将调整到其他车厢就座，目前车内秩序良好！

客调员（××段客运调度中心）：收到，继续执行客运任务！正常到站。

列车长：收到！（列车继续开向终点站）

列车长：乘务员④请注意，由于乘务员②与乘警在列车行进过程中与疑似新冠肺炎患者旅客有密切接触，已交至××地区疾病防控中心隔离观察，现派乘务员④接替乘务员②的工作任务并维护好车厢秩序，随时观察旅客情况，列车行进途中如有意外请及时报告。乘务员④收到请回复！

乘务员④：乘务员④收到，并立即执行！

（到站广播）乘务员③（兼职广播员）：旅客朋友，大家好！在紧张与期盼中，我们的列车到达了今天的终点站××东站，请大家将行李物品准备好，不要把东西遗忘在列车上。一路上大家对我们的工作给予了大力支持，我向大家表示感谢，欢迎您下次再次乘坐我们的列车。抗击疫情，我们与您同在，最后请大家带着美好的祝福下车，把宝贵的意见留给我们，谢谢！（列车最终到站）

列车长：站台各岗客运人员做好瞭望，在列车接近前，提醒旅客严禁侵入安全白线，列车停稳后迅速组织旅客乘降、快件装卸，使用手提喇叭做好有声服务，引导旅客出站，落实接发车联控制度。

（××次列车到达后停稳，车站站长迅速与列车长办理交接，交接重点事项，核对客运记录，签字交接。）

列车长：报告××站站长，D××次列车长现向您移交本次列车客运记录一份、旅客遗失物品清单一份。

××站站长：收到客运记录一份，旅客遗失物品清单一份。

××站站长：××车站疾控防疫卫生工作人员，D××次列车已到站，请对该列车进行彻底消毒，尤其对列车餐吧、洗手间等重点消毒！

××车站疾控防疫卫生工作人员：收到！（对车厢进行消毒）

车站疾控防疫卫生工作人员：报告站长，D××次列车已消毒完毕。

××站站长：收到。

××站站长向列车属段上级报告：报告××客段，由××南开往××东的D××次列车现已安全、准时到站。我站已根据疫情防护要求对列车进行彻底消杀，并对车辆工作人员进行严格管控。列车目前情况良好。

××段上级：收到。疫情防控期间请车站做好相关工作准备，做好列车和车辆工作人员的管控与消杀工作，严格按照疫情防控要求行事，切勿违章，防止疫情发生、扩散。请随时准备好旅客再运输任务。

××站长：收到。立即执行！

任务训练

实训项目	高速铁路站车客运业务交接训练
实训目标	1. 结合实际，加深对高速铁路站车客运业务交接工作的认识与理解 2. 培养对站车客运业务交接工作的学习兴趣
实训内容及组织	由教师组织，学生自愿组成小组，每组6~8人，选择以下题目进行高速铁路站车客运业务交接训练。 1. 动车组列车始发站车客运业务交接训练 2. 动车组列车中途停车站车客运业务交接训练 3. 动车组列车终到站车客运业务交接训练
实训考核	1. 每组提交一份实训报告 2. 各组进行汇报 3. 教师根据各组的实训报告与课堂汇报进行评估

任务三

电子客票站车应急处置

思政素质目标

热爱党、热爱社会主义祖国、爱人民、爱集体；爱岗敬业，恪尽职守；诚实守信，团结互助。

知识目标

掌握高速铁路电子客票站车应急处置的原则与方法。

能力目标

能在发生售票设备故障、实名验证系统故障、进出站检票系统故障时做好客运组织工作。

相关知识

实施电子客票是铁路提质增效的重要内容，做好电子客票故障应急处置是确保客运组织平稳有序的重要保障。

一、电子客票应急处置原则

1. 确保组织有序

当车站的电子客票售票、检票及相关业务的办理出现大范围异常时，各单位要及时汇报，并立即启动应急预案，强化现场组织，做好解释引导服务，加强站车交接配合，确保旅客正常出行和客运组织工作正常有序。

2. 优先网上办理

电子客票实现了 12306 网站线上与线下功能的一体化，车站在应急情况下，要优先引导具备条件的旅客使用铁路 12306 手机客户端购票，优先引导使用电子支付购票的旅客通过铁路 12306 手机客户端办理退票、改签等业务。

3. 及时通报、 联动处置

在应用电子客票的条件下，客票销售、进出站检票和实名制核验均采用集中式架构，售、检票数据的实时性与同步性更强，对系统、网络、设备的可靠性要求更高。当发生故障时，车站要及时向上级业务和技术主管部门报告有关情况。车站、维保单位、铁科院集团公司客票总体组（简称客票总体组）等单位要相互配合，密切联动，根据实际情况开展应急处置。

二、电子客票售票业务应急处置

1. 窗口售票设备故障

窗口售票设备故障主要有部分窗口售票故障和全部窗口售票故障两种情况。

①当部分窗口售票发生故障时，车站应组织引导旅客到功能正常的人工窗口或自助终端办理业务。

②当全部窗口售票发生故障时，车站应及时上报铁路局集团公司，铁路局集团公司根据故障情况与客票总体组共同研判，必要时关闭该站电子客票功能，即调整为非电子客票售票模式，这时车站应将所有售票窗口和自助终端重新进班，向旅客发售非电子客票。

2. 自动售票机故障

①当车站出现部分区域或大面积自动售票机停售或售票速度缓慢时，应立即组织维护部门和设备维保单位进行故障排查，同时上报铁路局集团公司客运部，铁路局集团公司客运部协调设备维保单位、客票总体组和铁路局集团公司客票维护部门共同对故障进行排查，确定故障原因。当出现大面积故障时，上报国铁集团客运部。车站应做好相应的应急处置、旅客组织和解释工作。

②当自动售票系统发生故障或网络中断时，车站应暂停自动售票机售票，同时增加人工售票或应急窗口的数量。

③当因自动售票机车次查询业务量过大，导致自动售票机和人工窗口售票速度缓慢时，铁路局集团公司客运部应通知车站停用部分自动售票机，同时及时提升客票系统查询服务器的处理能力，满足查询业务需要。

④当自动售票系统申请连接客票系统出现大量失败情况时，铁路局集团公司可根据客票系统的运行情况，适当增加自动售票系统到客票系统连接池的连接数量。

⑤当大量自动售票机不能正常打印报销凭证时，车站可引导旅客到达目的站后打印或在乘车之日起 31 日内到车站售票窗口或自动售/取票机打印。

⑥当大量自动售票机出现银行卡支付失败时，车站可通过自动售票管理系统暂时取消电子支付功能，暂停仅提供银行卡支付的自动售票机的售票服务。当故障修复后，铁路局

集团公司应通知车站终止应急状态，车站通过自动售票管理系统恢复自动售票机的正常功能。

3. 退票业务异常处置

当办理退票业务异常时，如旅客能够提供报销凭证且票款为电子支付的，车站为其开具“车票收回凭证”并将报销凭证收回，待系统恢复后为旅客办理退票手续，按原支付渠道返还票款。

如旅客无法提供报销凭证或票款为现金支付的，车站为其开具“铁路受理退票凭证”，登记乘车人身份信息、车票信息、联系方式，待系统恢复后为旅客办理退票手续，如确定旅客未打印报销凭证且票款为电子支付的，按原支付渠道返还票款；如旅客已打印报销凭证或票款为现金支付的，通知该旅客自即日起 30 日内携带“铁路受理退票凭证”和该凭证登记的身份证件前往就近车站办理退票手续。

4. 改签和变更到站业务异常

当改签和变更到站业务办理出现异常时，车站应引导旅客重新购买车票。待系统恢复后为旅客办理原票退票手续，免收手续费，原票按退票规则办理。

5. 打印报销凭证异常

当打印报销凭证出现异常时，车站应做好解释工作，可引导旅客到达目的站后打印或在乘车之日起 31 日内到车站售票窗口或自动售/取票机打印。

三、车站电子客票客运业务应急处置

1. 实名验证应急处置

电子客票的实名验证在正常情况下采用全路电子客票联网运行模式，在应急情况下经铁路局集团公司与客票总体组研判，可采用铁路局集团公司 PSR 验证模式和脱机验证模式，根据实际情况选择处理。

①铁路局集团公司范围内所有车站出现实名验证故障，由客票总体组与铁路局集团公司配合，将实名验证切换为铁路局集团公司 PSR 验证模式，车站实名验证作业按正常状态进行。

②铁路局集团公司范围内个别车站出现实名验证故障，由客票总体组、铁路局集团公司与车站配合，将该站自助实名验证闸机切换为脱机验证模式，仅进行“人、证”一致性核验；对于提供报销凭证的旅客，人工实名核验窗口采用“票、证、人”一致性核验。

2. 进出站检票

电子客票的进出站检票在正常情况下采用全路电子客票联网运行模式，在应急情况下经铁路局集团公司与客票总体组研判，可采用铁路局集团公司 PSR 检票模式和脱机检票模式，根据实际情况选择处理。

①铁路局集团公司范围内所有车站出现进出站检票故障，由客票总体组与铁路局集团公司配合，将铁路局集团公司管内所有车站进出站检票切换为铁路局集团公司 PSR 检票模式，检票作业按正常状态进行。

②铁路局集团公司范围内个别车站出现进出站检票故障，由客票总体组、铁路局集团公司与车站配合，将该站自助检票闸机切换为脱机检票模式，系统记录旅客身份信息，不核验购票信息。对于无法通过检票闸机或持不可识读身份证件的旅客，应引导其在人工检票口使用手持移动终端检票乘车。必要时，检票口工作人员可根据实际情况通过查验购票信息引导旅客乘车。

采用以上模式进行应急检票，车站均需向相关列车通报情况。

四、列车验票应急处置

站车加强联动配合，做好乘降组织，列车通过站车客运信息无线交互终端查验车票并进行补检操作。

列车接到车站或上级启动电子客票应急模式的通知后，应做以下处置。

①列车长立即通知乘务员刷新站车客运信息无线交互系统，获取最新列车席位信息，使用站车客运信息无线交互系统查验旅客电子客票。

②班组重点对站车客运信息无线交互系统“席位信息”中座席角标显示“未进检”标注的旅客点选“已验旅客”按钮进行补检操作。补检后，会显示“车上已检”。列车补检界面如图 4－3－1 所示。

③当站车客运信息无线交互系统未查询到旅客本趟车的购票信息时，列车可进行实名挂失补票。未查询到购票信息而补票的旅客应在到站后 24 小时内到车站退票窗口办理退票。

④列车做好旅客席位引导和服务工作。

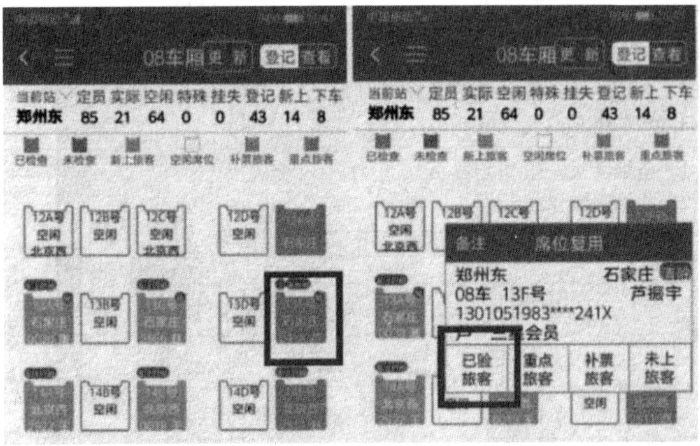

图 4－3－1　列车补检界面

五、列车电子客票系统故障应急演练

2020年6月19日××次列车运行至××区间，12车厢列车员正在对车厢旅客进行电子客票核实，发现站车客运信息无线交互系统无法显示后立即向列车长汇报。

列车员："列车长在吗？我是12车厢，我车厢9A号座席的旅客信息无法在站车客运信息无线交互系统上显示，卡安好了，信号也有，就是不显示信息。"

列车长："知道了，12车厢9A号座席，我马上用我的机器试试。"

列车长使用站车客运信息无线交互系统进行查询，发现也无法正常使用，检查机器无故障后，立即通知值班员，"值班员在吗？我这边机器无故障，信号没问题，你试试切换一下服务器看能不能连上系统"。

值班员："好的，马上。""列车长，已切换服务器但还是无法连接。"

确定仍然无法连接后列车长马上向车队报告，与段专职人员联系并确定了系统发生故障，修复需要4 h左右，列车长立即启动了电子客票系统故障应急处置流程。列车长通知12车厢列车员对旅客进行人、证登记，对可提供席位相关信息的旅客，如提供电子购票信息短信、12306购票信息、行程信息提示、报销凭证等，可正常进行登记。登记方式：①如果已经登录站车客运信息无线交互系统，可通过该系统进行登记，相关信息可储存在系统缓存中，待系统恢复后信息将自动上传储存；②如果无法正常登录站车客运信息无线交互系统，可进行纸质登记。重点登记旅客证件信息、旅客席位信息等，若旅客无法提供席位信息，列车长可拨打客票管理所电话进行信息核实。

任务训练

实训项目	高速铁路电子客票站车应急处置训练
实训目标	1. 结合实际，加深对高速铁路电子客票站车应急处置的认识与理解 2. 培养对高速铁路电子客票站车应急处置的学习兴趣
实训内容及组织	由教师组织，学生自愿组成小组，每组6~8人，选择以下题目进行高速铁路电子客票站车应急处置训练。 1. 车站售票设备故障应急处置训练 2. 车站客运设备故障应急处置训练 3. 列车验票应急处置训练
实训考核	1. 每组提交一份实训报告 2. 各组进行汇报 3. 教师根据各组的实训报告与课堂汇报进行评估

复习思考题

1. 客运记录的作用是什么？
2. 客运记录的编制要求有哪些？
3. 在站车客运信息无线交互系统的客运记录中如何进行席位调整？

4. 在站车客运信息无线交互系统的客运记录中如何处理空调故障?
5. 遇到哪些情况需编制、拍发铁路电报?
6. 简述高速铁路站车客运业务交接的主要内容。
7. 简述高速铁路电子客票应急处置的原则。
8. 简述高速铁路车站电子客票客运业务应急处置流程。
9. 简述高速铁路列车验票应急处置的内容。

项目五

高速铁路客运营销工作

项目描述

高速铁路旅客运输的特点决定了高速铁路客运营销是一种全过程营销、全员营销，必须通过参与运输生产全过程的全体员工共同努力，才能创造出满足旅客需求的服务产品来适应和引导市场需求。本项目主要介绍高速铁路客运产品设计和高速铁路客运营销。通过本项目的学习，使学生掌握高速铁路客运营销工作的基本技能。

任务一

高速铁路客运产品设计

思政素质目标

热爱党、热爱社会主义祖国、爱人民、爱集体；认真贯彻国家和铁路运输政策；诚实守信，爱岗敬业；顾全大局，团结互助。

知识目标

理解高速铁路客运产品内涵。

能力目标

认知客运产品设计的流程，提升服务能力。

相关知识

企业开发满足旅客需求的产品，并将产品迅速、有效地传递给消费者，构成了企业营销活动的主题。以高速铁路客运产品设计和兑现为核心，提升客运组织的效率和服务品质，实现高速铁路的高速度、高密度、高正点率、高可靠性、高服务质量、高市场占有率及高社会效益。

一、高速铁路客运产品概述

1. 客运产品内涵

与一般产品类似，铁路客运产品也是由多个层次构成，尽管层次划分及每个层次的内容不同，但其核心层产品都是旅客的位移，车票是旅客与铁路之间的“合同”。而其他服务内容则是依附在核心层产品之上、针对不同旅客的出行需求而设计的。

1）核心层产品

核心层产品是为满足旅客的位移而提供的最基本的客运产品，是从客运产品使用价值的角度定义的。旅客购买了客运产品，在正常情况下就能满足自己从出发地到目的地的需求，这就是产品的核心内容。

2）形式层产品

形式层产品是运输企业将客运产品提供给市场的一种形象载体，是旅客可以直接感知到的产品内容，主要指客票种类（如折扣票、团体票等）及定价策略（如针对购票时间先后，退票、改签不同服务限制或不同旅客类型的差别定价）等。

3）附加层产品

在核心层产品和形式层产品之外为旅客提供的购票、进站、安全候车、乘车环境、信息导向、餐饮服务等延伸服务，是不同运输方式在竞争中获胜的有效手段。

组合产品是将核心层产品、形式层产品、附加层产品中不同的产品要素进行组合而成的最终产品。因此，旅客乘坐高速铁路列车出行所购买的客运产品不再是简单的位移，而是一种组合产品，多样化的组合产品是满足旅客差异化和个性化需求的关键。

高速铁路客运产品各层次的设计要素及其含义见表5－1－1。

表5－1－1　高速铁路客运产品各层次的设计要素及其含义

产品层次	产品要素	产品内容
核心层产品	列车种类	①普通动车组列车（D），速度在200～250 km/h； ②高速动车组列车（G/C），速度在300～350 km/h
	停站方案	一站直达、大站停、择站停、站站停
	开行对数	每日×对
	席位等级	商务座、一等座、二等座
	到发时刻	上午、中午、下午、晚上发车或到达
	换乘接续	直达车、换乘车
	⋮	⋮
形式层产品	客票种类	全价票、优惠票（儿童、学生、伤残军人及团体旅客）、折扣票
	定价策略	①递远递减策略；②收益管理策略：针对购票时间先后、不同服务（退票、改签）限制、不同旅客类型的定价策略
	⋮	⋮
附加层产品	延伸服务	便利的购票、进站、安全候车、乘车环境、信息导向、餐饮服务，“人脸识别”刷脸进站、列车 Wi-Fi 上网、便捷的换乘通道等

2. 客运产品的特点

高速铁路客运产品的服务质量要求主要有以下几个方面。

1）旅客随到随走

高速列车开行数量大，列车密度达到公交化的程度，可以将每天数十万客流连续分解在一天中不同时段的车次上。大量旅客无需在车站等候数小时，可以随到随走。

2）开行方案更加科学

高速铁路作为客运专线，为铁路部门精准研究客流规律提供条件，再发挥铁路网络化的优势，动态调整列车开行方案，大量增开、调整、优化不同时空范围的列车，包括列车运行区段、停站方案、开行对数等，让不同旅客的不同需求都尽可能地得到满足。

3）新技术助力新服务

在互联网时代，将“互联网＋”应用到客运服务中，例如：大力推广自助、网络购票新方式；在各车站售票窗口和自动售票机开通扫码支付功能；铁路局集团公司建立12306微信公众号或手机客户端，方便旅客查询客运信息（列车时刻、增开停运、候车和售票等），并为旅客提供团体预约订餐和重点旅客预约等特色服务。

4）不断创新服务内容

本着旅客无小事的原则，践行“人民铁路为人民”的服务宗旨，倡导“安全出行、方便出行、温馨出行”，想旅客之所想、急旅客之所急，设身处地地为旅客的购票、候车、乘车提供便利的条件，不断推出服务旅客的各种项目。

二、高速铁路客运产品设计方法

1. 客运产品设计的策略

随着高速铁路的快速发展，高速铁路客运产品设计已从以往运能紧张下的“供给驱动”，转变为以“需求驱动”为主体。因此，高速铁路客运产品设计策略主要体现在以下几个方面。

1）树立以需求为核心的产品设计理念

在“需求驱动”的前提下，高速铁路以客户需求为中心、以营销为龙头指导运输生产和经营。因此，产品的“设计—营销—调整”这一过程，以满足旅客需求为首要目标，形成整体、连续的过程，使产品设计围绕旅客需求形成反馈闭环，保证产品不断地贴近需求。

2）针对不同层次产品合理设计多级细分市场

在“需求驱动”的总体要求下，为实现产品的针对性，市场细分成为产品设计的必然手段和前提条件。除考虑不同层次的需求外，还要考虑细分的合理性，特别是在对高层次需求的市场细分中，必须合理控制细分市场的数量规模，数量过少会导致市场针对性不足，旅客需求满足度会相应减小，不利于市场竞争；数量过多则会导致企业成本大幅提高。因此，在市场细分过程中必须找到一个合理的平衡点。

3）正确平衡产品的公益性与营利性

由于铁路的特殊地位，我国铁路客运产品一直兼具公益性与营利性。大量的公益性功能对产品的设计及企业收益的提高形成一定的制约。我国高速铁路投入资本的多元化、各类企业资本的存在会使高速铁路客运产品的公益性特征有所削弱。高速铁路客运产品的公益性表现在满足社会公众的基本出行需求方面，目标市场为价格敏感型的普通旅客；营利性则表现在满足旅客的高层次出行需求方面，目标市场的重点为质量敏感型的中高端旅客。因此，在产品设计过程中，首先要深入分析旅客特性，将市场细分为不同类型。针对公益性较强的细分市场，设计的重点在于满足基本出行需求，弱化其服务等高层次需求的设计；针对营利性较强的细分市场，则需要在满足基本需求的基础上，有针对性地设计不同的服务及其组合产品。

2. 客运产品设计的流程

高速铁路客运产品设计是以市场需求为中心、以运输市场为导向、以运力资源为约束，采用市场营销的方法，对各个层次产品要素进行设计，逐步实现供给与需求匹配的过程。

客运产品设计需要与市场分析、产品设计、产品营销、产品评价与调整等环节一起，共同构成客运产品设计与营销的闭环系统。

客运产品设计流程如图 5－1－1 所示。

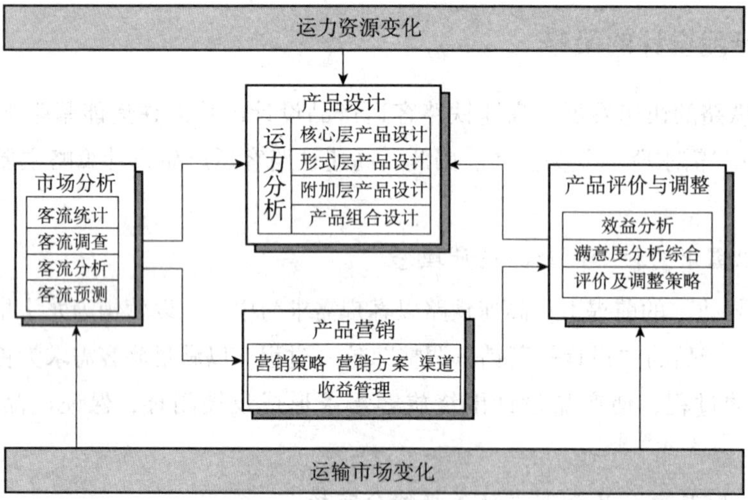

图 5－1－1 客运产品设计流程

1）市场分析

（1）客流统计与调查

客流统计与调查是高速铁路客运产品设计的重要依据，是合理配置运输资源、优化运营组织、制定产品营销策略的基础。

（2）客流分析与预测

深入了解客运市场需求是合理设计客运产品、有效制定产品销售策略的基本保障。

在客流预测时要注意实际发生的需求是在现有产品供给下形成的客流，仅能反映“被满足的需求”。在部分运能紧张的区段和时段，当产品供不应求、旅客的第一意愿得不到满足时，可能选择其他可替代产品。此时，不可售产品的需求转移至可售产品甚至流失，导致可售产品的真实需求小于实际客流量，客流数据不能反映真实的需求。

下面以上海局集团公司为例加以说明。为实现精准把握旅客出行需求，上海局集团公司重点做到了以下三个方面。

一是通过精准市场调查把握需求。全面整合调查力量，发挥铁路局集团公司和站段两级营销中心的作用，网格划分调查责任，做到分片划区，全面覆盖；突出调查方向，重点掌握区域内产业经济、交通方式、流动人口等基础数据及变化，着重了解出行需求、选择偏好、消费习惯等行为动态；注重改进调查方法，依托客运段和铁路 12306 手机客户端，问卷调查范围由车下扩大至车上，由线下延伸至线上，并积极向国铁集团建议通过采集旅客购票点击频次和数量而更全面地掌握市场需求；不断完善调查周期，在日常定期调查的基础上，开展新图新线、重大活动等不定期专项调查，促进市场调查常态化，增强对市场变化的敏感度和市场竞争、消费热点等要素的把握度。

二是通过精准客流分析把握需求。突出客流的结构分析，掌握直通客流与管内客流、动车客流与普速客流之间结构的变化，通商、通学、旅游等旅客成分及总量的变化；突出客流的去向分析，掌握区域及区段之间的客流流向、流量、流时的变化；突出客流的周期分析，掌握旅客出行规律、购票规律和客流波动规律；突出客流的影响因素分析，掌握内部条件变化、外部环境变化与客流的关联程度，为准确把握需求而进行科学决策提供可靠依据。

三是通过精准大数据应用把握需求。立足客票客图海量数据，研究开发分析工具，加强应用，提高分析有效性；探索旅客信息标签化方法应用，学习借鉴银行业、民航业的客户管理做法，通过细分旅客属性，完善旅客“画像”；加强与专业数据公司的项目合作，推进大数据应用，着力分析旅客出行选择、出行规律与列车开行、停站之间的关系，挖掘市场潜在需求，为有针对性地优化调整产品设计和供给提供支撑。

2）产品设计

（1）核心层产品设计

核心层产品设计包括对列车开行方案和运行图的优化编制，主要是针对旅客最基本的位移需求进行设计。这个环节主要考虑旅客对列车的运行区段、列车等级、停站方案、开行对数以及开行时段等基本需求。需要根据不同细分市场上的客流量情况，有针对性地设计出满足旅客基本需求、共性较强的方案，作为整个产品设计的基础。同时，由于不同旅客群体对于列车席位（商务座、一等座、二等座）等方面的偏好不同，需要在分析旅客选择席位的基础上，进一步确定各列车具体的席别配置。

上海局集团公司在核心层产品设计上，大力实施复兴号品牌战略，打造高品质商务系列产品，以抓住高速铁路线路达标达速为契机，以时速350 km复兴号动车组为龙头，扩大上海至北京、武汉、郑州、南昌、厦门等客流饱满城市之间直达高速铁路的开行数量，吸引更多商务转移客流。

充分发挥高速铁路的路网效应，打造高速铁路长三角日通勤、周通勤系列产品，继续以上海、南京、杭州为中心，增加沪宁、沪杭、杭甬、宁安沿线中小城市工作日早高峰及周末晚间运力，在已有的通勤旅客基础上，培育扩大更多通勤客流。充分利用夜间线路能力，打造动卧系列产品，以点到点客流为主体，增开上海至桂林、兰州等旅游资源丰富地区且距离在2000~2500 km的动卧列车，做大高速铁路旅游客流。

大力推进政府购买服务，做优定制化系列产品，最大限度地争取财政补贴和优惠政策，努力实现铁路、地方、社会、旅客的共赢。

（2）形式层产品设计

针对不同细分市场的特点，运用差别定价技术，形成能够满足不同市场需求的客票体系（如折扣票、月票、季票等不同形式的车票）及定价策略（针对退票、改签等不同服务限制、不同用户类型及不同订票时间的定价），作为直接面向旅客销售的产品形式。这个环节主要考虑成本及旅客差异化特点，给出满足需求的车票类型和合理价格。

（3）附加层产品设计

结合旅客差异化需求及各类客运产品的市场定位，设计完整的服务体系，包括服务范围、服务流程、服务标准及监督与质量控制机制。主要解决旅客出行全过程中，不同环节可提供服务的种类和级别，各种服务标准、流程及所需条件，不同类型车站、列车可以完成的服务和需要的软硬件及人员配置，不同产品应包括的标准服务，服务质量的控制。

（4）产品组合设计

在上述各层次产品设计的基础上，面向各细分市场的旅客需求，形成将不同产品要素进行组合的差异化组合产品。这个环节主要针对旅客对价格和服务的敏感性进行区分，对价格敏感型旅客主要满足其基本需求，实行折扣及优惠策略；对服务敏感型旅客可以通过VIP、增值服务等方案进行产品设计。

3）产品营销

随着综合交通运输体系不断完善，公路、铁路、民航等交通方式竞争激烈，高速铁路应该利用自身优势，建立一套独具魅力的营销策略，以此带动高速铁路行业的发展。可以借鉴航空业的客票营销经验，利用收益管理及客户关系管理等方法对客运产品进行个性化营销，如采用价格折扣调控策略、席位控制和票额分配策略，对现有运力资源进行合理分配。

4）产品评价与调整

在产品实施之后，根据产品的效益和旅客满意度等评价指标，可制定产品调整策略或进行新产品开发，不断调整和优化产品，以进一步适应客运市场的需求变化。例如，当某种产品的上座率等相关指标达到一定阈值时，就应进行有预见性的调整。以沪宁高速铁路为例，初期安排直达列车较少，通过增加中间停靠站的方式吸引客流，当客流量逐步上升特别是直达客流量上升后，逐步增加直达车数量，并均衡安排中间停站数量等。

任务训练

实训项目	认知高速铁路客运产品设计
实训目标	1. 结合实际，加深对高速铁路客运产品设计的认识与理解 2. 培养对高速铁路客运产品设计的学习兴趣
实训内容及组织	由教师组织，学生自愿组成小组，每组6～8人，选择以下题目进行高速铁路客运产品设计技能训练。 1. 认知并讲述高速铁路客运产品的内涵与特点 2. 认知并讲述高速铁路客运产品的设计策略 3. 认知并讲述高速铁路客运产品的设计流程
实训考核	1. 每组提交一份分析报告 2. 各组进行汇报 3. 教师根据各组的分析报告与课堂汇报进行评估

任务二

高速铁路客运营销

思政素质目标

热爱党、热爱社会主义祖国、爱人民、爱集体；认真贯彻国家和铁路运输政策；能够进行有效的人际沟通和协作；顾全大局，团结互助。

知识目标

掌握高速铁路客运营销工作的主要方法。

能力目标

熟练运用高速铁路客运营销策略进行营销工作。

相关知识

高速铁路近年来得到了迅速发展，其推广和应用提升了铁路事业的竞争力。高速铁路在客运营销方面应根据市场经济和铁路运输的规律，采取适当的方式，提高服务水平，增强市场意识。

一、市场营销的方法

1. 整合营销传播

整合营销传播是指一个企业将各种传播方式（包括一般的广告、与客户的直接沟通、促销、公关等）加以综合集成，对分散的传播信息进行无缝结合，从而使企业及其产品和服务的传播达到明确、连续、一致和提升的效果。

2. 数据库营销

数据库营销是以特定的方式在网络上或线下收集消费者的消费行为信息、厂商的销售信息，并将这些信息以固定格式累积在数据库当中，以此数据库进行统计分析和宣传推广的营销行为。

3. 网络营销

网络营销是企业整体营销战略的一个组成部分，是为实现企业总体经营目标所进行的、以互联网为基本手段的、营造网上经营环境的各种活动。网络营销的职能包括网站推广、网络品牌、信息发布、在线调研、顾客关系、顾客服务、销售渠道、销售促进八个方面。随着科学技术的发展和人们购物观念的转变，网络营销越来越受到企业的重视。

4. 直复营销

直复营销是在没有中间经销商的情况下，利用直接通路给客户传送商品和服务。直复营销的最大特色为“直接与消费者沟通或不经过分销商而进行销售”，其利用一种或多种媒体，在理论上可到达任何目标对象所在区域，是一种可以衡量交易结果的营销模式。

5. 关系营销

在很多情况下，企业无法寻求即时的交易，所以他们会与客户建立长期的良好关系，这种营销方式便是关系营销。当消费者关系管理方案被执行时，组织就必须同时注重顾客管理和产品管理。企业必须评估哪一个部门向哪一类特定的顾客采用关系营销最为有利。

6. 绿色营销

绿色营销是指企业为了迎合消费者绿色消费的消费习惯，将绿色环保主义作为企业生产产品的价值观导向，以绿色文化为其生产理念，力求满足消费者对绿色产品的需求所做的营销活动。

7. 社会营销

社会营销是基于人具有“经济人”和“社会人”的双重特性，运用营销手段达到社会公益的目的，或者运用社会公益价值观推广商品或服务。

与一般营销一样，社会营销的目的也是有意识地改变目标人群（消费者）的行为。与一般商业营销模式不同的是，社会营销中所追求的行为改变动力更多地来自非商业领域。

8. 病毒营销

病毒营销是一种信息传递策略，通过公众将信息廉价复制，告诉其他受众，从而迅速扩大自己的影响。和传统营销相比，病毒营销使受众自愿接受的特点使得营销成本更低，收益更加明显。

9. 危机营销

危机营销是指企业在面对危机、灾难时采取的一系列营销措施，以期最大限度地降低危机给企业造成的不良影响。

企业管理者必须借助危机预警系统及时发现可能发生的危机，并迅速而准确地判断危机产生的原因及影响程度，这一点非常重要，它是保证有效应对危机的前提，也直接关系到危机营销的成败。

一旦危机发生，首要任务是在查出危机的产生原因后，马上对危机进行控制，防止其进一步恶化，尽量减少企业的损失。

二、高速铁路客运产品定价

铁路运价是国民经济价格体系的重要组成部分，不仅关系到铁路本身的经济效益和国家资金的积累，而且影响到国民经济各部门的发展。高速铁路运价基本上由国家相关部门制定。高速铁路运输企业在开展营销活动时，应在国家宏观调控下，根据市场经济和铁路运输的规律，采取适当的价格调整策略，增强市场竞争能力。

1. 动车组公布票价

1）普通动车组列车一等座、二等座公布票价

普通动车组列车一等座、二等座公布票价的计算公式为

$$一等座公布票价 = 0.3366 \times (1 + 10\%) \times 运价里程$$

$$二等座公布票价 = 0.2805 \times (1 + 10\%) \times 运价里程$$

广深线上的动车组列车公布票价由企业在规定水平内自行确定。

2）普通动车组列车特等座、商务座等席别公布票价

按不同席别占用面积和既有动车组列车票价，时速 200 ~ 250 km 动车组列车特等座、商务座公布票价的计算公式为

$$特等座公布票价 = 0.2805 \times (1 + 10\%) \times 1.8 \times 运价里程$$

$$商务座公布票价 = 0.2805 \times (1 + 10\%) \times 3 \times 运价里程$$

普通动车组列车一等包座、观光座按商务座公布票价执行。

3）普通动车组列车软卧公布票价

普通动车组列车软卧公布票价的计算公式为

$$软卧上铺公布票价 = 0.3366 \times (1 + 10\%) \times 1.6 \times 运价里程$$

$$软卧下铺公布票价 = 0.3366 \times (1 + 10\%) \times 1.8 \times 运价里程$$

4）普通动车组列车高级软卧公布票价

普通动车组列车高级软卧公布票价的计算公式为

$$高级软卧上铺公布票价 = 0.3366 \times (1 + 10\%) \times 3.2 \times 运价里程$$

$$高级软卧下铺公布票价 = 0.3366 \times (1 + 10\%) \times 3.6 \times 运价里程$$

5）时速 300 km 及以上动车组列车票价

对时速 300 km 及以上动车组列车实行票价浮动。

2. 动车组优惠票价

按《铁路旅客运输规程》等有关规定享受减价优待的儿童、学生、伤残军人乘坐动车组列车时，其票价均以公布票价为基础进行计算。

1）动车组列车学生票价

学生票可享受动车组列车二等座票价优惠。动车组列车学生票价按二等座公布票价的 75% 计算。

当计算出的动车组列车学生票价高于动车组折扣票价时，动车组列车学生票价按动车组折扣票价执行。

2）动车组列车儿童票价

①动车组软座儿童票价按公布票价的 50% 计算。

②动车组软卧儿童票价的计算公式为

动车组软卧儿童票价 = 动车组软卧公布票价 − 动车组一等座公布票价/2

在运价里程不足 400 km 时，公式中扣减的动车组一等座公布票价均按 400 km 公布票价计算。

当计算出的动车组列车儿童票价高于动车组折扣票价时，动车组列车儿童票价按动车组折扣票价执行。

3）动车组列车伤残军人票价

动车组软座、软卧伤残军人票价按公布票价的 50% 计算。

当计算出的动车组列车伤残军人票价高于动车组折扣票价时，动车组列车伤残军人票价按动车组折扣票价执行。

3. 动车组票价打折

1）普通动车组列车票价打折

普通动车组列车票价可按公布票价打折，但应符合下列条件。

①根据不同区域、不同季节、不同时段的市场需求，实行不同形式的打折票价。

②二等座公布票价打折后不得低于相同运价里程的新空软座票价。在短途，公布票价低于新空软座票价时，按公布票价执行。70 km 及以下运价里程的动车组不进行任何形式的打折优惠，一律按公布票价执行。

③经过相同径路、相同站间、相同时段，不同车次应执行同一票价。

④同一车次，各经停站的票价在里程上不能倒挂。

⑤一等座与二等座的比价在 1∶1. 25 到 1∶1. 2 之间。

⑥动车组特等座、商务座、一等包座、观光座票价可按公布票价打折，但特等座折后票价不应低于一等座公布票价，商务座、一等包座、观光座折后票价不应低于特等座公布票价。

2）动车组软卧票价打折

动车组软卧票价可按公布票价打折，但打折后不得低于相同运价里程的新空软卧票价。

3）动车组高级软卧票价打折

动车组高级软卧票价可按公布票价打折，但打折后不得低于相同运价里程的动车组软卧票价。

4. 动车组浮动票价

依据国家价格机制改革的有关要求，铁路运输企业正在逐步进行动车组票价的市场化改革步伐，按照市场供需状况执行票价灵活浮动，将逐步实现“一日一价”。

票价浮动时动车组列车以公布票价为基准按下列公式计算：

$$浮动票价 = 公布票价 \times (1 + \alpha)$$

其中，α 为上下浮动幅度，当下浮时，α 为负数。

三、高速铁路客运营销方式

铁路客运销售分为客票系统营销与12306网站营销两种方式。

1. 客票系统营销

新一代客票系统在功能需求上主要满足旅客服务功能、市场营销功能、营运管理功能。

1）旅客服务功能

以票务服务为核心，针对旅客多元化、个性化、一站式的综合服务需求，提供旅程规划服务，实现多渠道购票、多种方式支付及多种票制选择，支撑餐饮、酒店、旅游、租车等各种延伸服务的预订业务，体现以旅客为中心的服务理念。

2）市场营销功能

（1）客户关系管理

建设客户关系管理子系统，开展铁路客户常旅客计划，对客户进行分群分析，建立旅客积分、奖励制度，提高旅客满意度和忠诚度，吸引和稳定客户资源，提升铁路整体竞争力。

（2）辅助决策

通过对市场调查、客票发售、购票请求等数据的收集和整理，以列车盈亏分析及监控预警为手段，为列车开行方案设计、运力调整提供指导，为票种设计、票价折扣、积分奖励等优惠策略提供测算手段，为超售、票额预分、共用、区段限售等售票组织手段制定策略。

3）营运管理功能

创新售票组织方式，由原来的全程对号票额管理变为按席位和数量相结合的管理方式；提高售票组织管理水平，由传统的人工管理变为系统智能化、自动化管理；强化售票业务监控，确保公平公正，由分散管理变为集中与分散管理相结合。

（1）列车服务

通过站车客运信息无线交互系统实现站车信息的双向传输，满足列车信息查询、车上验票、车上补票、车地办公、常旅客和重点旅客服务、车上餐饮保洁服务等。

（2）售票组织

在现有售票组织基础上，引入精细化的有座席管理和无座席/自由席存量管理相结合的席位管理方式；以营销自动生成售票组织策略加以人工辅助调整，实现席位调整的自动化和智能化；同时提供方便、快捷的操作手段，提高业务操作的工作效率。满足售票窗口、互联网、支付平台、电话、手机、站车交互等多渠道接入后的业务需求。

（3）售票管理

售票管理遵循公平、公正、公开的原则，规范权限管理和设备管理，完善业务量统计和考核机制，加强关键业务的卡控和监控，规范业务操作，提高业务管理效率，建立信息沟通机制和平台，实现信息共享，为相关部门提供数据支撑。

2. 12306 网站营销

中国铁路客户服务中心（12306 网站）是铁路服务客户的重要窗口，集成全路客运信息，为社会和铁路客户提供客运业务和公共信息查询服务。客户通过登录网站，可以查询旅客列车时刻表、票价、列车正晚点、车票余票、售票代售点及相关客运规章。12306 网站按照建设和谐社会的要求，逐步充实服务信息，扩大服务范围，完善界面效果，为社会和铁路客户提供更丰富、便捷、优质的服务。12306 网站主页如图 5－2－1 所示。

图 5－2－1　12306 网站主页

1）12306 网站的职能

12306 网站是以客户服务为核心，以客户关系管理为导向，融合客户服务、营销服务、信息处理和服务质量管理的综合性运作平台。

(1) 以客户服务为核心

为客户提供服务是12306网站的主要工作内容，“客户满意”是所有工作的最重要目标。营销服务、信息处理和服务质量管理的目的是进一步了解客户，为客户提供更合适的产品或服务，从而提高客户服务工作的质量，它们都是客户服务的手段。

(2) 以客户关系管理为导向

客户服务应以和客户建立一个长期而稳定的关系、保证铁路的持续发展为目标，而不是注重短期利益。

(3) 营销服务

通过电话、短信、电子邮件、信函、互联网等多种形式与客户进行有效沟通，了解和发现客户需求，为客户提供合适产品或服务。

(4) 信息处理

为掌握铁路客运经营管理的情况和客户需求，有效改进铁路营销策划、客户服务和内部管理，对客户服务相关信息（如客户投诉、咨询、业务办理信息，客户行为信息，客户偏好信息等）进行定期汇总和分析，及时、准确地总结铁路部门在运营管理中的经验和存在的问题，并建立信息收集、反馈职能，强化相关部门协调，最终为铁路决策提供依据。

(5) 服务质量管理

服务质量管理过程包含服务方案的实施、服务质量的监控与测量、对相关部门的服务监督、对服务效果的跟踪分析与改进等。

2）12306网站的营销目标

①建立高效的营销平台，使12306网站成为市场引导者和可持续发展的典范。

②开展以客户关系管理为导向的服务营销，改善客户感知，提升铁路运输竞争能力。

③和铁路局集团公司各部门形成有机整体，将有关信息在不同部门之间进行快速的沟通传递，以提高各级各部门的反映速度。

四、高速铁路客运营销系统

高速铁路客运营销系统是面向高速铁路内部经营管理人员的应用系统，以铁路运力资源为基础，以客运市场变化为依据，为铁路客运管理部门进行客户分析、产品设计、产品销售及外延相关服务的全过程营销活动决策提供支撑。

高速铁路客运营销系统由系统管理子系统、数据管理子系统、市场调查与分析预测子系统、辅助决策子系统、分析评价子系统、客户关系管理子系统构成。

（1）系统管理子系统

系统管理子系统是为保证高速铁路客运营销系统的运行秩序而提供的系统级管理、维护与监控手段。

（2）数据管理子系统

数据管理子系统对业务范围内进入和存储在系统中的数据进行有效管理，确保数据随时间、空间变化的持续可用性。在出现硬件问题、人为错误或发生灾难的情况下，保证业务运行的稳定性，同时对数据实施保护和加密策略，防止非授权访问和违规修改。

（3）市场调查与分析预测子系统

市场调查与分析预测子系统通过完备的市场调查手段与分析方法，完成长、短期的常规和专项客流调查与分析预测，帮助业务管理人员及时准确地掌握客运市场动态，为业务决策提供信息支持。

（4）辅助决策子系统

辅助决策子系统完成客运产品设计及运输组织方案设计工作，如旅客运输计划制订、开行方案设计、销售策略制定、票价策略制定。

（5）分析评价子系统

分析评价子系统将铁路客运经营效果作为分析评价参照的指标体系，实现客运指标统计查询展现、旅客列车效益分析、列车开行方案评价、客运资源运用评价的功能，并在实践中检验客运指标体系的有效性、合理性，提出改进客运指标体系的建议方案。

（6）客户关系管理子系统

客户关系管理子系统是客运服务系统与客户之间交互信息的平台，也是整个客运服务系统实现客户信息有效整合的必要手段。客户关系管理具备客户档案管理、客户等级管理、客户信息查询与维护、客户交易信息管理、客户培育管理、客户分析、客户资源计划制订等功能。

五、铁路常旅客服务

客户关系管理，是一个不断加强与客户交流，不断了解客户需求，并不断对产品及服务进行改进和提高，以满足客户需求的连续的过程，是企业扩大销售的有效手段。客户关系管理是企业利用信息技术和互联网技术实现对客户的整合营销行为，是以客户为核心的企业营销理念的技术实现和管理实现。客户关系管理注重的是与客户的交流，要求企业的经营以客户为中心，而不是传统的以产品为中心。

高速铁路客户关系管理的重要举措是推行铁路会员制。铁路会员可通过购买车票积累积分，积分可兑换车票。

12306网站、铁路12306手机客户端和铁路车站设立的会员服务窗口（简称车站会员服务窗口）为旅客提供“铁路畅行”常旅客会员服务。

1. 铁路常旅客会员

常旅客会员为本人申请并通过铁路常旅客身份认证的自然人（以下简称会员）。受让人为会员设置的可共同享受积分兑换车票或服务的自然人。凡年满12周岁的旅客，均可通过12306网站、铁路12306手机客户端、车站会员服务窗口等渠道申请成为会员。

2. 会员等级评定

1）乘车积分

乘车积分为会员购买参与积分累积列车的车票，并实际乘车到站后获得的积分。

2）活动积分

活动积分为会员通过参与铁路组织的主题活动所获得的积分。

3）升级积分

升级积分为用于衡量会员等级的积分，来源于乘车积分和铁路单独公布的其他可用于衡量会员等级的积分。

①会员从低到高依次分为二星级、三星级、四星级和五星级。会员申请成功后，初始为二星级。

②会员升级评定每日执行一次，在评定日前连续12个月内升级积分达到表5－2－1中所列的标准，即可成为相应等级会员。

表5－2－1　会员升级积分标准

会员等级	评定标准
三星级会员	5万升级积分
四星级会员	15万升级积分
五星级会员	25万升级积分

③升级后的相应等级会员资格在评定次日生效，有效期为连续12个月。

④三星级、四星级、五星级会员资格到期前进行保级评定，以评定日前连续12个月累积的升级积分计算。

⑤保级评定标准与升级评定标准相同。不能保持原等级的，降级至相应等级会员。

⑥保级评定后仍为三星级、四星级、五星级会员的，相应等级会员资格在评定次日生效，有效期为连续12个月。

3. 积分累积

①会员累积的积分仅进入本人账户，不能转让至他人账户。

②积分以“分”为单位，每次进入账户时按四舍五入取整计算。

③积分兑换的车票不参与乘车积分累积。

④国际列车、往返香港列车、非控股企业担当列车等铁路指定列车车票暂不参与乘车积分累积。

⑤乘车积分在会员本人实际乘车到站后5日内自动进入账户。

⑥乘车积分按以下公式计算，其中票面价格以元为单位。

$$\text{乘车积分} = \text{票面价格} \times 5$$

⑦活动积分累积规则随具体活动公布。

⑧积分自进入账户当日起连续12个月有效，在有效期内可进行兑换，到期未兑换的积分自动作废。

⑨因铁路企业原因造成积分无法及时兑换，致使超过有效期的，积分有效期根据情况顺延。

⑩当会员乘车积分漏登时，可通过12306网站、铁路12306手机客户端、车站会员服务窗口提交积分补登申请。当会员活动积分漏登时，可通过12306网站提交积分补登申请。

⑪积分补登申请需在车票载明的开车日期后90日内（含当日）或活动结束后30日内提出，逾期将视为放弃积分。补登积分可在铁路企业接受申请7日后查看补登结果。

4. 积分兑换

①会员账户积分首次达到10 000分时，方具备兑换资格。

②会员进行积分兑换时，按照“先进入积分先消费”的原则消耗积分。

③积分兑换时只允许使用单一账户，不可透支，不可与其他支付方式混合支付。

④会员可通过12306网站、铁路12306手机客户端、车站会员服务窗口为本人或指定的受让人兑换车票。

⑤会员在车站会员服务窗口兑换车票时需持会员本人身份证件原件，为受让人兑换车票时还需提供受让人身份证件原件或复印件。

⑥兑换车票：

- 允许积分兑换的车票以12306网站实际查询结果为准；
- 积分只能兑换直达票；
- 积分兑换的车票票面不显示票价；
- 当积分用于兑换车票时，100积分相当于1元人民币。

⑦积分兑换的车票可办理改签业务，改签范围仍为允许积分兑换的车票，并有相应的积分。改签新票票价高于原票票价时需使用积分支付差额，新票票价低于原票票价时差额

不退。办理时核收 1000 积分手续费。

⑧积分兑换的车票不办理变更到站和退票业务，但遇不可抗力或铁路企业原因造成兑换车票不能使用时，可办理车票退票手续，退票后兑换所用积分全部返回会员账户，并重新计算有效期。

⑨积分可以兑换的铁路企业提供的其他服务或产品的规则另行公布。

5. 受让人设置

①会员最多可设置 8 名受让人，受让人在添加成功 60 日（含当日）后生效。

②会员可通过 12306 网站、自动售票机、车站会员服务窗口设置受让人。

③会员在 12306 网站添加受让人时，受让人身份信息必须通过核验。

④会员在车站会员服务窗口设置受让人时，需持会员身份证件原件，还需提供受让人身份证件原件或复印件。

⑤会员在自动售票机设置受让人时，必须持会员和受让人的身份证件原件，且设备能够自动识读。

6. 会员失信处理

①当会员有呈报虚假或错误信息、向他人出售积分兑换车票、提报不实乘车记录、冒用他人身份信息注册等行为时，铁路企业可采取核减积分、冻结账户、注销账户等措施。

②当因会员本人行为，导致持兑换车票的乘车人不符合乘车条件时，铁路有权拒绝乘车人乘车，兑换车票所使用的积分不予退还。

③当会员存在利用系统差错、故障或其他漏洞，造成铁路企业或其他会员权益受损的行为时，铁路企业可注销该会员账户并拒绝其再次申请成为会员。

任务训练

实训项目	高速铁路客运营销工作技能训练
实训目标	1. 结合实际，加深对高速铁路客运营销工作技能的认识与理解 2. 培养对高速铁路客运营销工作技能的学习兴趣
实训内容及组织	由教师组织，学生自愿组成小组，每组 6 ~ 8 人，选择以下题目进行高速铁路客运营销工作技能训练。 1. 高速铁路客运营销工作方法训练 2. 高速铁路客运产品定价训练 3. 铁路常旅客服务训练
实训考核	1. 每组提交一份分析报告 2. 各组进行汇报 3. 教师根据各组的分析报告与课堂汇报进行评估

复习思考题

1. 简述高速铁路客运产品的内涵。
2. 简述高速铁路客运产品的设计流程。
3. 高速铁路客运产品如何定价?
4. 简述高速铁路客运产品的销售渠道。

项目六

高速铁路客运服务信息系统

项目描述

信息化是现代化的基础，没有信息化就没有高速铁路的现代化。高速铁路客运服务领域信息化建设已覆盖售票、营销、自动售检票、候车、列车服务等出行全流程。本项目主要介绍高速铁路旅客服务信息系统和铁路客运管理信息系统。通过本项目的学习，使学生掌握运用高速铁路客运服务信息系统为旅客服务的基本技能。

任务一

高速铁路旅客服务信息系统

思政素质目标

热爱党、热爱社会主义祖国、爱人民、爱集体；具有良好的职业道德和职业素养；具有精益求精的工匠精神。

知识目标

掌握高速铁路旅客服务信息系统的设置地点及使用方法。

能力目标

能正确使用高速铁路旅客服务信息系统。

相关知识

高速铁路旅客服务信息系统（简称“旅客服务系统”）作为铁路客运服务的窗口，针对查询、订票、进站、候车、乘车、出站等环节，为旅客提供出行全流程的信息服务，并为客运工作人员提供业务服务支撑。旅客服务系统采用国铁集团、铁路局集团公司、车站三级架构，设置高速铁路旅客服务信息系统集成管理平台，具有对客运广播、综合显示、信息查询等集中管控功能。

旅客服务系统采用SOA架构（service-oriented architecture，面向服务的架构）设计，利用虚拟化服务技术，实现业务流程和应用服务的灵活组织编排、业务数据的动态负载均衡；自动接入调度和售票信息，实现自动调图、自动调整客运计划；基于语音识别技术、智能视频分析技术，实现高速铁路客运作业的智能校对和便捷操作；基于人工智能学习算法，实现其集成管理平台的辅助决策应用；基于物联网技术，实现外声场广播模拟信号的实时监测与闭环管理；基于故障日志自动分析，实现其集成管理平台远程故障的自诊断。

一、高速铁路旅客服务信息系统集成管理平台

高速铁路旅客服务系统集成管理平台（简称“旅服平台”）向工作人员和旅客提供

综合的生产服务和旅客服务。旅服平台自动接入调度、客票等外部信息，以到发管理为核心，综合集成广播管理、导向管理、设备管理、接口管理、综合指挥和系统管理等旅客服务子系统，具有深度集成、智能控制、信息共享、集中管控和分散布局等特点。

旅服平台涵盖基础操作、铁路局集团公司配置（简称路局配置）、到发管理、广播管理、导向管理、设备管理、接口管理、综合指挥和系统管理九个功能模块。其中，基础操作、到发管理、广播管理、导向管理等模块主要负责车站业务方面的管理；路局配置、设备管理、接口管理、综合指挥和系统管理主要负责车站设备和平台系统层面的管理。

客运站操作人员将车站的列车到发数据通过业务模板生成适用于本站客运服务的客运计划，由旅服平台根据客运计划中的到发时刻和各种人工触发信号自动执行相关的广播、导向、检票等业务。对于列车晚点、股道变更、候车室变更、检票口变更等特殊情况，可采取自动配置或人工干预的方法，在手动模式下执行相关作业，以确保客运站生产作业的正常顺利进行。

旅服平台总体架构如图 6－1－1 所示。

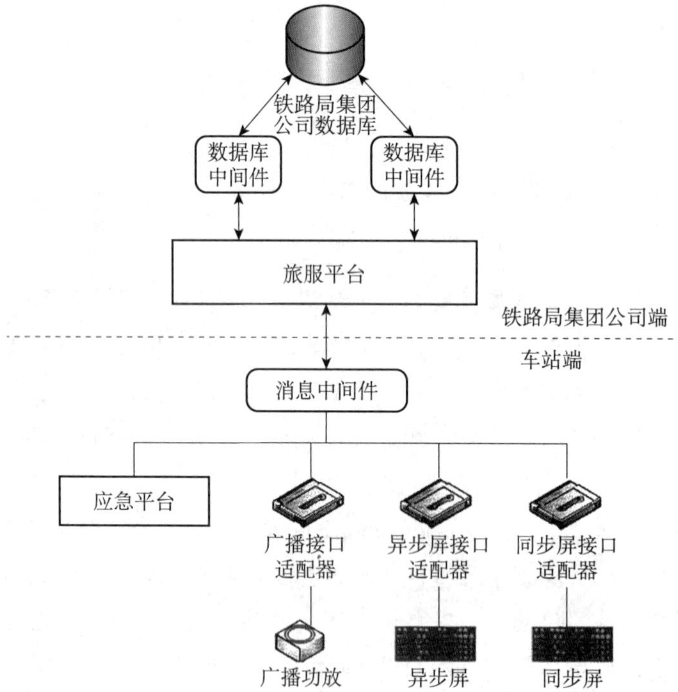

图 6－1－1　旅服平台总体架构

客运站管理人员，可以通过旅服平台直观地了解各项客运业务的执行情况，迅速获取相关的客运业务统计数据，进一步调整相关的客运业务组织安排；可以借助旅服平台的监控功能，随时了解站内的公共秩序情况，做到及早发现问题、尽早排除隐患。

二、高速铁路旅客服务信息系统的结构及功能

1. 旅客服务系统的结构

旅客服务系统的设置旨在体现以人为本的理念，在旅客出行前、进站、候车、乘车、换乘、出站等各环节上提供全方位的信息服务，通过导向揭示、广播、监控、时钟、投诉、查询、求助、站台票、无线、呼叫、寄存、残障旅客服务和延伸服务等多种服务手段，形成统一的旅服平台。旅客服务系统总体上采用旅客服务中心系统和车站系统两级架构。设置若干个旅客服务中心系统，实现服务策略的制定和车站服务状况的监控，从运营调度系统和高速铁路调度集中系统获取运行图信息，按照客运服务的需求进行整理后，下载到所辖各车站。车站后台设置小型管理系统，实现对服务设备设施状态的设置和临时服务信息的调整。旅客服务系统的结构如图 6－1－2 所示。

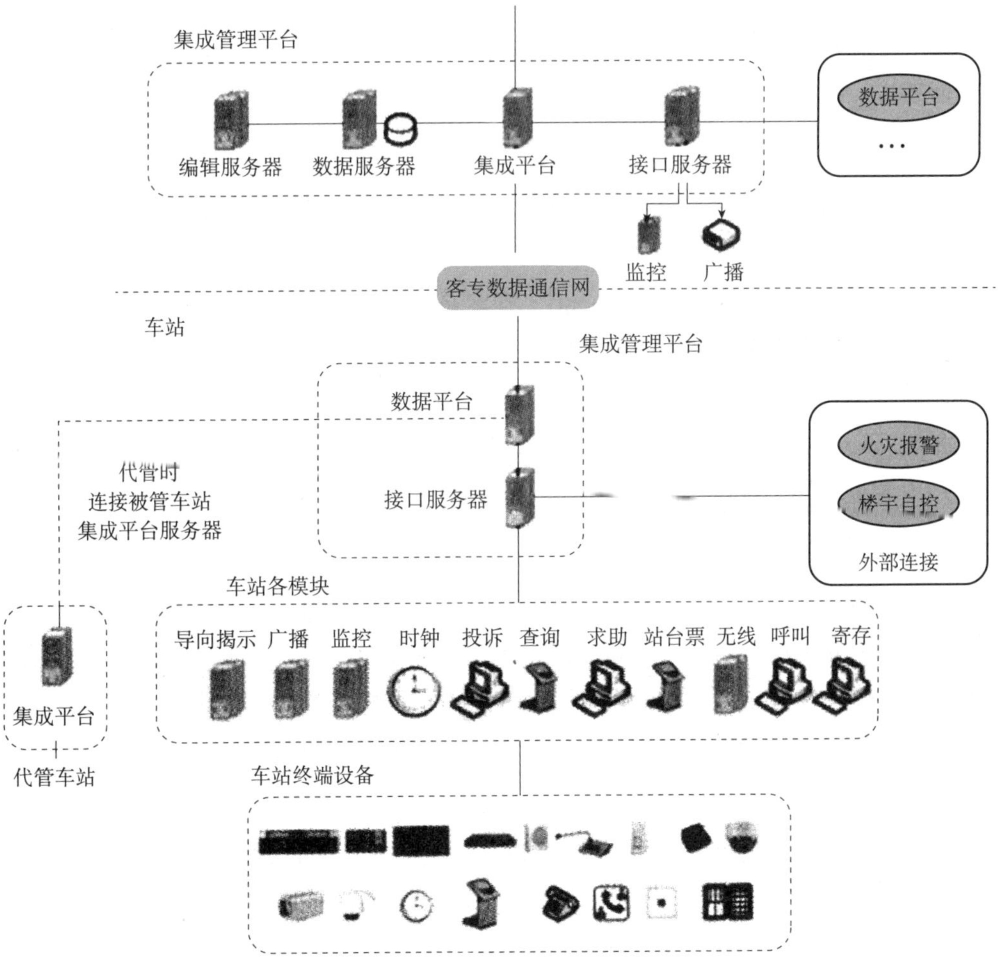

图 6－1－2　旅客服务系统的结构

2. 旅客服务系统的功能

旅客服务系统主要包括车站广播系统、车站综合显示系统、车站视频监控系统、车站时钟系统、车站信息查询系统等。

旅服平台把分离的各个系统按照统一的接口标准集成到旅服平台，提供综合业务操作，实现信息共享和功能联动。

1）车站广播系统

车站广播系统主要用于语音广播，基本由业务广播和消防广播两部分组成。在正常情况下进行业务广播，向站内的旅客提供信息，实时地进行业务、宣传、临时、应急、背景音乐、资讯广播，让旅客能够顺利地进站、乘车、出站；在出现火灾等紧急情况时进行消防广播。

（1）广播方式

车站广播系统的广播方式包括人工广播和自动广播（含半自动），可提供中文普通话、英语等多种语言。最具代表性的技术是：数字化、网络化技术；语音合成技术；环噪补偿技术。

（2）广播系统组成

①监控室。监控室包括系统管理服务器、语音合成服务器、维护管理终端、液晶显示器、语音采集卡。

②音源。音源包括话筒、数字调协器、双卡录放机、DVD、内通电话接口。

③软件。软件包括 IP 音频/控制编码压缩软件、语音库压缩编码软件、系统服务器热备份控制软件、TTS 模块。

其他设备还包括 IP 应急广播控制装置、自动联网控制接口、网络监听终端、监听音箱、时序电源控制器、稳压电源。

（3）车站广播系统设置位置

在车站广场、售票区、进站集散厅、候车区、站台、通道、出站集散厅、办公区、商业区等处应单独设置广播分区；大型及以上车站的候车区、站台、售票区等处的广播分区应设置不少于 2 个广播回路；中小型车站的候车区、站台等处的广播分区应设置不少于 1 个广播回路；同一广播分区的相邻扬声器应接入不同的广播回路。

2）车站综合显示系统

车站综合显示系统为旅客提供引导及资讯信息，为车站客运服务人员提供生产信息。系统包括控制器、综合显示终端等设备，综合显示终端包括 LED 显示屏、LCD 显示屏、计算机终端等。车站综合显示系统如图 6－1－3 所示。

为车站客运服务人员提供信息服务的综合显示终端设置在车站站长室、客运主任室、售票室、检票室、补票室、客运值班室、公安值班室、上水工室、问讯处或车站综合服务台等处。

图 6-1-3　车站综合显示系统

3）车站视频监控系统

车站视频监控系统对车站的客运服务作业及站前广场、检票口、安检区、售票区、候车区、扶梯、垂直电梯、通道、站台、办公区等场所进行视频采集，提供实时图像。

车站视频监控系统具有视频采集、视频处理、视频存储、视频回放、视频分发/转发、视频显示等功能。视频监控如图 6-1-4 所示。

图 6-1-4　视频监控

4）车站时钟系统

车站时钟系统为车站旅客及客运服务人员等提供统一的标准时间，并为其他有关系统提供统一的标准时间信号，使各系统的定时设备同步，从而实现铁路全线统一的时间标准。车站时钟系统的设置对保证铁路运行计时准确、提高运营服务质量起到了重要作用。

车站应在售票区、进站集散厅、候车区、站台、出站集散厅及其他明显的位置设置同步的时钟，为旅客提供时间保障，方便旅客及时了解准确的时间，合理安排自己的事务。

高速铁路时钟系统均采用车站授时时钟、子钟、管理终端系统架构。采用子母钟校时和网络校时方案，利用旅客服务系统局域网实现系统设备之间的网络连接和数据交换。

5）车站信息查询系统

车站信息查询系统通过旅服平台获取信息，为旅客提供列车车次、到发时间、余票及相关公告等信息查询服务。车站信息查询系统设置自助查询终端、人工查询终端：自助查询终端采用触摸屏终端，设置在售票区、候车区等处；人工查询终端采用计算机终端，设置在问讯处、车站综合服务台等处。

（1）查询系统功能

①车站概况。查询车站平面分布、服务设施、机构职能、服务热线等基础信息。

②客运常识。查询购票常识、退票常识、安全常识等。

③旅游信息。查询市区交通、宾馆信息、旅游信息、站前公交线路及地铁信息。

④到发时刻查询。通过旅服平台接口查询列车到发信息，包括列车车次、到站时间、停靠站台、发车时间、候车地点。

⑤沿线停靠站查询。查询列车沿线经过的停靠站、到站时间、发车时间、停留时间。

查询设备及界面如图 6－1－5 所示。

图 6－1－5　查询设备及界面

（2）查询工作流程

查询工作流程如图 6－1－6 所示。

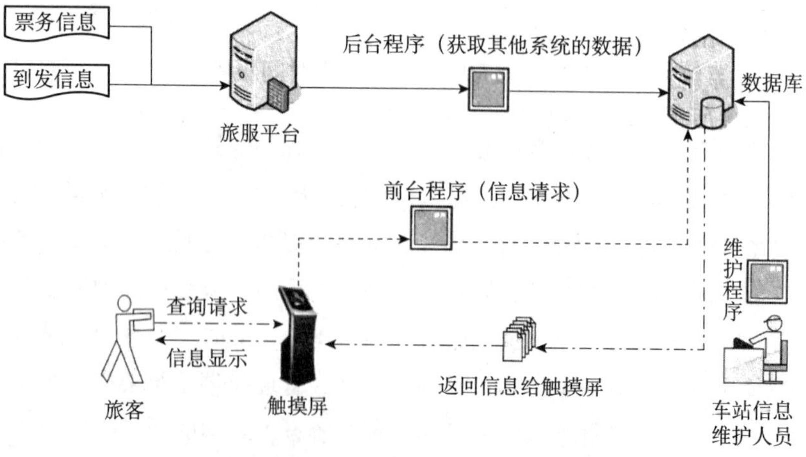

图 6－1－6　查询工作流程

任务训练

实训项目	高速铁路旅客服务信息系统设备设施认知
实训目标	1. 结合实际，加深对高速铁路旅客服务信息系统的认识与理解 2. 培养对高速铁路旅客服务信息系统的学习兴趣
实训内容及组织	由教师组织，学生自愿组成小组，每组6～8人，选择以下题目认知高速铁路旅客服务信息系统。 1. 旅服平台设备认知训练 2. 车站综合显示系统设备认知训练 3. 车站信息查询系统设备认知训练
实训考核	1. 每组提交一份实训报告 2. 各组进行汇报 3. 教师根据各组的实训报告与课堂汇报进行评估

任务二

铁路客运管理信息系统

思政素质目标

热爱党、热爱社会主义祖国、爱人民、爱集体；具有良好的职业道德和职业素养；爱岗敬业，具有精益求精的工匠精神。

知识目标

掌握铁路客运管理信息系统的使用方法和功能。

能力目标

能正确应用铁路客运管理信息系统。

相关知识

铁路客运管理信息系统以先进的信息技术为支撑，适应铁路快速发展的需求，覆盖国铁集团、铁路局集团公司、客运站段等层级，满足铁路客运管理部门的值乘计划管理、在途列车监控、客运组织与作业管理、列车办公与服务管理的功能需求，规范铁路客运管理作业流程，提高工作效率。

一、铁路客运管理信息系统总体结构

①铁路客运管理信息系统采用国铁集团、铁路局集团公司二级部署，国铁集团、铁路局集团公司、客运站段三级应用的模式。

②国铁集团级、铁路局集团公司级客运管理信息系统具备客运主管部门管理客运业务的功能。

③客运站级客运管理信息系统具备客运站日常生产管理、客运组织管理、人员管理、设备履历管理、站车信息交互等功能。

④客运段级客运管理信息系统具备客运段日常生产管理等功能。

⑤国铁集团级客运管理信息系统应设置数据库服务器、应用服务器、接口服务器、存储、负载均衡器等设备。

⑥铁路局集团公司级客运管理信息系统应设置数据库服务器、应用服务器、接口服务器、存储器、负载均衡器、语音及短信收发器等设备。

⑦铁路客运管理信息系统终端宜与办公管理信息系统终端合设。铁路客运管理信息系统架构如图 6－2－1 所示。

二、铁路客运管理信息系统功能

铁路客运管理信息系统地面端应用的主要功能包括：电子工单流转、经停列车管理/在途列车监控、安全信息管理、征信管理、上水管理、客运电报管理、站车互查管理、直供电信息管理、证件/通讯录管理、乘务计划管理、列车办公管理、车辆编组管理、基础信息维护、餐饮保洁合同管理、城市介绍管理、遗失物品管理。

1）电子工单流转

电子工单流转包括遗失物品工单、重点旅客工单、旅客投诉工单。其中 12306 客服中心转过来的工单由站段签收处理，处理完成后再返回 12306 客服中心，方便旅客后续查询。

2）经停列车管理/在途列车监控

铁路客运管理信息系统借助大数据信息，可以实现以电子地图的形式实时显示列车在途位置、人员、编组、正晚点等信息。

3）安全信息管理

对发生的客伤事件进行登记和处理，要求必须在事件发生后的 3 日内录入系统。

4）征信管理

对于失信旅客，信息录入系统后须经过一级审核（客运段、直属客运站、车务段）、二级复核（铁路局集团公司工作人员）后才能执行失信惩戒措施，全路均可查阅旅客失信

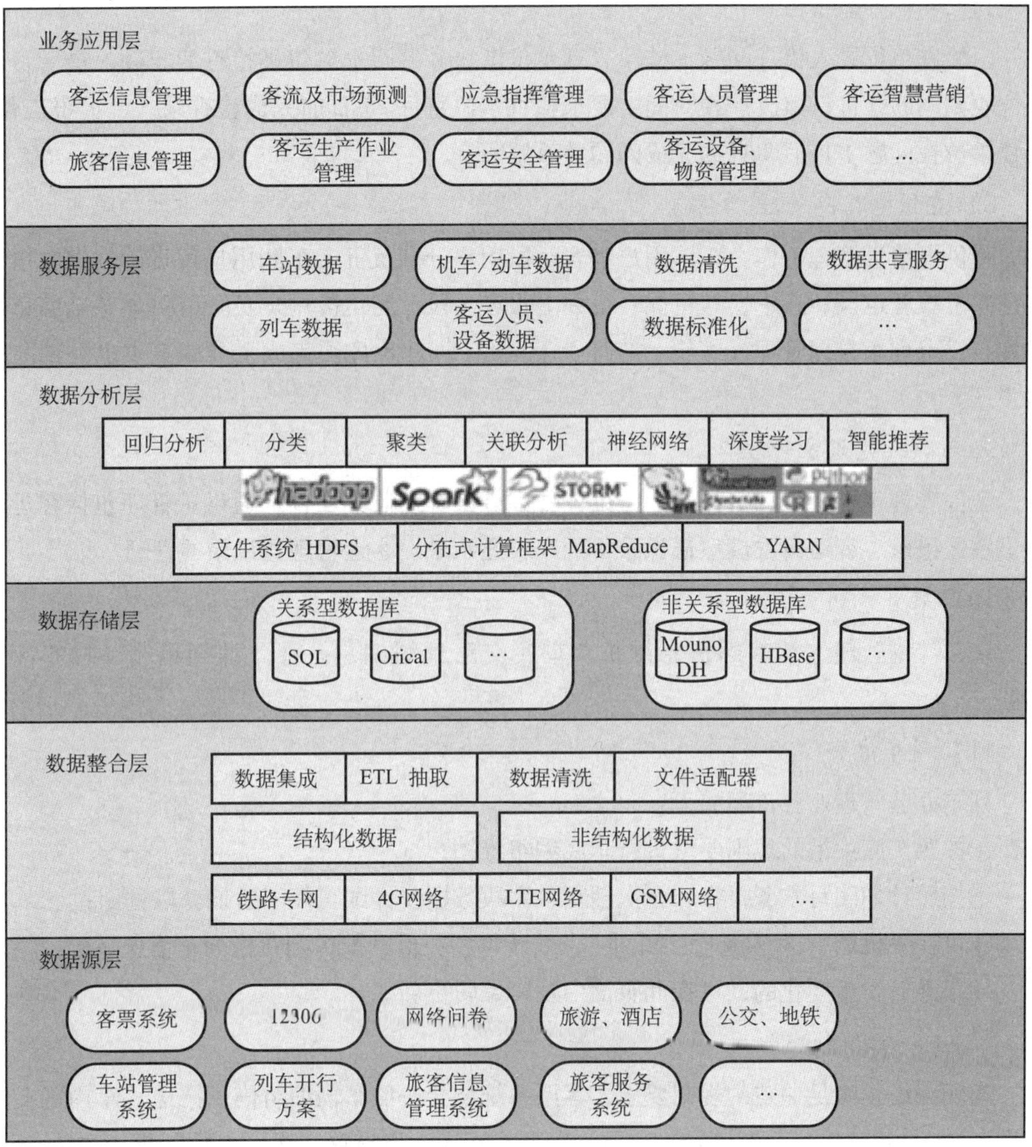

图 6-2-1 铁路客运管理信息系统架构

信息。

5）上水管理

上水管理先要维护上水基础信息，车队创建上水方案并上报客运段，客运段审核方案并上报铁路局集团公司，铁路局集团公司审核方案并上报国铁集团，国铁集团审核方案。在列车上水时，上水站查看上水任务，列车登记实际上水数据。

6）客运电报管理

客运电报管理包括客运电报签收、已签收客运电报查询、电报接收情况汇总分析、未签收信息汇总分析、滞后签收信息汇总。

7）站车互查管理

由检查单位录入检查问题，站段管理单位审核并签阅本单位被检查的问题，最后责任单位收到问题并进行整改。在时间上要求检查单位每月25日前完成检查录入、上报工作，责任单位在问题上报后3日内完成问题整改签阅。

8）直供电信息管理

直供电信息管理工作由车队用户和客运段用户分别负责。车队用户负责始发供电情况登记并上报客运段、途中换挂情况登记并上报客运段。客运段用户负责直供电基础信息维护和直供电列车数据管理（编辑、统计、上报）。每月8日须完成上月的直供电登记与上报工作。

9）证件/通讯录管理

证件管理包括录入、上报客运监察证件和查询客运监察证件。通讯录管理包括客运站值班室通讯录、客运段派班室通讯录、列车长通讯录、客运管理通讯录的管理。

10）乘务计划管理

乘务计划管理包括基础信息维护、车底交路计划编制、乘务计划编制、乘务计划检查。

11）列车办公管理

列车办公管理业务流程如下：

①按照车底编组的规则要求进行车底编组维护；

②按照计划编写乘务报告，首次编写各字段数据要详细，便于后期获取调用；

③可在手机端、PC端选择“出乘”，系统将相关信息推送到在途列车信息平台；

④出乘后发生变化的，可在此页面中及时编辑更新。

12）车辆编组管理

车辆编组须满足一定的规则要求，客票系统将会按照车辆编组信息推送“车内的实时人数”，如果编组序号、车厢号、定员、车型对不上，将导致“实时人数”推送失败。

13）基础信息维护

基础信息维护功能只有站段管理员才有操作权限，主要包括基础信息管理、账户信息管理等。在操作时须注意基础信息的有效性，若车队、班组改名，可把旧的数据设置为过期，重新创建新的车队、班组；交路标识名称不允许修改，否则会影响乘务计划；系统支持车队、班组人员的批量转移。

14）餐饮保洁合同管理

餐饮保洁合同管理模块可以进行合同查询及合同管理，可以添加违规信息。

15）城市介绍管理

城市介绍管理可以进行城市介绍，还可以添加车站公交信息。

16）遗失物品管理

遗失物品管理可以进行遗失物品信息的录入、移交和领取。

三、铁路客运管理信息系统管理操作

1. 遗失物品管理操作

1）系统登录

铁路客运管理信息系统可以为不同用户设置不同权限，该功能可以在“基础信息维护”模块中的“用户类型信息维护”中设置。无论是何种类型用户，系统登录界面基本一致。以铁路局集团公司级系统为例，中国铁路客运管理信息系统登录界面如图6－2－2所示，先选择所在铁路局集团公司，输入用户名和密码后单击“登录”按钮即可。

图6－2－2　中国铁路客运管理信息系统登录界面

成功进入系统后，系统主界面如图6－2－3所示。

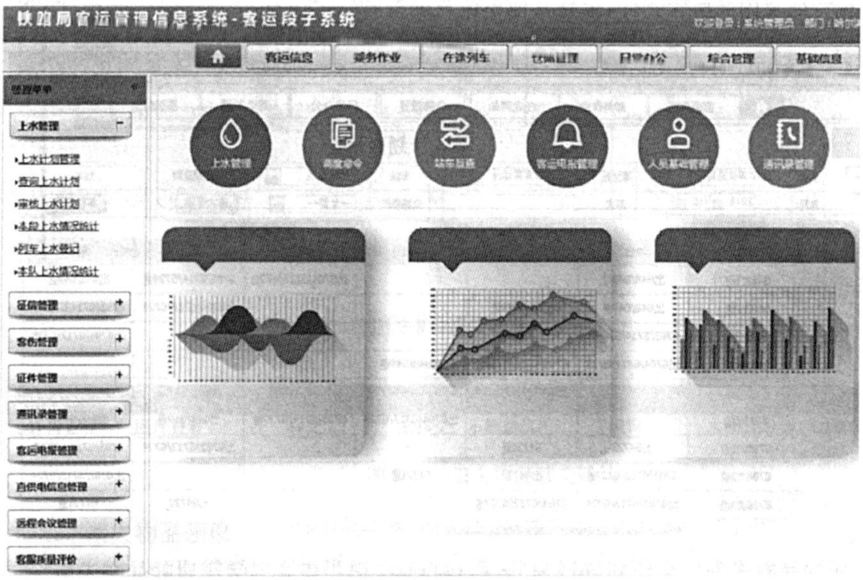

图6－2－3　系统主界面

2）遗失物品管理操作流程

铁路客运管理信息系统可以使遗失物品的相关信息在全路范围内流转，使得遗失物品的管理更加规范和便捷。

（1）遗失物品的录入

列车上和车站内的遗失物品都由客运站录入，为了规范遗失物品的信息管理，系统规定存放位置和联系电话这两条基本信息必须录入，录入后可以对遗失物品的信息进行编辑、修改和查看。为了保障遗失物品信息的安全性，只有录入单位可以查看单条记录的全部信息，包括遗失物品的外观特征及内部所含物件，全路其他单位只能查看基本信息。遗失物品信息录入界面如图 6－2－4 所示。

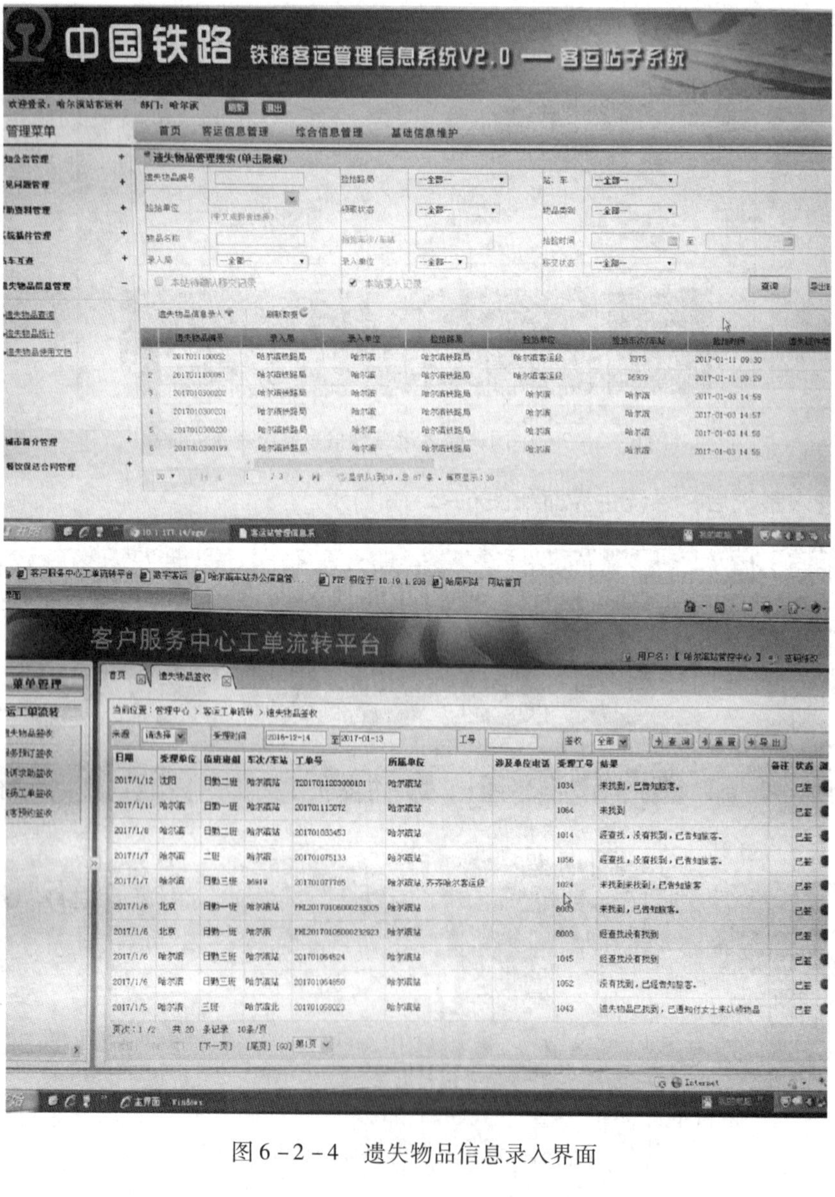

图 6－2－4　遗失物品信息录入界面

（2）遗失物品的移交

遗失物品的移交应按旅客的需求办理，并做好移交记录。可以通过列车移交，也可以通过快递的方式移交。移交后必须在系统里单击“确认移交”按钮。

（3）遗失物品的领取

遗失物品的领取需要旅客提供相关证件办理，并做好领取记录。遗失物品领取记录只能由物品存放站进行操作。

2. 站车客运信息无线交互系统的客运管理操作

客运管理操作包括晚点信息提醒、工单消息提醒、客运服务单电子流转等。

1）晚点消息提醒

当列车晚点时，操作员将收到语音及消息提醒，提示列车晚点。签收的消息不再提醒，未签收的消息隔段时间将会继续提醒；已签收的消息可在消息记录中查看。

2）工单消息提醒

当收到工单消息时，操作员将收到语音及消息提醒。点击进入信息列表，根据列表点击进入工单列表，可根据工单状态查看工单信息，点击进入工单详细信息。客运管理部分操作界面如图6－2－5所示。

图6－2－5　客运管理部分操作界面

3）客运服务单电子流转

客运服务单电子流转是客服中心互联互通后的功能延伸，也是完善作业流程、优化服务效率、提升客运服务质量的重要手段。客运服务单电子流转系统由铁路客服业务管理系统、客运管理信息系统、站车客运信息无线交互系统 3 个子系统构成，可实现客服中心与站车之间投诉、重点旅客预约及遗失物品查找服务单的自动流转和全流程闭环处理。

任务训练

实训项目	铁路客运管理信息系统认知训练
实训目标	1. 结合实际，加深对铁路客运管理信息系统的认识与理解 2. 培养对铁路客运管理信息系统的学习兴趣
实训内容及组织	由教师组织，学生自愿组成小组，每组 6 ~ 8 人，选择以下题目进行铁路客运管理信息系统认知训练。 1. 介绍铁路客运管理信息系统的总体结构 2. 铁路客运管理信息系统的使用训练 3. 客运服务工单电子流转操作训练
实训考核	1. 每组提交一份实训报告 2. 各组进行汇报 3. 教师根据各组的实训报告与课堂汇报进行评估

复习思考题

1. 简述高速铁路旅客服务信息系统的组成。
2. 高速铁路旅客服务信息系统的功能有哪些？
3. 简述铁路客运管理信息系统的功能。

参考文献

[1] 中国铁路总公司．高速铁路客流组织．北京：中国铁道出版社，2014.

[2] 彭进．铁路客运组织．3 版．北京：中国铁道出版社，2015.

[3] 李艳．铁路运输市场营销．上海：上海交通大学出版社，2017.

[4] 中国国家铁路集团有限公司．铁路旅客电子客票实施办法（暂行）．北京：中国铁道出版社，2019.

[5] 应慧刚．长三角高速铁路运营管理实践与探索．北京：中国铁道出版社，2019.

[6] 杨志权．铁路乘车证基本知识问答．北京：中国铁道出版社，2020.